WORKSHOP

WILDTIER FOTOGRAFIE

VOR DER EIGENEN HAUSTÜR

MARIO MÜLLER

humboldt

INHALT

VORWORT

Unter den vielen verschiedenen Stilrichtungen der Fotografie ist die Tierfotografie sicherlich eine der schwierigsten, aber auch beliebtesten. Dies zeigt sich zum einen an den vielfältigen Foren, die es im Internet gibt, aber auch an den Einsendungen bei den großen nationalen und internationalen Naturfotowettbewerben. In der Kategorie „Vögel" sind immer die meisten Einsendungen zu verzeichnen. Woran mag das liegen?

Tiere, insbesondere Vögel, üben schon immer eine besondere Faszination auf uns Menschen aus, da sie etwas können, wozu Menschen nur mit technischen Hilfsmitteln in der Lage sind: das Fliegen! Größere Tiere beeindrucken uns schon immer als stolze Lebewesen und spielen in der Geschichte der Menschheit eine entscheidende Rolle. Das Halten wild lebender Tiere galt früher oft als Statussymbol und Machtgehabe gegenüber der Tierwelt. Viele Tiere wurden zudem gejagt, oft aus reinem Zeitvertreib. Leider ist dieses Phänomen bis heute nicht gänzlich abgeschafft, wobei die Mehrheit der Bevölkerung heute dem Natur- und Artenschutz positiv gegenübersteht. Der Schutz bestimmter Tier- und Artengruppen setzte erst vor etwa 150 Jahren ein. Der erste Nationalpark der Welt, der Yellowstone-Nationalpark in den USA, wurde zum Schutz der dort lebenden Tiere 1872 gegründet und war Vorbild für den Naturschutz, der sich ab dieser Zeit weltweit verbreitete.

Tiere kommen auf allen Kontinenten vor. Von den heißesten Wüsten Afrikas oder Australiens bis in die kältesten Gebiete der Erde in Sibirien oder in der Antarktis sind praktisch alle Lebensräume, zumindest zeitweise, von Tieren bewohnt. Selbst in den großen Ballungsräumen und Städten leben bestimmte Arten mit Menschen auf engstem Raum zusammen und sind somit allgegenwärtig. Diese Nähe zum Menschen hat sicherlich die Häufigkeit der Tierfotografie begünstigt. Jedem ist es heute möglich, Tiere zu fotografieren, ob am heimischen Vogelhaus, im Park und Wald oder in den entferntesten Regionen dieser Erde.

In Deutschland sind die Vögel, neben den Insekten, die artenreichste Gruppe an Tieren. Das Interesse an der Vogelfotografie ist deshalb bei einheimischen Tierfotografen besonders groß. Aus diesem Grund nimmt die Vogelfotografie einen großen Anteil in diesem Buch ein, um es dir möglich zu machen, diese Tiergruppe gekonnt in Szene zu setzen.

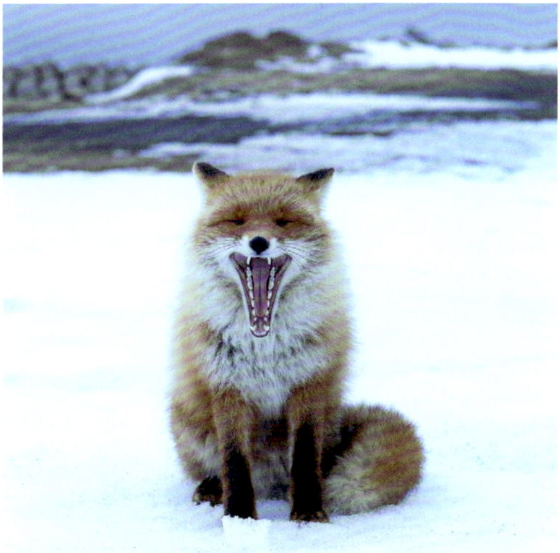

Füchse sind oft an Menschen gewöhnt, sodass man sich ihnen bis auf wenige Meter nähern kann.

Für jeden Fotografen, ob Hobby- oder Berufsfotografen, ist das Spektrum der Tierfotografie gewaltig. Säugetiere, Vögel, Reptilien, Amphibien oder Insekten, die Vielfalt der Tierwelt ist fast unermesslich. Durch die subjektive Wahrnehmung von uns Menschen ergibt sich mit den Stilmitteln der Fotografie eine Vielzahl an unterschiedlichen Deutungen. Es entstehen immer wieder neue Bilder mit den gleichen Motiven. Dabei erlebt die Tierfotografie eine enorme Entwicklung und ist natürlich auch gewissen Trends unterworfen. Von der reinen formatfüllenden Fotografie eines Tieres zur Bestimmung über die Abbildung von Tieren in ihrer natürlichen

Umgebung bis zur künstlerischen Darstellung der Tierwelt ist heute alles möglich.

Die Tierfotografie hat sich in den letzten Jahren erheblich verändert. Noch vor 20 Jahren waren viele Tierfotografen von Haus aus Ornithologen oder Tierkenner. Mit fundierten ornithologischen oder tierkundlichen Kenntnissen eigneten sie sich die Technik der Fotografie autodidaktisch an. Die Fotografie wurde als Werkzeug zur Dokumentation benutzt. So konnten Beobachtungen festgehalten und Nachweise erbracht oder Reiseberichte erstellt werden, die auf Fachgruppenabenden und Naturschutztagungen regen Austausch ermöglichten.

Heute gibt es viele Gründe, warum jemand Tiere fotografieren möchte. Zum einen bestimmt natürlich immer noch die Dokumentation von Arten und deren Verhaltensweisen die Tierfotografie. Zunehmend gibt es aber Fotografen, die ein künstlerisches Interesse

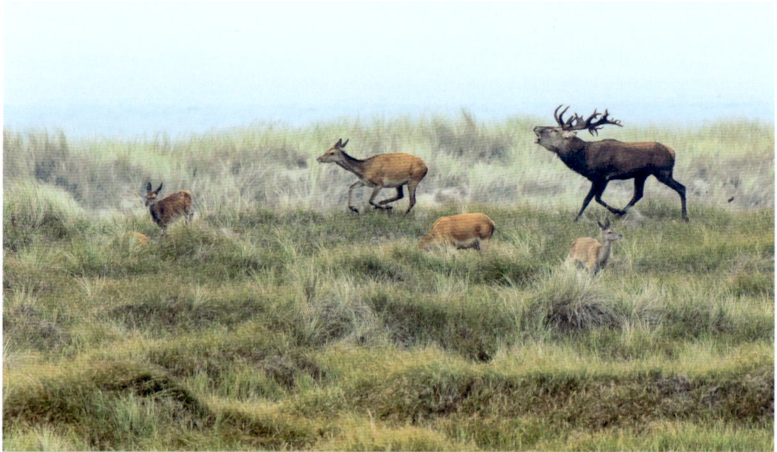

Rotwildrudel während der Brunft

an Tieren haben. Solche Fotos gewinnen in letzter Zeit immer mehr das Interesse, sodass neue Trends entstanden. Verwischte Bewegungsabläufe, Perspektivwechsel, Spiegelungen, Bildgestaltung sind nur einige der Möglichkeiten, die dir zur Verfügung stehen. Darauf werde ich in diesem Buch ausführlich eingehen.

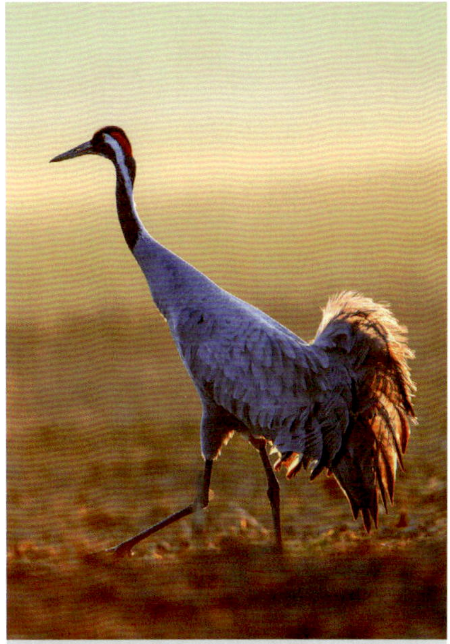

Kranich bei Sonnenaufgang

Eine weitere Passion, die heute Tierfotografen antreibt, ist das Ausreizen der sich rasant entwickelnden Kameratechnik. Um die immer aufwendigeren Kameraausstattungen auszutesten, eignet sich die Tierfotografie bestens. Mit den Einstellungen von Belichtungszeit, ISO-Zahl und Blende kannst du hervorragend experimentieren.

Die Tierfotografie gehört zu den schwierigsten Arten der Naturfotografie. Das liegt daran, dass Tiere meist sehr schnell unterwegs und ständig in Bewegung sind. Im Gegensatz zur Landschafts- und Makrofotografie hast du in der Tierfotografie meist nicht die Zeit, um dich in Ruhe auf das Objekt einzustellen oder einzulassen. Oft musst du das gewünschte Motiv schnell und intuitiv erfassen. Das kann in der Regel nur funktionieren, wenn du das Verhalten der Tiere gut kennst und deine Technik aus dem Effeff bedienen kannst. Da sind wir auch schon bei den wichtigen Voraussetzungen für das Gelingen von guten Tierfotografien: Zeit, Geduld, gute Vorkenntnisse über das Verhalten der Tiere, das Beherrschen der Technik. Dies und ein Quäntchen Glück sind der Schlüssel zum Erfolg.

Deiner Kreativität sind dabei keine Grenzen gesetzt. Tierfotografen arbeiten mit der Darstellung besonderer Momente und nutzen die verschiedensten Lichtstimmungen. Den perfekten Moment im perfekten Licht darzustellen, ist der Reiz, der uns Fotografen immer wieder besonders zeitig aufstehen lässt, um bei Sonnenaufgang längst schon am Zielort zu sein. Durch den Arten- und Farbreichtum in der Tierwelt kannst du deine persönliche Sichtweise auf die Tiere zeigen. Die unerschöpfliche Motivauswahl ist die Grundlage für den Anspruch, den du beim Fotografieren an dich selbst und deine Fotos stellst.

Oft entstehen gute Tierbilder im weitesten Sinne vor der eigenen Haustür. Zum einen kennst du dich dort am besten aus, bist bei besonderen Lichtsituationen schnell vor Ort oder dort einfach am häufigsten unterwegs. Wer sich oft in der Natur bewegt, wird schnell lernen, das Verhalten der Tiere dort einzuschätzen, die Tiere zu kennen und zur richtigen Tageszeit am richtigen Ort sein. Das sind die Grundvoraussetzungen, um gute Fotos zu erhalten.

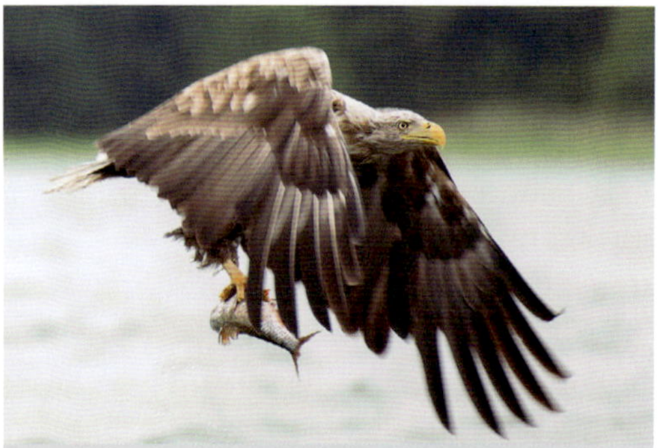
Seeadler kurz nach dem Beutefang

Ein gutes Tierfoto weckt beim Betrachter Emotionen. Nur so prägt sich das Foto ein und wird nachhaltig wirken. Mit deinen Tierbildern kannst du die Schönheit der Natur zeigen, aber auch auf Missstände in der Natur aufmerksam machen. Mit deinen Fotos solltest du dich direkt für die Natur, den Naturschutz und die Erhaltung unserer Umwelt einsetzen. Geh mit deinen Fotos an die Öffentlichkeit, halte Vorträge oder veröffentliche Beiträge, um auf die Schönheit der Natur aufmerksam zu machen und Verständnis für ihre Sensibilität und Zerbrechlichkeit zu wecken.

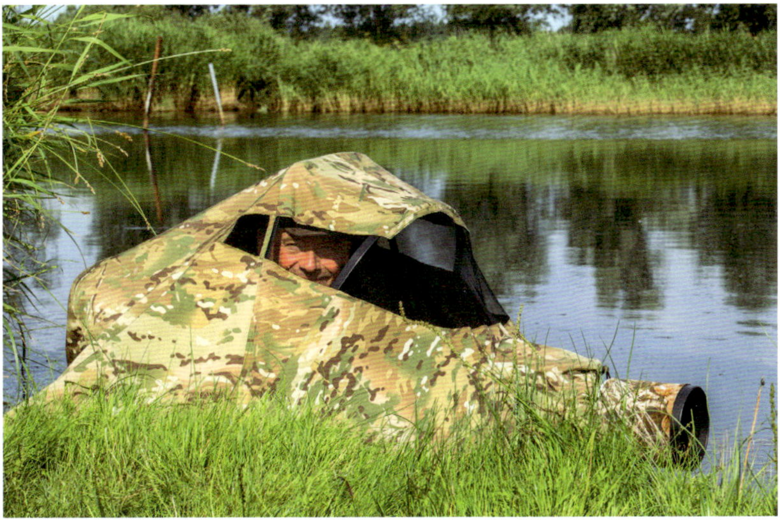

Da sich in den letzten Jahren immer mehr Menschen aus den unterschiedlichsten Gründen mit der Naturfotografie beschäftigen, wächst der Druck auf die Natur. Immer mehr Hobbyfotografen möchten Tiere und Landschaften in den unterschiedlichen Lebensräumen fotografieren. Dies birgt die Gefahr der Störungen für Tiere und Lebensräume. Mein Buch soll daher nicht nur Ratgeber sein, sondern gleichzeitig als Anleitung zum verantwortungsbewussten Umgang mit der Natur dienen. Auf diese Weise möchte ich meinen Beitrag zum Schutz unserer empfindsamen Natur leisten und dir das richtige Werkzeug für gute Bilder, aber auch für den achtsamen Umgang mit der Natur mitgeben.

In diesem Sinne: Gut Licht!

Dein

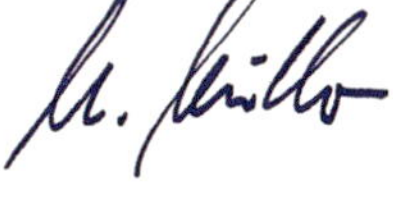

TIERE ERFOLGREICH FOTOGRAFIEREN

Eines der wichtigsten Kriterien für ein gutes Tierfoto ist das richtige „Ansprechen“ der Tiere, bevor du sie fotografierst. Natürliche Verhaltensweisen und Lebensräume zu kennen, trägt wesentlich zum Erfolg bei. Deshalb ist es früher oder später notwendig, dir entsprechende Artenkenntnisse anzueignen. Dies erfordert viele Beobachtungsstunden in der Natur mit Bestimmungsbuch oder einem erfahrenen Naturkenner an deiner Seite.

Arten richtig bestimmen

Allein an Vögeln brüten über 500 Arten in Europa, dazu kommen Gäste, die auf dem Zugweg rasten, und die verschiedensten Federkleider. Bei dieser Menge an Arten kannst du aus vielfältigen Möglichkeiten schöpfen. Es ist nicht notwendig, dass du sofort alle Arten studierst. Beginne mit den am häufigsten vorkommenden Tieren in deiner Umgebung und arbeite dich mit der Zeit zu den selteneren Arten vor. Kennst du die häufigen Arten, kannst du später schon viele Spezies ausschließen, um zur richtigen Bestimmung einer Art zu gelangen.

Die Bestimmung der Säugetiere in Deutschland ist relativ einfach, obwohl sie doch immer wieder Probleme bereitet. Vor allem ähnliche Arten wie Waschbär oder Marderhund, Stein- oder Baummarder,

Kegelrobbe oder Seehund können viele Fotografen nicht sicher bestimmen. Wenn du aber viel Zeit in der Natur verbringst, hast du gute Chancen, dir umfangreiche Kenntnisse anzueignen.

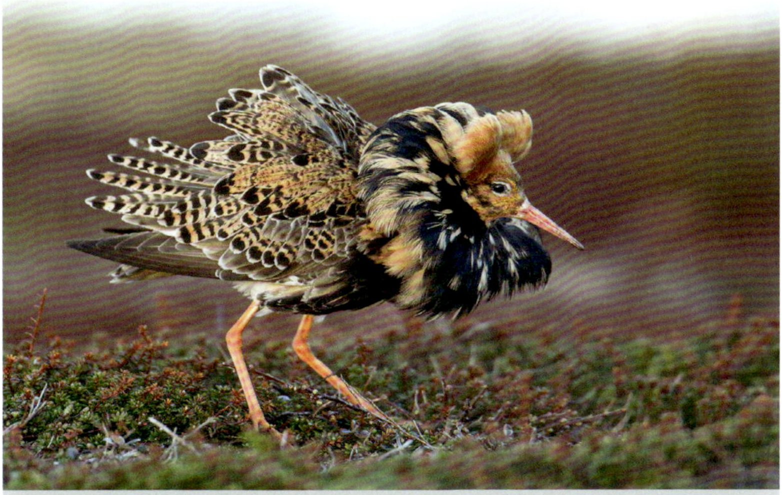

Kampfläufermännchen im Brutkleid

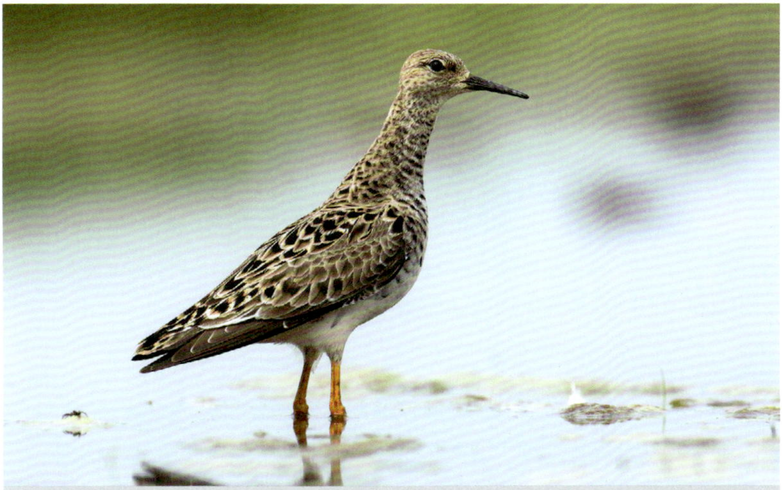

Kampfläuferweibchen sind viel schlichter gefärbt als die Männchen

Bei der Bestimmung einer Vogelart kannst du am Anfang nach einem Bestimmungsschlüssel vorgehen. Frag dich zuerst, ob die Art überhaupt in diesem Lebensraum (auch Habitat genannt) vorkommt und ob sie sich zu dieser Jahreszeit dort aufhält. Dazu sind in den meisten Bestimmungbüchern Verbreitungskarten abgebildet, aus denen du ablesen kannst, wo sich der jeweilige Vogel zu welcher Jahreszeit aufhält. Oft sind dort auch typische Verhaltensweisen, Angaben zur Nahrungsaufnahme, Federkleider und Flugbilder der Vögel beschrieben.

Als Nächstes solltest du eine Größenabschätzung vornehmen und dabei bekannte Vogelarten als Vergleichsarten heranziehen. Für die verschiedenen Größenvergleiche eignen sich: Haussperling, Amsel, Ringeltaube, Mäusebussard und Seeadler. Damit kannst du alle bei uns vorkommenden Arten größenmäßig einordnen. Beachten solltest du dabei immer die Lichtverhältnisse. Ein heller Vogel vor dunklem Hintergrund wirkt immer größer als ein dunkler Vogel vor dem gleichen Hintergrund. Ebenso wichtig ist die Tatsache, ob du mit dem Licht oder gegen das Licht beobachtest. Im Gegenlicht wirken die Tiere oft viel schlanker und zierlicher, da das Licht die Ränder des Tieres überstrahlt.

Nachdem die Größenordnung festgestellt ist, solltest du dir die Schnabelform und die Schnabellänge ansehen. Ist der Schnabel dünn oder kräftig, gerade oder gebogen und ist der Schnabel länger oder kürzer als der Kopf des Vogels? Danach solltest du weitere Details wie Körperform, Farben, Beine, Augen, Flügelbinden, Überaugenstreif und Muster auf Scheitel, Kehle, Brust, Bürzel und Schwanz beurteilen. Wegen der großen Ähnlichkeiten stellt die Bestimmumg von Watvögeln, sogenannten Limikolen, eine besondere Herausforderung dar.

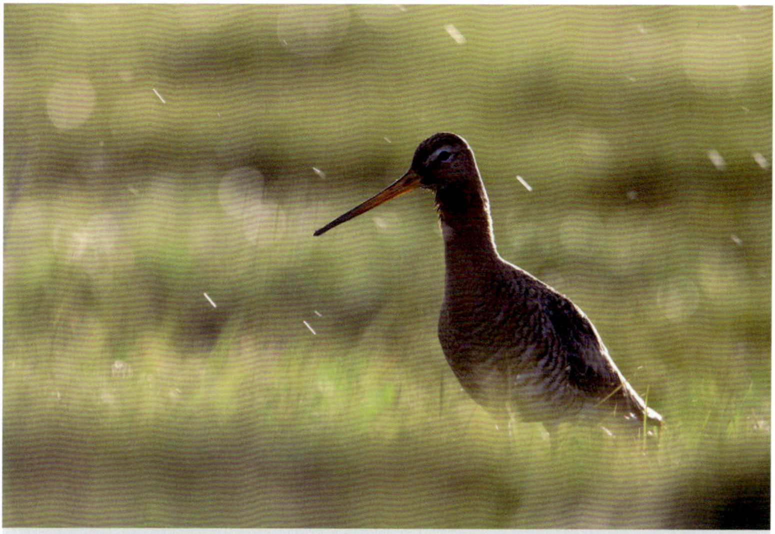

Im Gegenlicht wirken Tiere oft kleiner, als sie sind, da die Ränder überstrahlt werden

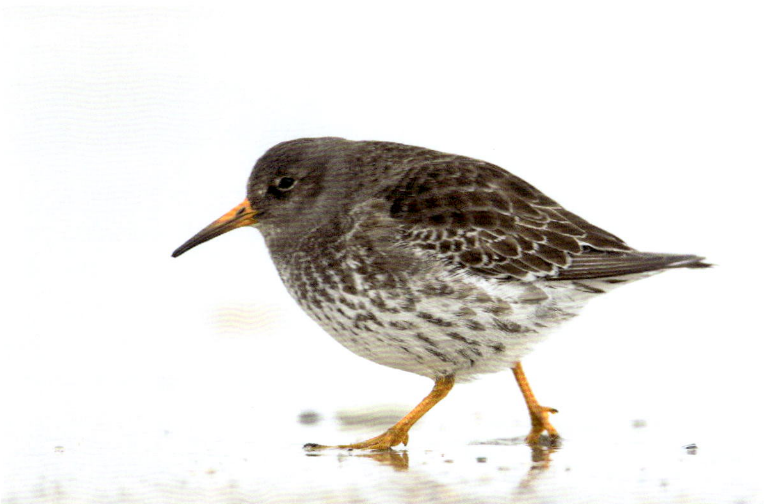

Meerstrandläufer sind oft sehr schnell am Strand unterwegs. Die plumpe Körperform, die gelben Beine und die gelbe Schnabelbasis kennzeichnen den Vogel eindeutig.

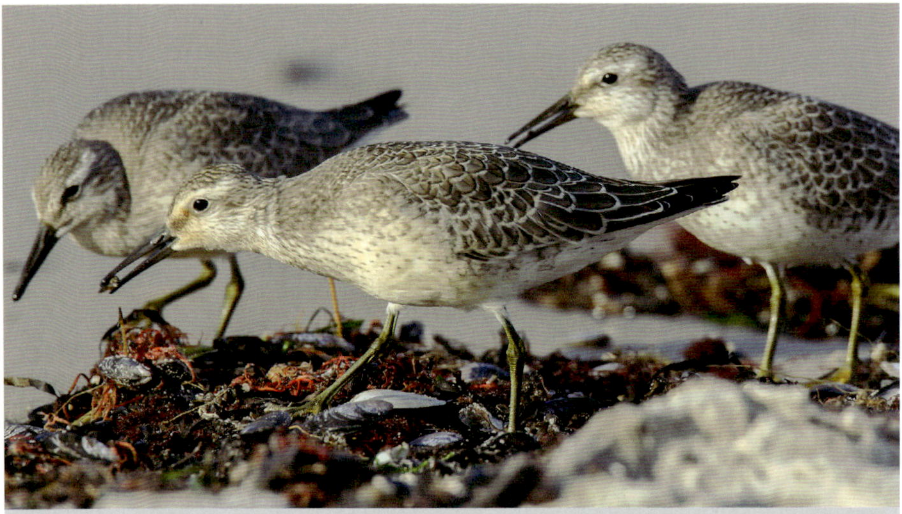

Knutts im Jugendkleid. Gerade im Spätsommer ziehen an unserer Ostseeküste viele Jungvögel entlang, deren Bestimmung nicht so einfach ist.

In der Literatur sind oft nur Pracht- oder Brutkleid und das Schlicht- oder Ruhekleid abgebildet. Das sogenannte Jugendkleid fehlt meist völlig. In diesem Federkleid sind aber gerade bei uns viele Limikolen im Spätsommer zu beobachten, wenn sie auf dem Durchzug hier rasten.

Wichtig für die Bestimmung von Vögeln ist die Beachtung des Alterskleides. Vögel mausern nach einem bestimmten Mauserzyklus. Als Jugendkleid bezeichnet man das Gefieder, sobald der Vogel flugfähig ist. Danach wechseln die Vögel in das erste Winterkleid. Singvögel wechseln vom Jugendkleid meist gleich in das Jahreskleid der Altvögel. Andere Arten durchlaufen mehrere Mauserzyklen, bevor sie ihr Alterskleid bekommen. Die Silbermöwe z. B. bekommt ihr Alterskleid erst, nachdem sie mehrere Mauserzyklen durchlaufen hat. Erst nach dem vierten Jahr sind die Jungvögel nicht mehr von den Altvögeln zu unterscheiden.

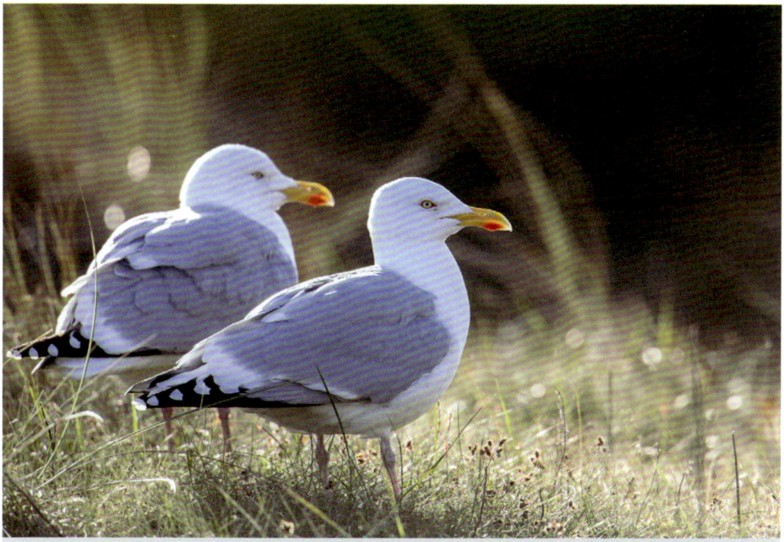

Erst nach vier Jahren erhalten die Silbermöwen ihr reinweißes Gefieder

FERNGLAS: UNABDINGBAR

Wegen der Vielzahl an Bestimmungsmerkmalen ist es unabdingbar, ein gutes Fernglas mitzuführen. Lege dabei Wert auf eine große Vergrößerung und geringes Gewicht, da du ohnehin viel an Ausrüstung bei dir hast. Mein Favorit ist eine 10 x 32- oder 10 x 42-Vergrößerung.

Tiere in ihrem Lebensraum

Stimme und Lautäußerungen von Tieren tragen ebenso dazu bei, Motive zu bestimmen und zu orten. Gerade im Wald sind die Stimmen der Vögel oder die Laute von Tieren oft der Schlüssel für ein gelungenes Tierfoto. Viele Tiere sind zu hören, bevor du sie siehst. Kenntnisse darüber sind deshalb sehr vorteilhaft. Mit Zeit, Geduld und vielleicht auch Unterstützung eines erfahrenen Ornithologen oder Naturkenners lassen sich die Tierlaute und Vogelstimmen erlernen. Es gibt auch eine Reihe von Tonträgern oder Apps mit Vogelstimmen und Tierlauten, mit denen du dein Gehör trainieren kannst. Dies ist eine gute Ergänzung, ersetzt jedoch nie die Erfahrung in der freien Natur.

Das Verhalten von Tieren kennen

Um bestimmte Vorstellungen vom Bild wie Licht, Reflexionen und Schatten umzusetzen, sind folgende Informationen im Vorfeld wichtig: Ist das Tier oder der Vogel ein Einzelgänger oder hält er sich meist im Rudel oder Schwarm auf? Bei Vögeln ist wichtig zu wissen, ob der Vogel ein Koloniebrüter, Baumbrüter, Höhlenbrüter, Felsbrüter, Bodenbrüter oder Gebäudebrüter ist.

Entscheidend sind ebenfalls Informationen zum Zugverhalten oder zu Wanderungen der Tiere. Ist der Vogel ein Zugvogel oder verbringt er den Winter bei uns? Sonst kann es passieren, dass du Vögel in der Natur suchst, die sich bereits in afrikanischer Sonne wohlfühlen. Welche Zugrouten fliegt der Vogel, wo befinden sich fotografisch günstige Rastplätze? Wo hält sich das Wild zu bestimmten Zeiten auf? Brunftplätze werden z. B. nur in Zeiten der Brunft aufgesucht, das heißt von September bis Oktober.

Jede Tierart verfügt über ganz eigene Verhaltensweisen bei der Nahrungsaufnahme. Bestimmte Orte und Zeiten sowie die Art und Weise sind kennzeichnend für jede einzelne Tierart, die ein guter Fotograf kennen muss. So gelingt dir irgendwann das emotionale Foto, das berührt und eine Geschichte erzählt.

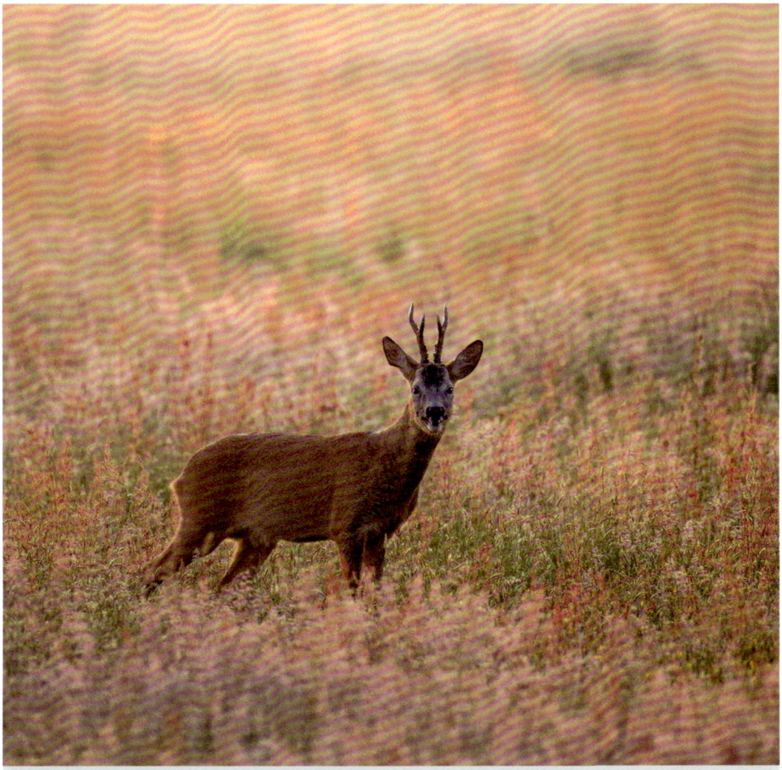

Im ersten Licht des Tages konnte ich diesen Rehbock aus dem Auto heraus fotografieren

Die Tarnung der Tiere kennen

Die häufigste Form der Tarnung wird in der Biologie als Somatolyse bezeichnet. Darunter verstehen wir das „visuelle Auflösen oder Verschmelzen des Körpers mit seiner Umwelt“, also die Anpassung der Tiere in Form und Farbe an ihren Lebensraum. Die Tarnung dient hauptsächlich dem Zweck, unentdeckt zu bleiben, um z. B. vor Fressfeinden geschützt zu sein oder gut geschützt brüten zu können. Dazu entwickelten die Tiere im Laufe der Evolution verschiedenste Variationen von Tarnungen in Form und Farbe.

Viele Vögel vollziehen die Tarnung perfekt und richten sich dabei auch auf die unterschiedlichen Jahreszeiten mit den damit verbundenen farblichen Veränderungen in der Umwelt ein. In der Zukunft könnte durch die Klimaerwärmung und die immer zeitigere Schneeschmelze für einige Vögel ein Problem entstehen: Wenn die Vögel sich nicht dem zeitlichen Rhythmus anpassen, werden die meist hellen Winterkleider in der bereits farbigen Umwelt auffällig sichtbar. Im Herbst tritt die gleiche Situation ein: Die Vögel mausern in ihr Winterkleid, obwohl die Landschaft noch gar nicht winterlich ist, und sind abermals deutlich sichtbar für Feinde. Es bleibt abzuwarten, wie sich dieser Prozess entwickelt.

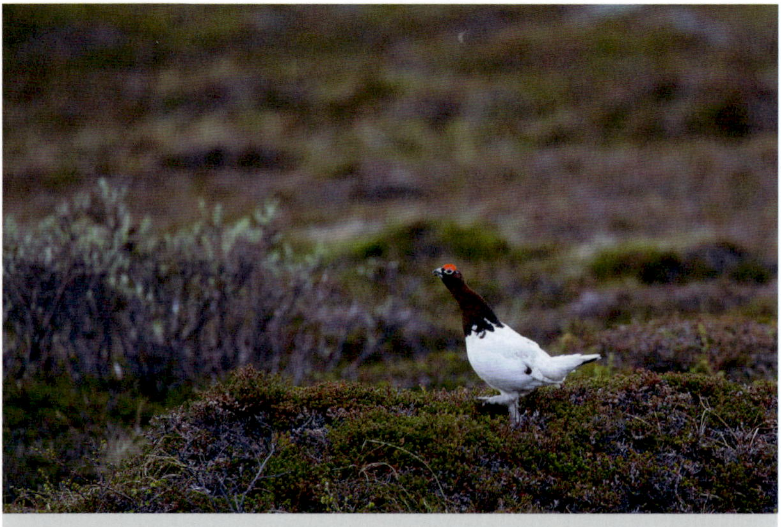

Männliches Moorschneehuhn im Frühjahr. Der Schnee ist bereits abgetaut, aber das Schneehuhn trägt noch die Hälfte des komplett weißen Wintergefieders. Dadurch ist es weithin sichtbar und leichte Beute für Feinde.

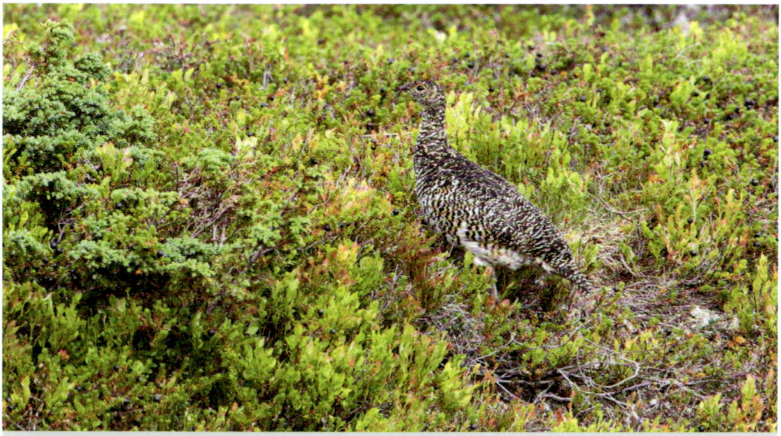

Das Weibchen des Moorschneehuhns im Frühsommer, perfekt getarnt und kaum von der Umgebung zu unterscheiden

Die meisten Vögel wechseln ihr Federkleid nicht so extrem wie die Moorschneehühner. Bei den Limikolen unterscheiden wir auch in Pracht- und Schlichtkleid. Diese sind meist nicht so stark farblich verändert wie bei den Moorschneehühnern. Viele Limikolen besitzen eine unscheinbare Färbung, was ihre Bestimmung äußerst schwierig gestaltet.

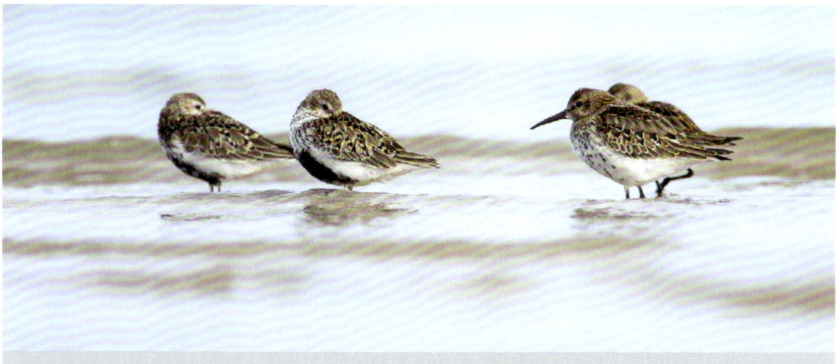

Alpenstrandläufer auf dem Durchzug an der Ostseeküste. Links sind zwei Altvögel erkennbar, die noch das Brutkleid tragen, rechts ein Vogel im Jugendkleid.

Bei den meisten Vögeln übernehmen die Weibchen die Aufgabe des Brütens. Daher ist das Federkleid der Weibchen meist unauffälliger bzw. nicht so farbig wie das der Männchen. Dies hilft den Weibchen zusätzlich beim Brüten und der späteren Jungenaufzucht. Es gibt aber auch einige Beispiele in der Vogelwelt, wo dies gerade umgekehrt ist. Bei den Odinshühnchen ist das Weibchen kräftiger gefärbt als das Männchen. Bei dieser Art, wie auch beim Mornellregenpfeifer, übernimmt das Männchen das Brüten und die Aufzucht der Jungen.

Viele Kleinvögel sind perfekt an ihre Umgebung angepasst und machen es dir schwer, sie zu entdecken. Es gehört schon eine Menge Erfahrung dazu, gut getarnte Kleinvögel aufzuspüren und zu fotografieren. Außerdem wechseln viele von ihnen zu den Jahreszeiten das Gefieder vom Prachtkleid in ein Ruhe- oder Winterkleid. Genauso wie die Moorschneehühner auf dem Fjell in Norwegen hat auch die Schneeammer dort ihr Brutgebiet. Mit ihrem schwarzweißen Gefieder passt sie sich während der Brutzeit den flechtenbewachsenen Steinen auf dem Fjell hervorragend an.

Sind Schneeammern bei uns im Winter zu Gast, ist das Gefieder nicht mehr so reinweiß gefärbt wie im Brutgebiet. Der helle Bauch bleibt erhalten, aber die Rückenpartien sind bräunlich gefärbt. So sind die Schneeammern im Überwinterungsgebiet auf den Feldern oder am Strand weniger auffällig. Kleinvögel, die im Gras am Boden oder versteckt in Bäumen und Sträuchern brüten, haben oft ein einfaches gestricheltes Gefieder, das sie mit ihrer Umgebung verschmelzen lässt.

Nachtaktive Vögel müssen noch besser getarnt sein, da sie tagsüber meist bewegungslos im Baum oder im Geäst sitzen. Entdecken Kleinvögel eine sitzende Eule oder einen Kauz am Tag, starten sie mitunter laut rufend Scheinangriffe auf die ruhenden Großvögel. Diese flüchten dann oft zu einem ruhigeren Standort.

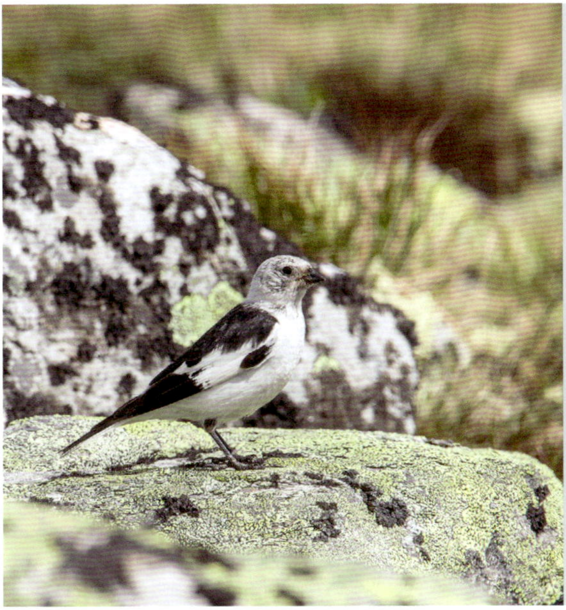

Männliche Schneeammer auf dem Fjell – perfekte Tarnung vor den flechtenbewachsenen Felsen

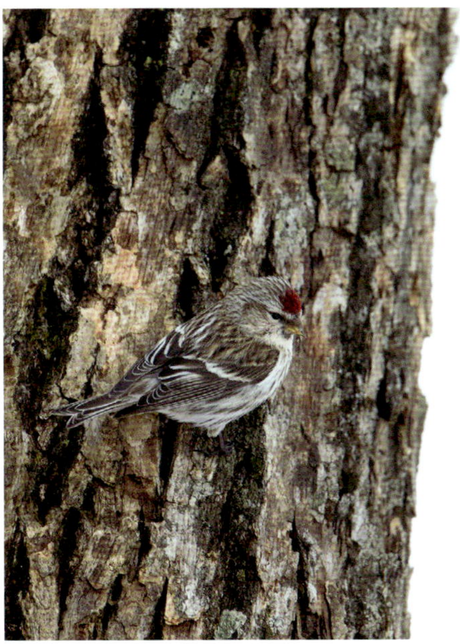

Wie gut Kleinvögel an die Umgebung angepasst sind, zeigt hier der Birkenzeisig. Durch sein gestricheltes Gefieder ist er kaum von der Baumrinde zu unterscheiden.

Nicht nur Vögel tarnen sich in der Natur. Auch andere wild lebende Tiere sind perfekt angepasst. Gerade zur Jungenaufzucht ist es extrem wichtig, unauffällig zu sein, um seinen Nachwuchs nicht in Gefahr zu bringen. Auch die Jungen sind meist der Umgebung so angepasst, dass es schwerfällt, sie zu entdecken und zu fotografieren. Bedenke immer, dass die Tiere meist uns zuerst in der Natur entdecken, bevor wir sie wahrnehmen.

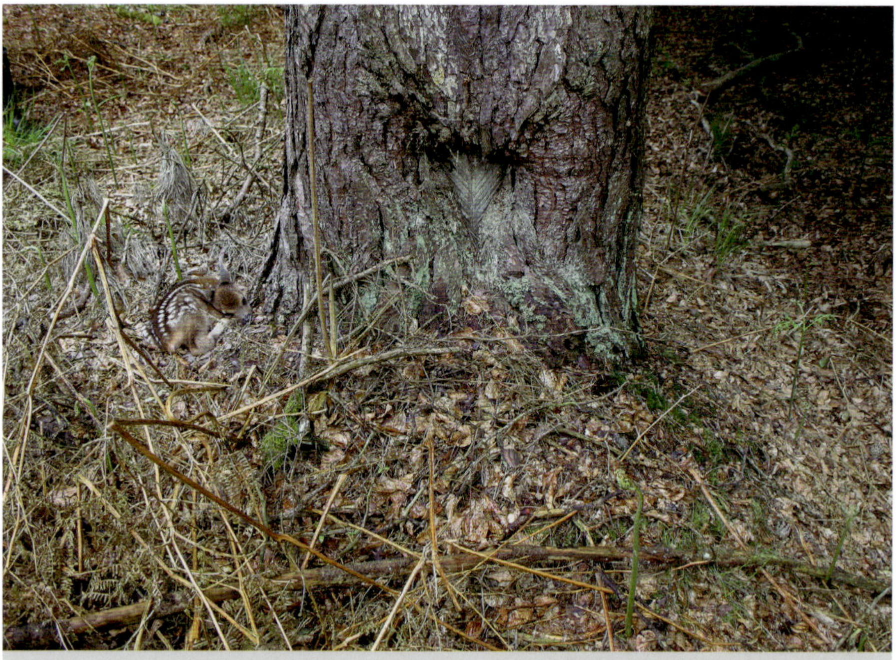

Dieses perfekt getarnte Rehkitz entdeckten wir erst kurz bevor wir die Kiefer zur Seeadlerberingung besteigen wollten. Wir verschoben die Beringung, um das Kitz nicht zu gefährden.

Säugetiere wechseln ihr Fell jährlich ebenfalls von einem Sommer- in ein Winterfell. Bei einigen Tieren fällt dieser Fellwechsel auch farblich extrem aus. Während beim Rotfuchs das dichtere Winterfell eine ähnliche Farbe hat wie das Sommerfell, kann beim Hermelin und Mauswiesel die Färbung völlig verschieden sein. Im Sommer sind beide Arten oberseits bräunlich und unterseits weiß gefärbt. Im Winter kann es sein, dass beide Arten in ein reinweißes Fell wechseln. Auch der in nördlichen Regionen beheimatete Polarfuchs hat ein dunkles Sommerfell und wechselt im Winter in ein reinweißes Fell.

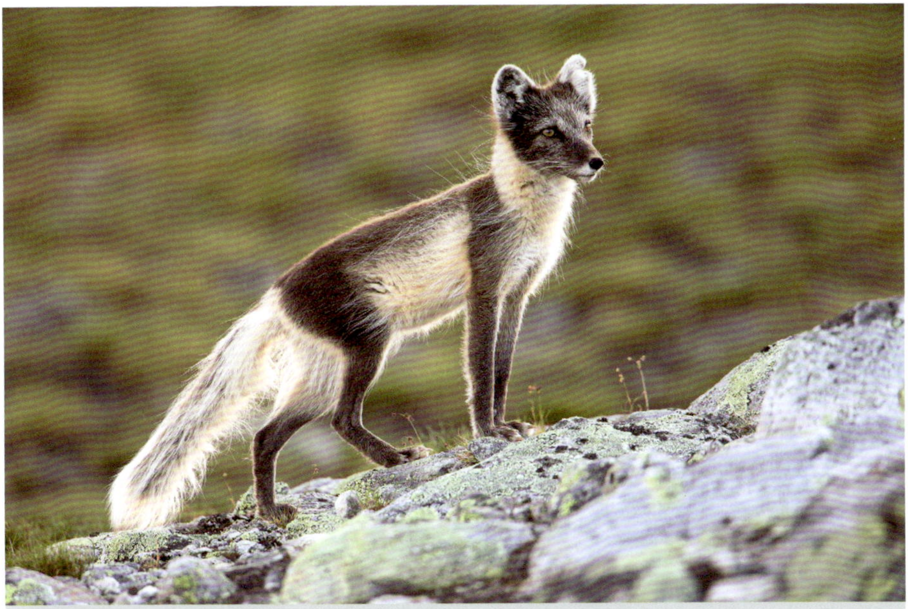

Polarfuchs im dunklen Sommerfell. Das reinweiße Winterfell wäre zu dieser Jahreszeit zu auffällig auf dem Fjell.

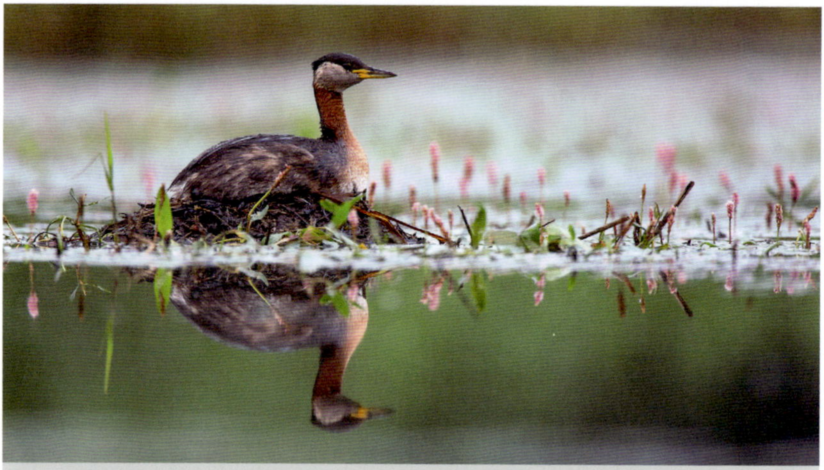

Ein Rothalstaucher beim Brüten. Verlässt er das Nest, bedeckt er vorher die Eier mit Pflanzen, sodass diese vor Fressfeinden wie Kolkraben oder Krähen geschützt sind.

PRÄDATOREN-MANAGEMENT

In Deutschland liegen viele Limikolenbrutplätze innerhalb von Naturschutzgebieten oder Nationalparks. Das ist sehr wichtig, denn besonders Schnepfen, Rotschenkel und Regenpfeifer benötigen ruhige, geschützte Plätze zur Jungenaufzucht. Trotz seiner idealen Tarnfärbung bietet etwa der kleine Regenpfeifer Greifvögeln, Großmöwen, Füchsen und anderen Raubtieren einen relativ sicheren Jagderfolg. Prädatoren spielen bei der Bestandssituation dieser am Boden brütenden Vögel eine entscheidende Rolle.

Um die Bestände dieser seltenen Wiesenvögel zu erhalten, ist es heute unabdingbar, ein Prädatoren-Management durchzuführen. Ohne Bestandsregulierung der Prädatoren werden wir weitere wiesenbrütende Vogelarten verlieren, wie in den letzten Jahren den Kampfläufer und den Alpenstrandläufer. Auch der Bestand des Kiebitz ist laut NABU-Studie von 1992 bis 2016 um 88 Prozent zurückgegangen!

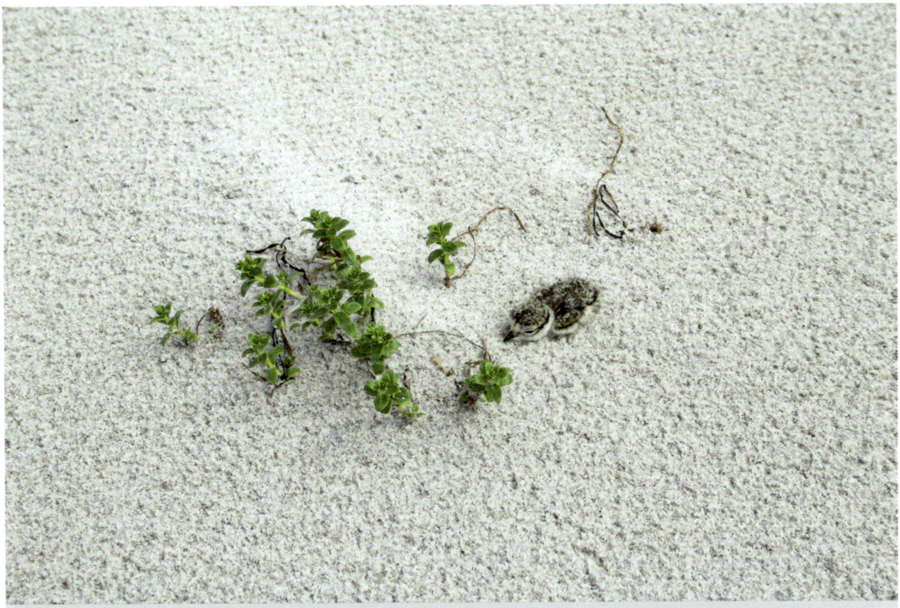

Ein junger Sandregenpfeifer am Strand. Von Weitem ist er als Vogel kaum zu erkennen. Man verwechselt ihn eher mit einem Stein. Hier passt die Tarnfarbe des Jungvogels optimal zur Umgebung.

Besondere Sensibilität ist bei der Nestfotografie erforderlich. Du solltest *niemals* Veränderungen am Nest und der unmittelbaren Umgebung vornehmen. Der Vogel hat den für ihn am besten getarnten, idealen Brutplatz ausgesucht. *Dies musst du unbedingt respektieren.* Ergeben sich am Nest keine Fotomöglichkeiten, weil es womöglich ringsum getarnt bzw. eingebaut ist, solltest du ein anderes Nest suchen. Hier kannst du deine Ausdauer und Geduld als Tierfotograf unter Beweis stellen. Dein Motiv muss sich zu jeder Zeit sicher fühlen. Nur so wirst du Aufnahmen mit natürlichen Verhaltensweisen bekommen.

Fotografieren, ohne zu stören

Es stellt sich nun die Frage: Wie kannst du Tiere fotografieren, ohne sie zu stören? Schon wenn wir Waldwege oder Straßen verlassen, greifen wir in die Natur ein. Wenn wir aber die Verhaltensweisen der Tiere kennen, die wir fotografieren wollen, reduzieren wir durch angemessenes Verhalten diese Eingriffe und vermeiden Störungen. Nur so können wir als Tierfotografen verantwortungsbewusst in der Natur agieren. Du entscheidest selbst mit deinem Wissensstand und deiner persönlichen Einschätzung, wie du in die Natur eingreifst und welche Störung du bewirkst!

Dazu musst du genau wissen, welche Tiere du vor dir hast. Oftmals wird nicht richtig eingeschätzt, welchen Sicherheitsabstand der Fotograf zum Tier einhalten muss, damit dieses sich nicht gestört fühlt. Die schlechtesten Fotos sind diejenigen, die Tiere auf der Flucht vorm Fotografen zeigen. So sind schon viele Tierfotografen ins kritische Visier der Öffentlichkeit geraten, da nicht das Tier, sondern das besondere Foto die oberste Priorität besaß. Schließe dich als Anfänger am besten einer Gruppe Gleichgesinnter an. Im Internet findest du Regionalgruppen von Naturschutz-, Ornithologen- oder Naturfotografenverbänden, deren Mitglieder ihr Wissen gern teilen und an neue Interessierte weitergeben.

Tierschutz hat oberste Priorität!

Besonders die Nestfotografie bei Vögeln und die Fotografie der Jungenaufzucht bei Tieren allgemein stellen sehr sensible Bereiche der Tierfotografie dar. Nur wenn du über fundierte Kenntnisse der Tiere und ihrer Verhaltensweisen verfügst, solltest du dich diesen sensiblen Bereichen widmen.

NIMM RÜCKSICHT!

Eine Störung am Nest kann die schlimmsten Folgen nach sich ziehen, indem der Vogel sein Nest oder sogar seine Jungen verlässt und diese dann qualvoll zugrunde gehen. Das liegt nicht im Interesse eines verantwortungsvollen Fotografen und sollte unter allen Umständen vermieden werden! Für dich als ambitionierten Tierfotografen sollte es selbstverständlich sein, sich in der Natur auszukennen und sich rücksichtsvoll zu verhalten.

Fotografiere Tiere nie dort, wo sie gerade sehr selten sind. Das könnte die letzten Individuen einer Art aus einem Gebiet für immer vertreiben. In Deutschland vermeiden bewusste Fotografen beispielsweise, den seltenen Stelzenläufer bei der Balz zu fotografieren, da diese Vogelart nur an einigen wenigen Stellen in Deutschland brütet. Dies ist in Spanien oder auf den Balearen einfacher, da der Stelzenläufer dort noch in ausreichender Zahl brütet und weniger störungsanfällig ist.

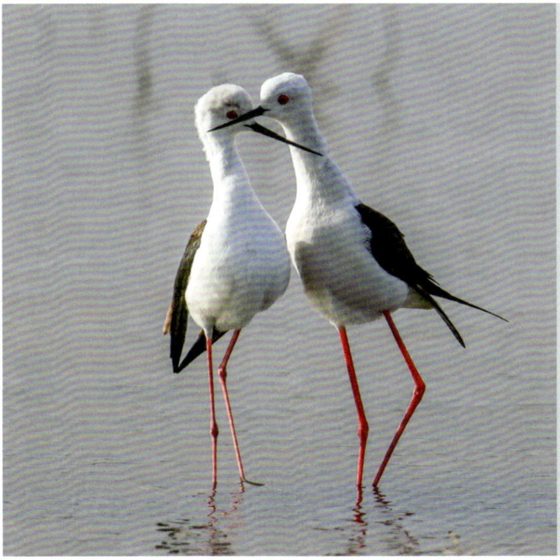

Stelzenläufer bei der Balz auf Mallorca

Bist du nach der Vorbereitungsphase in der Lage, die häufigsten Tier- oder Vogelarten „anzusprechen“, kann es endlich mit dem erfolgreichen Fotografieren losgehen. Es ist am einfachsten, zunächst einmal dort zu fotografieren, wo Vögel an Menschen gewöhnt sind und häufig vorkommen. Das sind Örtlichkeiten wie Parkteiche, Gärten, das Futterhaus oder der Strand. Die Vögel sind dort meist zutraulich und du kannst dich voll auf das Motiv konzentrieren, ohne dabei auf andere Dinge achten zu müssen.

Einfach zu fotografierende Vögel sind Entenvögel, Graureiher, Haubentaucher, Blässhühner, Schwäne, Meisen, Finkenvögel, Drosseln, Rabenvögel, Möwen und Tiere wie Eichhörnchen, Füchse oder Rehwild. Dein Respekt vor den Tieren sollte auch hier an oberster Stelle stehen.

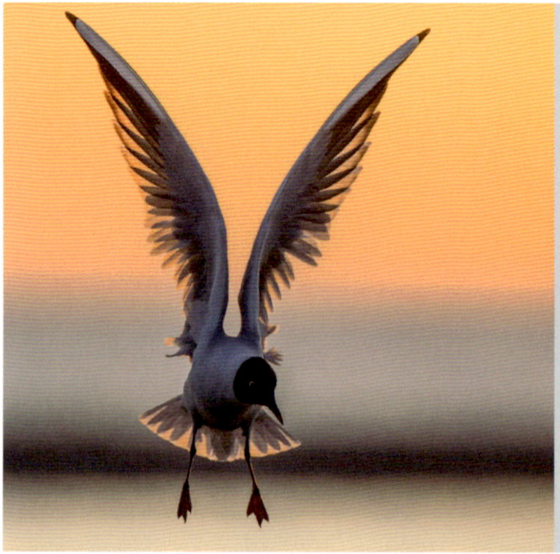

Lachmöwe im Gegenlicht. Solche Situationen sind leicht am Strand zu fotografieren, da die Möwen an Menschen gewöhnt sind und keine große Fluchtdistanz haben.

Du wirst an diesen Örtlichkeiten allerdings unter Umständen mit anderen Schwierigkeiten konfrontiert: Du bist nicht allein unterwegs! Mitunter wirst du von Besuchern oder Spaziergängern nach deiner Ausrüstung gefragt oder nach möglichen Motiven. Auch fachliche Fragen zu den Tieren können vorkommen. Mit einem griffbereiten Handbuch in der Tasche kommt dir dann die gründliche Vorbereitungsphase zugute. Es wird dir auch der ein oder andere Mitmensch gedankenverloren vor die Kamera laufen und sich nicht einmal entschuldigen. Hier sind Nachsicht und Geduld erforderlich.

Auch ein Tarnzelt kannst du an solchen Plätzen eher nicht aufstellen, um dich in aller Ruhe auf deine Motive einzulassen. Doch die Zutraulichkeit der Tiere lässt einen geduldigen Tierfotografen dennoch erfolgreich werden. Und wenn du merkst, es wird zu anstrengend, packe in Ruhe zusammen – es wird immer wieder neue Möglichkeiten zum Fotografieren geben!

Grundsätzlich solltest du dich nicht auf die Tiere zubewegen, sondern die Tiere auf dich zukommen lassen. Heimische Tiere sind oft sehr scheu und entdecken uns Menschen meist, bevor wir sie entdecken. Versuchst du dann, dich den Tieren zu nähern, fühlen sie sich gestört, ergreifen die Flucht und verbrauchen dadurch unnötig Energie. Auch durch die Jagd haben viele Tiere eine sehr hohe Fluchtdistanz. Beim Fotografieren sind deshalb Tarnzelte, Tarnhütten oder Tarnkleidung sehr hilfreich (dazu später mehr).

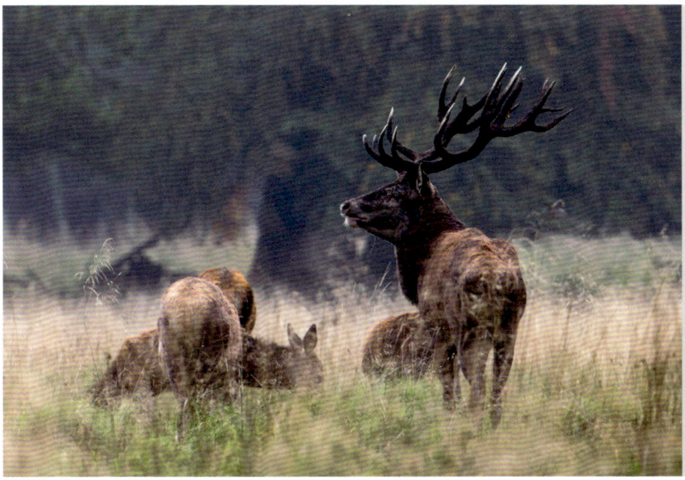

Rotwild ist oft sehr scheu, da es fast überall gejagt wird.

Die meisten Tiere sind mit einem gutem Sehvermögen ausgestattet und können Feinde schon auf große Entfernung erkennen. Dies kannst du ausnutzen. Wenn du gut getarnt vor dem Tier eine mögliche Gefahr beobachtest, können sich daraus interessante Situationen ergeben. Die Verhaltensweisen der Tiere in solchen Momenten zu kennen, zeichnet einen guten Tierfotografen aus.

Wenn du z. B. weißt, dass Vögel immer gegen den Wind auffliegen bzw. gegen den Wind zur Landung ansetzen, kannst du das für deine Fotoarbeit nutzen. So bist du in der Lage, dich rechtzeitig mit der Kamera in die richtige Position zu bringen und im entscheidenden Moment auszulösen. Auch den Abflug signalisieren dir die meisten Vögel schon vorher durch ihre Körperbewegungen. Adler beispielsweise gehen kurz in die Hocke, um zu starten, Kraniche legen den Hals nach vorn, um kurz darauf abzufliegen.

Auch aus dem Auto können mitunter sehr gute Tierfotos entstehen. Es ist ein hervorragendes Tarnversteck, denn an Autos sind wild lebende Tiere meist gewöhnt. Die Fluchtdistanz ist weitaus geringer, als wenn du dich zu Fuß näherst.

Fotografie am Nest: Nur für Profis

Bei der Nestfotografie bzw. der Fotografie an der „Kinderstube" hast du es wie schon erwähnt mit einer der sensibelsten Arten der Fotografie zu tun. Nur wenn du in der Naturfotografie bereits sehr erfahren bist und sehr gute Kenntnisse hast, solltest du sie durchführen. Das genaue Wissen über das Verhalten der speziellen Arten in ihren Lebensräumen ist unabdingbar, um Störungen zu vermeiden.

Einige Tiere sind für Veränderungen in der unmittelbaren Umgebung störungsunempfindlicher. Andere Arten wiederum reagieren auf kleinste Veränderungen und tolerieren keinerlei Störungen. Nur mit ausreichender Artenkenntnis und Kenntnissen über die Lebensweise der Tiere kannst du das einschätzen. Wenn du dich unsicher fühlst, frage einen Experten um Rat. Junge Rehkitze etwa dürfen keinesfalls berührt werden, um sie in eine bessere Fotoposition zu bringen. Durch den menschlichen Geruch werden sie später von der Ricke abgewiesen und verhungern qualvoll.

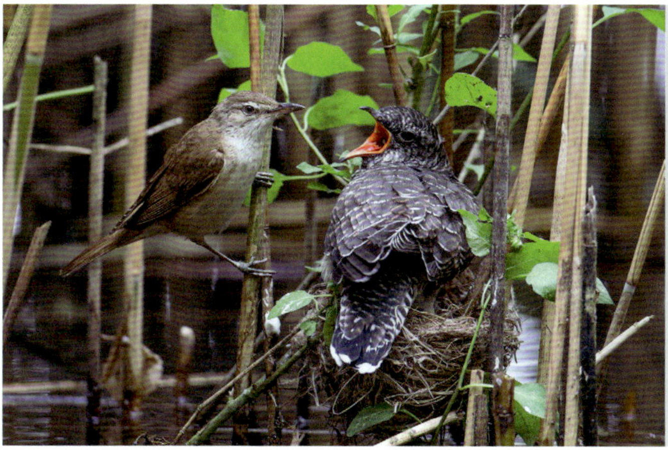

Ein Drosselrohrsänger füttert einen jungen Kuckuck in seinem Nest. Hier stand das Tarnzelt etwa acht Meter vom Nest entfernt. Die Drosselrohrsänger fütterten, ohne Notiz vom Tarnzelt zu nehmen.

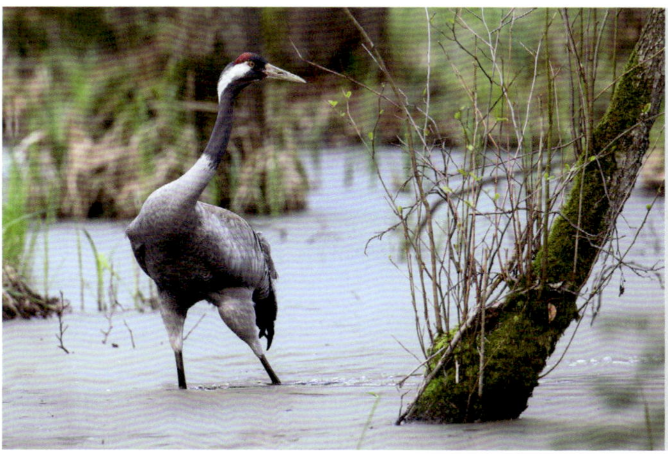

Kranich im Brutrevier. Zur Zeit der Brut leben die Kraniche sehr heimlich.

DAS TIER HAT VORRANG, NICHT DEIN FOTO!

Vorrang sollte *immer* das Tier haben, nicht dein Foto! Manche Tiere setzen deutliche Warnsignale, wenn sie sich gestört fühlen. Warnrufe oder das Simulieren einer Verletzung, um dich vom Nest wegzulocken, sollten dich sofort dazu veranlassen, das Feld zu räumen. Eine gestörte oder aufgegebene Brut bei Vögeln darf niemals der Preis für ein Naturfoto sein!

Andere Arten sind empfindlicher und reagieren sehr sensibel auf Änderungen in der Nestumgebung. Zu diesen Arten gehört der Kranich. Kranichnester werden meist umgeben von Wasser angelegt. Erlenbrüche, Feldsölle und Schilfgürtel von Seen und Mooren sind die bevorzugten Brutplätze. Fotos von diesen Nestern und deren Jungvögeln dürfen nur mit Genehmigung der Unteren Naturschutzbehörden gemacht werden. Die Genehmigung für solche Fotos erfolgt unter Abwägung der Notwendigkeit. Für den privaten Bedarf gibt es keine Fotogenehmigungen. Da ich sehr viele Vorträge europa- und deutschlandweit über unsere heimische Tierwelt in Mecklenburg-Vorpommern halte, leiste ich Öffentlichkeitsarbeit und habe für alle meine Fotos die entsprechenden Genehmigungen.

Nach § 44 Abs. 1 Ziffer 2 des Bundesnaturschutzgesetzes ist es verboten, wild lebende Tiere der streng geschützten Arten während der Fortpflanzungs-, Aufzucht-, Mauser-, Überwinterungs- und Wanderungszeiten erheblich zu stören (eine erhebliche Störung liegt vor, wenn sich durch die Störung der Erhaltungszustand der lokalen Population einer Art verschlechtert). Beachte auch die gesetzlichen Bestimmungen im Ausland, denn dort existieren oft andere Gesetze und Verordnungen zur Fotografie wilder Tiere. Eine gute Möglichkeit, Vögel am Nest zu fotografieren, ist, den Vögeln Nistmöglichkeiten anzubieten. Das können Nistkästen, künstliche Brutinseln auf Teichen, künstliche Nisthöhlen oder auch das Anbieten von Nestunterlagen sein.

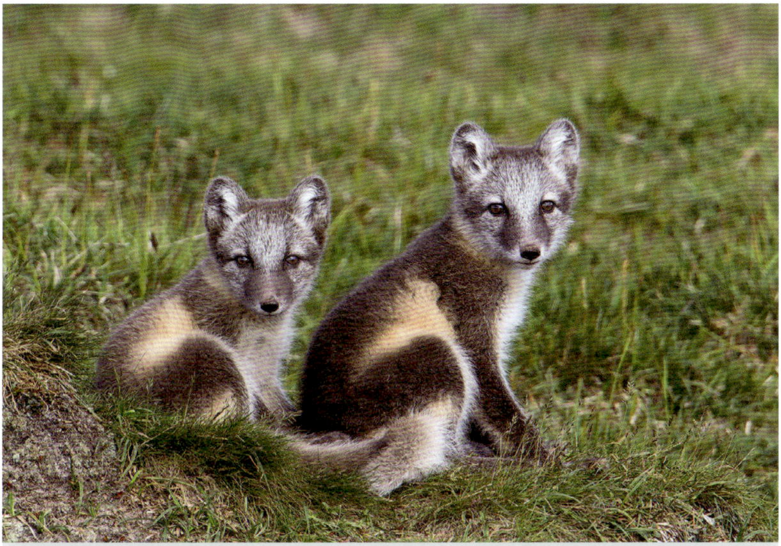

Junge Polarfüchse vor dem Bau in Norwegen

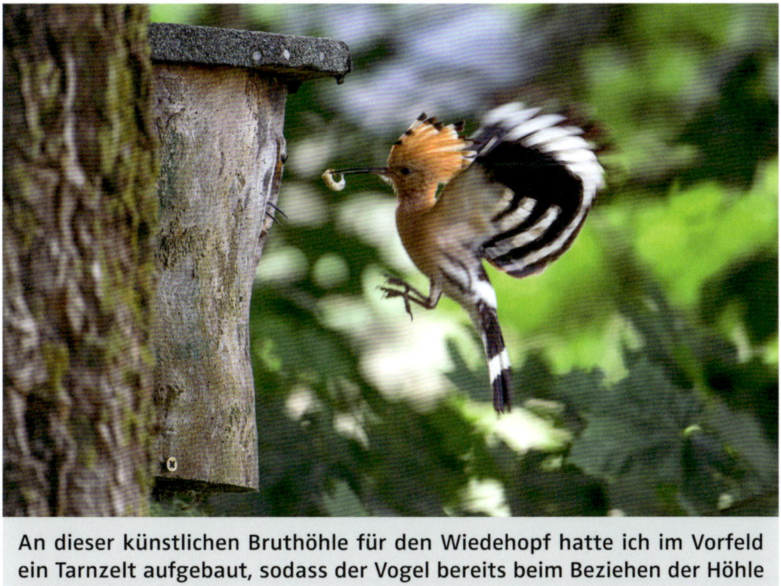

An dieser künstlichen Bruthöhle für den Wiedehopf hatte ich im Vorfeld ein Tarnzelt aufgebaut, sodass der Vogel bereits beim Beziehen der Höhle daran gewöhnt war

TECHNIK UND AUSRÜSTUNG

Entscheidend für ein gutes Naturfoto ist nicht die verwendete Technik, sondern du hinter der Kamera mit deiner Kreativität. Welche Kameras und Objektive dich bei deiner Arbeit unterstützen und was die wichtigsten Parameter zur richtigen Einstellung deiner Kamera sind, erfährst du in diesem Kapitel. Daneben ist eine optimale Tarnung unabdingbar – sie sollte nicht unterschätzt werden, denn sie ist die Voraussetzung für gute Fotos von Wildtieren.

Kamera und Objektive

Wenn du neu mit der Tierfotografie beginnst, musst du dich zuerst entweder für ein Spiegelreflex- oder ein spiegelloses Kamerasystem entscheiden. Bis vor wenigen Jahren fiel die Entscheidung der Tierfotografen fast immer zugunsten der Spiegelreflexkameras. Diese waren vor allem schneller in der Serienbildgeschwindigkeit, worauf es gerade bei der Actionfotografie ankommt. Heute stehen die spiegellosen Kamerasysteme den Spiegelreflexkameras in nichts nach, sind leichter im Gewicht und meist besser in den Autofokusfunktionen. Der Trend geht also in Richtung spiegellose Kamerasysteme.

Beachte dabei immer, welche Objektive zu den unterschiedlichen Modellen zur Verfügung stehen. Du kannst heute wählen zwischen Vollformatkameras und Cropkameras:

- **Vollformatkameras** besitzen einen großen Sensor. Dadurch sind detailreichere Fotos möglich, und es entsteht ein geringeres Rauschen beim Fotografieren mit hohen ISO-Werten.
- Bei den **Cropkameras** wird der Bildausschnitt durch den Cropfaktor bestimmt. Er wirkt sich aus wie eine Brennweitenvergrößerung. Fotografierst du beispielsweise mit einer Brennweite von 500 mm und einer Kamera mit Cropfaktor 1,4, entsteht ein Foto, als hättest du mit der Brennweite von 500 mm + 1,4x-Konverter fotografiert. Dass heißt, dass du mit einer Cropkamera ein Bild erhältst, als hättest du einen Ausschnitt aus dem Bild mit einer Vollformatkamera gemacht.

Für Fotoreisen ist es sinnvoll, ein zweites Kameramodell als Ersatz- oder Zweitkamera mitzunehmen. So sparst du dir auch häufige Objektivwechsel.

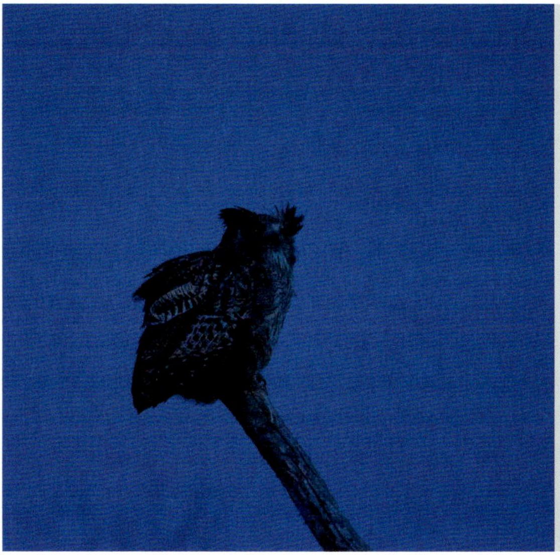

500 mm | f/4 | 1/20 s | ISO 51200 – Diesen Uhu fotografierte ich nachts bei ISO 51200, eine reine Dokumentaraufnahme, auf der das Rauschen deutlich zu sehen ist

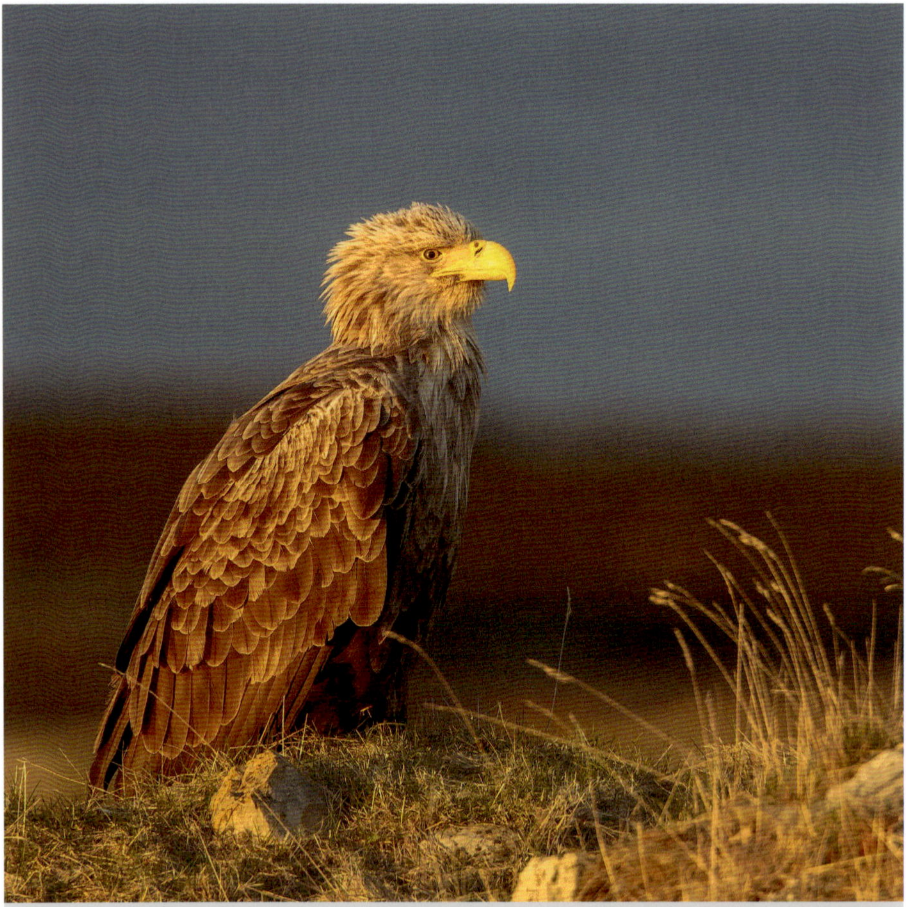

500 mm + 1,4x-Konverter | f/5.6 | 1/500 s | ISO 1600 – Seeadler im letzten Abendlicht. Beim Fotografieren mit modernen Vollformatkameras erhältst du auch noch bei ISO-Werten von 1600 Fotos, die fast rauschfrei sind.

Bei den **Objektiven** hast du in der Tierfotografie einen großen Spielraum. Entscheidend ist, wie du die Tiere in Szene setzen willst. Tiere lassen sich unter Umständen auch mit einem Weitwinkelobjektiv fotografieren. In der Regel benötigst du aber ein Teleobjektiv ab einer Brennweite von 400 mm.

Deine Objektive sollten lichtstark sein, um sie eventuell mit **Konvertern** kombinieren zu können. Konverter dienen der Brennweitenerweiterung und werden zwischen Kamera und Objektiv geschraubt. Es gibt 1,4x- und 2,0x-Konverter, das heißt, sie verlängern die Brennweite deines Teleobjektivs um das 1,4- bzw. 2-fache.

Das geeignetste **Teleobjektiv** in der Tierfotografie ist meiner Meinung nach ein Objektiv mit 500 mm Brennweite. Diese Objektive stellen den besten Kompromiss zwischen Flexibilität, Gewicht, Handlichkeit und Preis dar.

Mein 4.0/500 mm, 4.0/600 mm und 2.8/70–200 mm kombiniere ich außerdem mit dem Konverter. Fast ausschließlich nutze ich den 1,4x-Konverter. Beim 2,0x-Konverter habe ich den Eindruck, dass minimal Schärfe verloren geht. Übrigens: Beim Fotografieren mit Konvertern wird der Autofokus langsamer.

Bei Actionaufnahmen ist das Fotografieren aus der freien Hand manchmal notwendig. Das Tier mit dem Objektiv zu verfolgen und einen guten Bildausschnitt zu wahren, bedarf sehr viel Übung. Hier eignet sich ein **Zoomobjektiv** am besten. Damit bist du flexibler, weil du während des Fotografierens den Bildausschnitt wählen und störende Bildanteile aus dem Bild wegzoomen kannst. Mit Zoomobjektiven kannst du mehr Einfluss auf die Bildgestaltung nehmen; Festbrennweiten haben den Vorteil, dass sie detailreicher, schärfer abbilden. Für Einsteiger ist auch ein Telezoom von 150–600 mm gut geeignet.

Einstellungen

Die Belichtung eines Fotos kannst du durch die Regulierung des auf den Sensor fallenden Lichtes beeinflussen. Dafür stehen dir zwei Faktoren zur Verfügung, die **Belichtungszeit** und die einzustellende **Blende**.

Je kleiner du die Blende wählst (das heißt, je größer die Blendenzahl ist), um so weniger Licht fällt auf den Sensor und es erweitert sich der Tiefenschärfebereich. Die Belichtungszeit beeinflusst die Schärfe deiner Abbildung:

- Willst du Bewegungen der Tiere einfrieren, benutze eine kurze Belichtungszeit.
- Willst du Bewegung im Bild zeigen oder sogenannte „Wischerbilder“ erstellen, arbeite mit einer längeren Belichtungszeit.

Entscheidend dabei ist, ob du aus der Hand fotografierst oder vom Stativ. Durch die ruhige Position der Kamera auf dem Stativ und die eventuell vorhandenen Stabilisatoren am Teleobjektiv oder in der Kamera kannst du mit viel längeren Belichtungszeiten arbeiten, als das aus der Hand möglich wäre. Das bedeutet im Umkehrschluss, dass du mit Stativ und Bildstabilisator bei viel geringerem vorhandenen Licht fotografieren kannst.

DIE TIEFENSCHÄRFE BERECHNEN

Bei der Verwendung eines Teleobjektivs mit einer Brennweite von 500 mm, der Blendeneinstellung f/5.6 und einer Vollformatkamera hast du bei einer Entfernung von 40 Metern zum Objekt noch eine Tiefenschärfe von ca. 2,15 m. Dass heißt, wenn du auf 40 m scharf gestellt hast, wird alles zwischen etwa 39,0 und 41,1 m scharf abgebildet. Tiefenschärferechner gibt es in den verschiedensten Varianten im Internet oder als App für das Handy.

Kameramodus

Von den verschiedenen Belichtungsmodi nutze ich in der Regel nur die A-/Av-Zeitautomatik und die S-/Tv-Blendenautomatik.

- Bei der **Zeitautomatik** legst du den Blendenwert fest, und die Kamera passt dazu automatisch die Belichtungszeit an. Mit dieser Entscheidung beeinflusst du die Schärfentiefe auf deinem Foto.
- Bei der **Blendenautomatik** legst du die Belichtungszeit fest, und die Kamera passt automatisch die Blende an. Damit entscheidest du, wie scharf dein Motiv abgebildet wird.

Ein ruhig stehendes Tier würde ich immer im Av-Modus fotografieren, da mir die Beeinflussung der Schärfentiefe wichtig ist. Den Tv-Modus nutze ich, wenn ich die Bewegung auf dem Foto zeigen will, also bei Wischerbildern. Aus der Erfahrung heraus kannst du, abhängig von der Schnelligkeit der Bewegung, diese einfrieren oder zeigen.

BEWEGUNGEN EINFRIEREN

Nutze folgende Richtwerte für die Belichtungszeit zum Einfrieren von Bewegungen:

- Kleinvogel im Flug: mindestens 1/3200 s
- Kampfläuferkampf: mindestens 1/1600 s
- Kranich im Flug: mindestens 1/800 s
- Seeadler im Flug: mindestens 1/640 s
- laufender Hirsch: mindestens 1/320 s

Mehr zum Thema Bewegung im Bild findest du im Abschnitt „Action" im Kapitel „Tiere in Szene setzen".

Belichtungsmessung

Bei den unterschiedlichen Methoden der Belichtungsmessung wähle ich fast immer die **Mehrfeldmessung**. Das bedeutet, die Kamera ermittelt über mehrere Felder die Belichtung. Das führt meist zu ausgewogen belichteten Fotos über die gesamte Bildfläche.

ISO

Neben den beiden Einstellmöglichkeiten von Blende und Belichtungszeit gibt es noch eine dritte Komponente, mit der du das Foto beeinflussen kannst, die ISO-Zahl. Sie bestimmt die Lichtempfindlichkeit des Sensors in der Kamera. Eine Verdopplung der ISO-Zahl ergibt, genau wie bei der Verdopplung der Belichtungszeit, eine Verdopplung der Helligkeit des Bildes.

Eine hohe Empfindlichkeit (hohe ISO-Zahl) bedeutet, dass weniger Licht ausreicht, um helle Punkte im Bild zu erhalten. Allerdings nimmt dann das sogenannte Rauschen eines Bildes zu, je höher die ISO-Zahl ist. Das heißt, das Bild wird pixelig. Bei den heutigen Kameras stellt dies aber meist kein Problem mehr dar, sodass es möglich ist, bis ISO 12800 und höher noch brauchbare Bilder zu erzeugen.

Ist am Tag genug Licht vorhanden, fotografiere ich mit ISO 100 bis 400. Erst wenn das Licht weniger wird, erhöhe ich die ISO-Zahl.

Autofokus

Heutige Kameras sind mit unterschiedlichen Fokussiermethoden ausgestattet. In der Tierfotografie ist der Autofokus sinnvoll, da er automatisch die Schärfe auf das anvisierte Motiv setzt. Da Tiere meistens in Bewegung sind, arbeite ich fast ausschließlich mit dem **kontinuierlichen Autofokus** (bei Canon „AI Servo“).

Es ist schwierig, bewegte Tiere mit nur einem Fokuspunkt anzupeilen, deshalb nutze ich fast immer die **Messfelderweiterung** auf vier oder acht zusätzliche Messfelder. Damit ist die Trefferquote, das Tier in den Fokus zu bekommen, viel größer. Nur bei stehenden oder ganz ruhig sitzenden Tieren verwende ich den **Einzelautofokus** (bei Canon „One-Shot AF").

Histogramm

Digitalkameras bieten heute den großen Vorteil, dass du dir das Bild sofort auf dem Monitor angezeigen lassen kannst. So ist eine eventuelle Belichtungskorrektur möglich. Dazu dient das Histogramm. Bei einem ausgewogen belichteten Bild reicht die Kurve des Histogramms von der linken unteren Ecke bis in die rechte untere Ecke. Dann sind die hellen sowie die dunklen Bereiche des Bildes ausgewogen abgelichtet.

Bei manchen Situationen ist es notwendig, eine Belichtungskorrektur vorzunehmen. Das heißt, du musst das Bild manuell unter- oder überbelichten. Ein dunkler, fliegender Vogel vor hellem Hintergrund ist ein typischer Fall für eine nötige Überbelichtung. Das Motiv benötigt also gegenüber dem Himmel mehr Licht, als von der Kamera automatisch ermittelt wurde. Das gleiche Phänomen tritt auch bei der Fotografie von Tieren im Schnee auf. Hast du dagegen ein helles Tier vor einem dunklen Hintergrund, ist es möglich, dass du um mehrere Belichtungsstufen abblenden must, damit das Tier nicht überbelichtet wird.

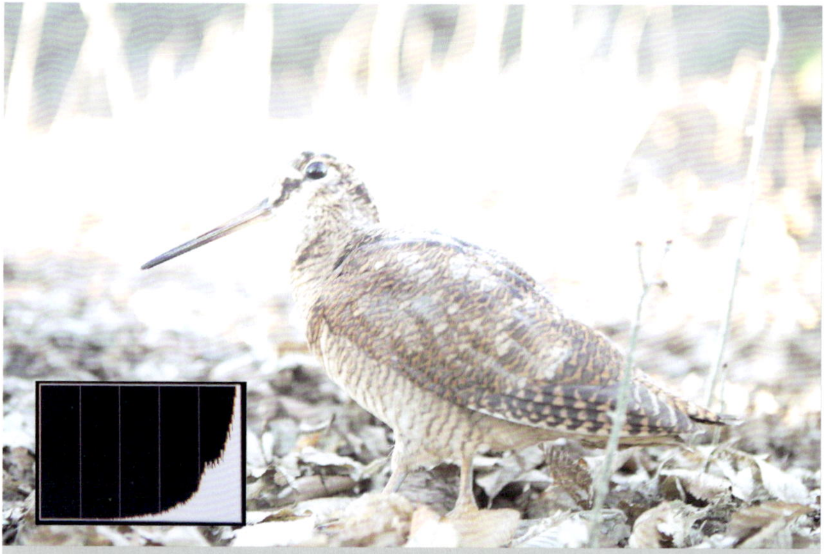

Überbelichtung: Das Histogramm stößt rechts an und ist abgeschnitten

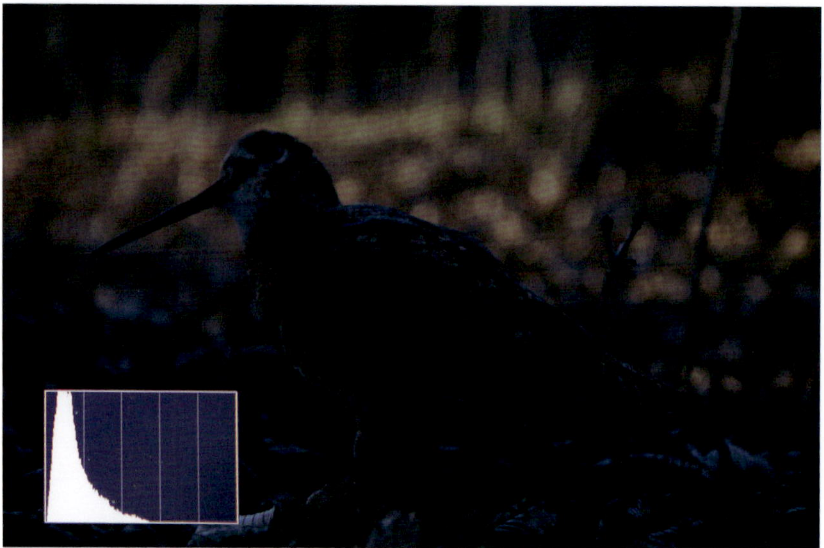

Unterbelichtung: Das Histogramm stößt links an und ist abgeschnitten

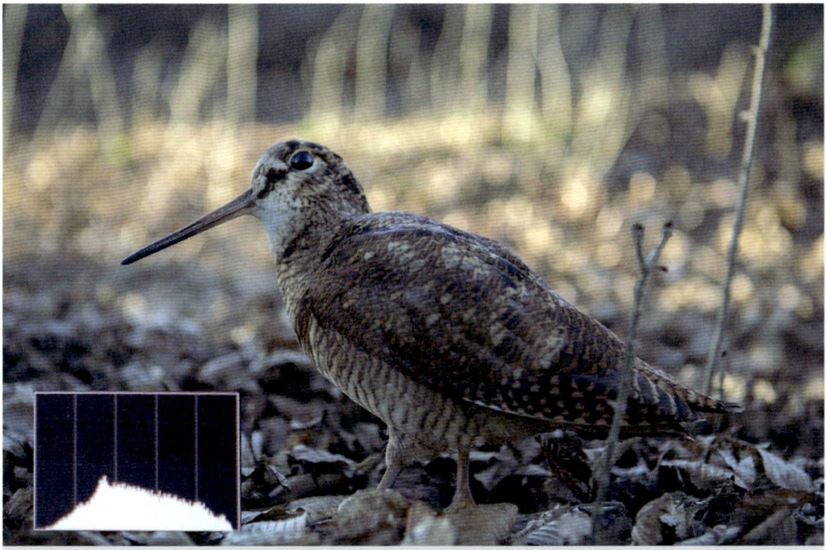

Die Bereiche im Histogramm sind ausgewogen, die Waldschnepfe ist richtig belichtet

Speicherformat

Bevor du mit dem Fotografieren beginnst, solltest du für dich noch abklären, ob du die Fotos im RAW- oder im JPEG-Format auf die Speicherkarte bannst. Fotografierst du im RAW-Format, hast du die Möglichkeit, im Nachhinein das Foto besser bearbeiten zu können. Mit einem Bildbearbeitungsprogramm wie Lightroom oder Photoshop sind die Bearbeitungsmöglichkeiten eines RAW-Formats wesentlich größer als bei einem JPEG. Das JPEG-Bild ist im Prinzip ein von der Kamerasoftware bearbeitetes Bild, das bereits in der Kamera komprimiert wurde. Die Dateigröße ist viel geringer als beim gleichen Bild im RAW-Format.

Einstellungen auf einen Blick

Hier möchte ich dir meine persönlichen Kameraeinstellungen, die ich voreingestellt habe, noch einmal nennen:

Av-Zeitautomatik – ISO 200 – Blende f/4 (am Teleobjektiv 4.0/500 mm) – Mehrfeldmessung – neun Autofokusmesspunkte – kontinuierlicher Autofokus

Mit diesen voreingestellten Parametern ist es mir möglich, innerhalb von kurzer Zeit auf viele unterschiedliche Situationen einzugehen und die Kamera anzupassen. Dabei möchte ich betonen, dass es sehr viele Möglichkeiten für die Voreinstellungen gibt und die Auswahl je nach Kameramodell schier unendlich ist. Die hier erläuterte ist meine bevorzugte und von mir angewendete Variante. Das kann bei dir ganz anders sein.

LERNE DEINE KAMERA KENNEN

Damit dir auf deinen Fototouren nichts entgeht und du immer sofort reagieren kannst, solltest du dich mit deiner Kamera bereits im Vorfeld auseinandergesetzt haben und wissen, wie sie funktioniert. Experimentiere schon zu Hause z. B. mit verschiedenen Belichtungszeiten, während du die Kamera bewegst, teste das Ergebnis bei unterschiedlich gewählten Blendenwerten und spiele mit der ISO und den Messfeldmethoden – es lohnt sich!

Zubehör

Neben Kamera und Objektiven benötigst du einen geeigneten **Fotorucksack**, in dem du alles unterbringst, was für dich auf einer Fototour notwendig ist. Wenn dein Rucksack den Maßen des Handgepäcks für Flugreisen entspricht, kannst du ihn immer bei dir haben und brauchst ihn nicht als Gepäck aufgeben.

Die Fotorucksäcke der Firma König Photobags (www.koenig-photobags.de) entsprechen genau meinen Ansprüchen. Von Vorteil ist hier, dass du dir den Innenaufbau nach deinen Wünschen individuell gestalten kannst: Du gibst an, was in den Rucksack hinein soll, und der Hersteller plant die Innenaufteilung nach deinen persönlichen Bedürfnissen.

In meinem Rucksack verpackt sind:

- Teleobjektiv Canon EF 600 mm f/4L IS USM III
- Teleobjektiv Canon EF 70–200 mm f/2.8L IS USM
- Konverter 1,4 und 2,0
- Weitwinkelobjektiv Canon EF 14 mm f/2.8L II USM
- Kamera Canon EOS-1D X
- Ersatzakku für Kamera, Speicherkarten, Blasebalg zur Reinigung der Kamera, kleine Tasche mit Werkzeug, evtl. Bohnensack

In die Außentaschen packe ich auf der einen Seite mein Stativ und auf der anderen Einbeinstativ, Regensachen und Proviant.

Meine Kamera Canon EOS 5D Mark IV mit dem Objektiv Canon EF 24–70 mm f/2.8L USM, Kabelfernauslöser und Filtertasche trage ich in einer gesonderten Schultertasche. Filter nutze ich nur am Normalobjektiv 2.8/24–70 mm, wenn ich unterwegs auch mal eine Landschaftsaufnahme mache.

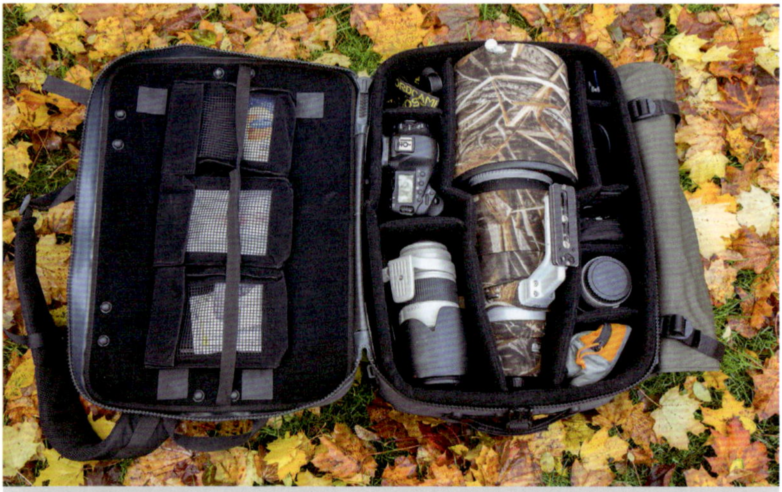

So sieht mein Rucksack aus, wenn ich auf einer Fototour für alle Fälle gewappnet sein will, also für Tier- und Landschaftsfotografie, daher das Weitwinkelobjektiv. Für reine Tierfotografie (z. B. Ansitzfotografie) würde ich es weglassen.

Desweiteren benötigst du ein gutes **Stativ**, das leicht und stabil ist. Stative gibt es in Holz-, Aluminium- und Karbonausführung. Welches Stativ du auswählst, ist abhängig von deiner Kamera-Objektiv-Kombination. Je schwerer diese Kombination ist, desto stabiler muss dein Stativ sein. Zum Tragegewicht gibt es jeweils Herstellerangaben.

Auf dem Stativ sitzt der Stativkopf. Videoneiger, Kugelköpfe, Gimbal Head und Drei-Wege-Neiger sind die vier gängigsten Varianten. Für welches du dich entscheidest, kommt auf deine Vorlieben an. Ich komme am besten mit dem Videoneiger zurecht, da er für meine Ansprüche am stabilsten ist und ich damit sehr gleichmäßig schwenken oder mitziehen kann.

Um eine bewusste Gestaltung im Foto durchführen zu können, ist es wichtig, mit einem Stativ zu fotografieren. Ein Drei-Wege-Neiger ist dabei optimal. Kugelköpfe sind weniger geeignet, da hier die Kamera mit Teleobjektiv leicht abkippen kann und keine flüssigen Bewegungsabläufe beim Schwenken der Kamera möglich sind.

Meistens musst du für die Gestaltung bzw. richtige Bildkomposition das Foto nachträglich am Computer durch Bildbeschnitt optimieren. Trotzdem solltest du bereits unterwegs im Gelände versuchen, die Bildkomposition so gut wie möglich zu arrangieren. Dazu gehört auch, dass du auf einen waagerechten Horizont im Bild achtest.

Als weiteres Zubehör für die Tierfotografie möchte ich dir den **Kabelfernauslöser** empfehlen. Diesen benutze ich sehr oft bei der Ansitzfotografie. So habe ich jederzeit den Finger am Auslöser. Wenn du beim Ansitz ständig die Hand am Auslöser der Kamera hast, kann es zu Krämpfen im Arm kommen.

Wenn du bodennah fotografierst, ist das Klappdisplay an deiner Kamera hilfreich, um dir unangenehme Verrenkungen und verspannte Nackenmuskeln zu ersparen. Wenn deine Kamera keines hat, kannst du einen **Winkelsucher** verwenden, der direkt an den Sucher montiert wird.

Außerdem solltest du auf deiner Fototour immer einen kleinen **Bohnensack** zur Auflage der Kamera, eine leichte **Isomatte** und **regendichte Kleidung** dabeihaben.

ÜBUNG MACHT DEN MEISTER

Je mehr du mit derselben Kamera und demselben Objektiv dieselbe Tierart fotografierst, umso besser werden deine Aufnahmen. Wenn du dich länger und intensiver mit einer Tierart beschäftigst, wirst du schnell merken, dass deine Bilder immer besser werden.

Tarnung

Tiere sind meistens gut getarnt und optimal an ihre Umgebung angepasst. Sie entdecken dich oft eher als du sie. Um dich selbst unauffälliger erscheinen zu lassen, ist es wichtig, dass auch du dich tarnst. So werden die Tiere dich nicht sofort als Störfaktor wahrnehmen. Du kannst dich ihnen mit einer guten Tarnung nähern, ohne dass sie gestört werden.

Deine **Kleidung** bietet die einfachste Form der Tarnung. Nutze die natürlichen Farben der Umgebung deines Motivs, meist Grün-, Braun oder Sandtöne. Bei Schnee im Winter kannst du auch weiße Tarnkleidung verwenden.

Des Weiteren solltest du versuchen, Kamera und Objektiv und gegebenenfalls auch das Stativ zu tarnen. Canon etwa fertigt seine Teleobjektive mit hellgrauer Gehäusefarbe, während z. B. Nikon, Tamron und Sigma schwarze Gehäusefarben haben. Beides lässt sich gut tarnen, indem du die Objektive mit im Handel erhältlichen tarnfarbenen Klebebändern ummantelst. Es gibt auch vorgefertigte **Teleobjektivbezüge** aus Neopren in Tarnfarbe. Die Kamera kann in einer **Tarnhülle** für Kameragehäuse, die meist auch als Witterungsschutz geeignet ist, versteckt werden. Wenn nötig, gibt es im Fachhandel auch für die Stativfüße **Tarnbezüge**. Ich beziehe meine Tarnausrüstung bei der Firma Augenblicke eingefangen (www.augenblicke-eingefangen.de).

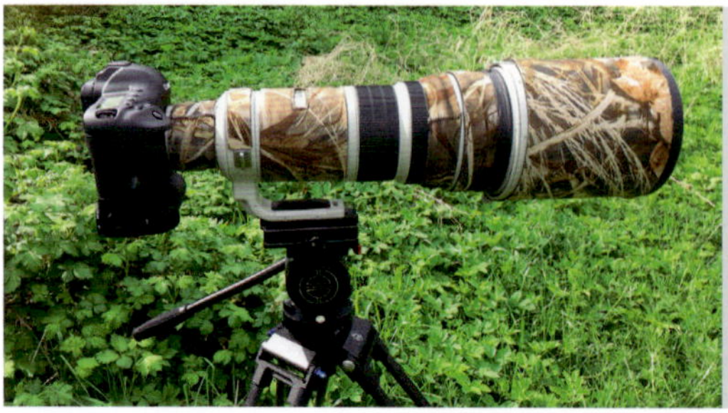

Handelsübliche Tarnbezüge aus Neopren schützen das Objektiv gegen Feuchtigkeit, Kratzer und Beschädigungen

Das Spektrum der Tarnkleidung, mit der wir Tierfotografen uns in der Natur bewegen sollten, ist groß. Die Fotos unten zeigen, wie sehr du mit der Umgebung verschmelzen kannst. Je besser deine Tarnung, umso höher ist die Wahrscheinlichkeit, nicht von den Tieren entdeckt zu werden. Nur so kannst du dich wild lebenden Tieren auf kurze Distanz nähern. Dabei ist es immer besser, du lässt die Tiere auf dich zukommen, statt selbst auf die Tiere zuzugehen. So werden sie nicht misstrauisch, und du ermöglichst ihnen, sich zu entscheiden, wie dicht sie an dich herankommen wollen.

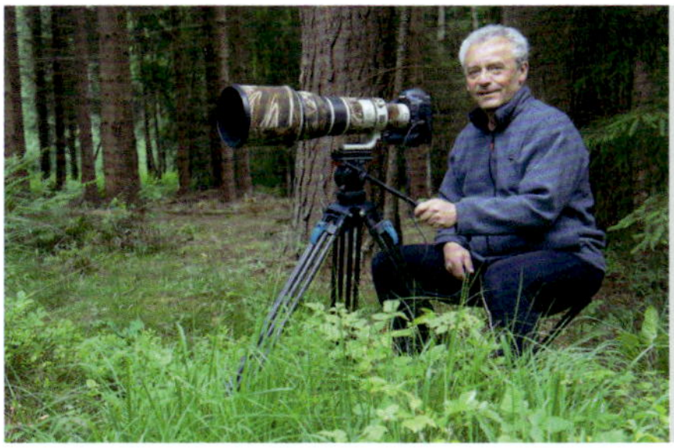

Ohne Tarnkleidung ist man deutlich zu erkennen und wird von den Tieren schnell entdeckt. Die Fluchtdistanz ist oft sehr groß.

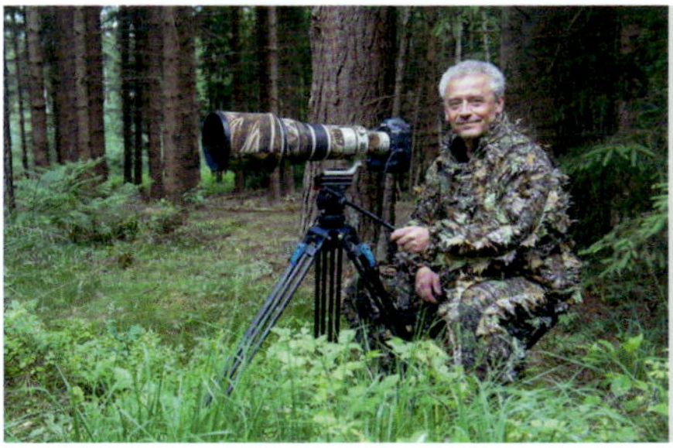

Während der Körper schon gut mit der Umgebung verschmilzt, ist das Gesicht noch deutlich zu erkennen

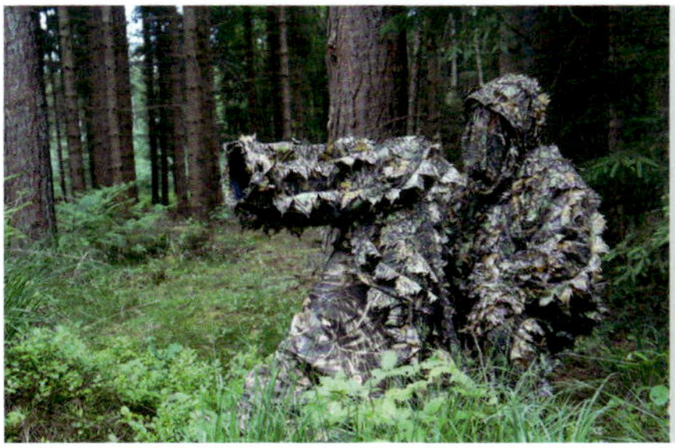

Bist du komplett unter der Tarnkleidung verborgen, wirst du von den Tieren nicht mehr als Mensch wahrgenommen

Eine zweite Möglichkeit der Tarnung bietet das Überwerfen eines **Tarnumhangs** oder **-ponchos**. Darunter verschmilzt zusätzlich die Körperform mit der Umgebung, sodass die Tiere durch menschliche Umrisse nicht beunruhigt werden. Diese Tarnumhänge haben meist auch je eine Öffnung für das Objektiv und eine zur Beobachtung. Persönlich nutze ich den Tarnumhang weniger als die Tarnanzüge. Im **Tarnanzug** fühle ich mich etwas flexibler und habe einen besseren „Rundumblick“.

Den Tarnumhang nutze ich, wenn ich mich für einen günstigen Kamerastandpunkt auf den Boden lege. Mit einer Isomatte zum Unterlegen kann ich so schöne Fotos am Strand machen. Die Kamera lege ich dabei auf einen Bohnensack und arbeite gegebenenfalls mit einem Winkelsucher an der Kamera. So kann ich in dieser tiefen Position optimal arbeiten.

Der Nachteil des Tarnumhangs liegt darin, dass die Tiere trotzdem jede Bewegung unter dem Umhang mitbekommen. Inwieweit das die einzelnen Tierarten tolerieren, ist sehr unterschiedlich und muss von

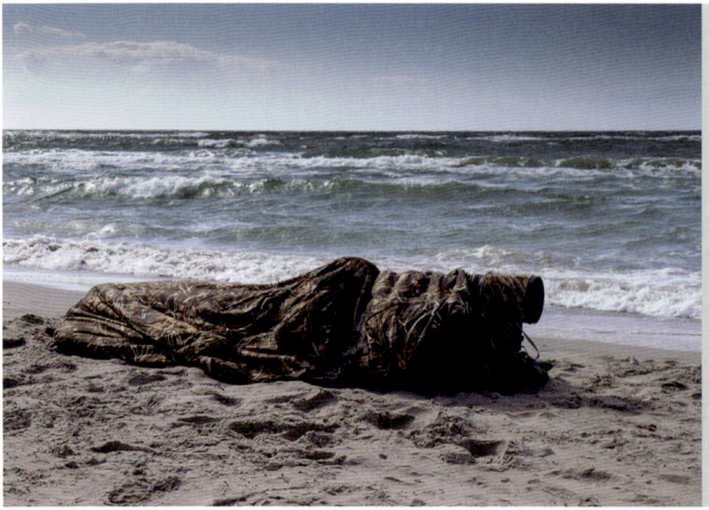

Fotografieren mit Tarnumhang am Strand für Aufnahmen in Augenhöhe zu den Watvögeln

dir selbst getestet werden. Es ist letztendlich davon abhängig, wie ruhig du dich unter dem Umhang verhalten kannst.

Falls irgendwie möglich, ziehe ich dem Tarnumhang eindeutig das **Tarnzelt** vor. Unter dem Zelt kann ich mich fast unbemerkt bewegen, was bei längerem Ansitz über mehrere Stunden viel komfortabler ist. Dabei nutze ich immer einen kleinen **Dreibeinhocker**, um nicht auf dem Boden sitzen zu müssen.

Tarnzelte gibt es in den verschiedensten Größen und Materalien. Du solltest immer darauf achten, wohin du das Zelt mitnehmen möchtest und ob das Gewicht eine Rolle spielt. Die meisten Tarnzelte werden heute aus wasserabweisendem Polyester gefertigt und sind sehr leicht. Auch Tarnzelte sind im Fachhandel bei www.augenblicke-eingefangen.de erhältlich.

TARNZELTE VORHER TESTEN

Beginne die Tierfotografie aus einem größeren Tarnzelt heraus. So kannst du dich besser an die Situation gewöhnen. Sehr gut eignet sich dafür z. B. das Tragopan Grouse V+. Probiere zuerst den Ansitz zu Hause am Vogel-Futterhaus aus. Dort kannst du gut testen, welchen Stuhl du mitnimmst und wie lange du es im Zelt aushältst.

Bei der Nestfotografie sollte stets ein Tarnzelt verwendet werden. Hier gilt: Je kleiner, desto besser. Es wirkt weniger störend und passt sich unauffällig in die Landschaft ein. Zusätzlich kannst du das Zelt bei Bedarf mit Zweigen oder Schilf abdecken. An manchen Orten, wie auf dem Fjell in Norwegen, ist es nicht möglich, die Vegetation auszunutzen und sein Zelt zu verstecken. Trotzdem ist es erstaunlich, wie gut Wildvögel dieses akzeptieren. Es scheint, als müsste nur die Silhouette des Menschen verschwunden sein, und die Tiere akzeptieren die Veränderung.

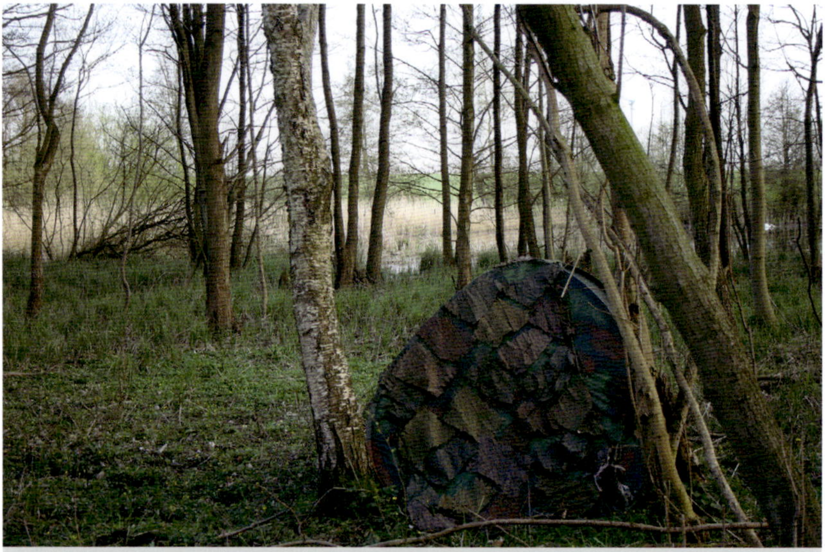

Das Kranichnest befindet sich ungefähr in Bildmitte im Schilfbereich

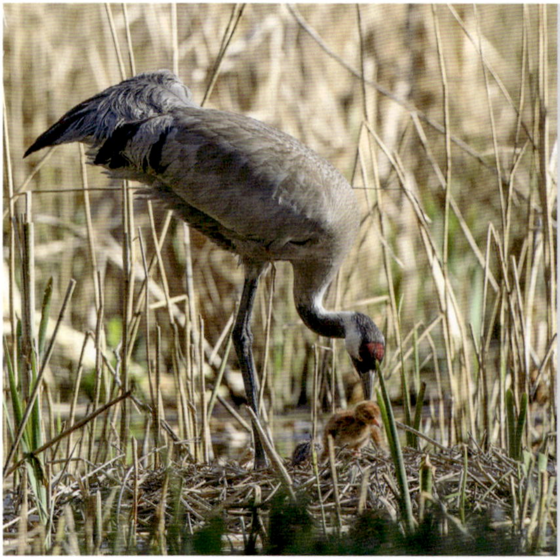

500 mm | f/5.6 | 1/1250 s | ISO 400 – Dieses Foto mit einem gerade geschlüpften Jungvogel habe ich aus diesem Tarnzelt gemacht. Der Kranich verhält sich ganz natürlich und ist ungestört. Das Zelt war in ausreichender Entfernung aufgebaut, sodass ich gut mit dem großen Teleobjektiv fotografieren konnte.

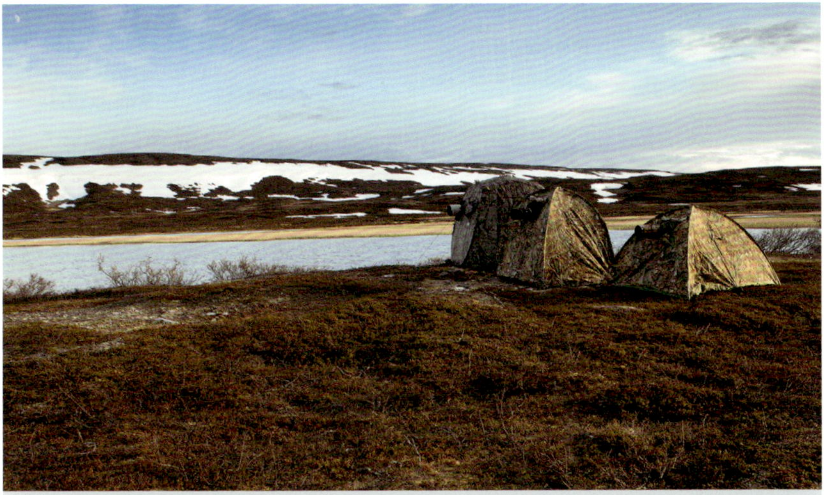

Hier fotografierte ich mit mehreren Fotografen an einem Balzplatz der Kampfläufer. Das Tarnzelt steht in einer kleinen Bodenvertiefung, um einen tiefen Kamerastandpunkt zu erreichen.

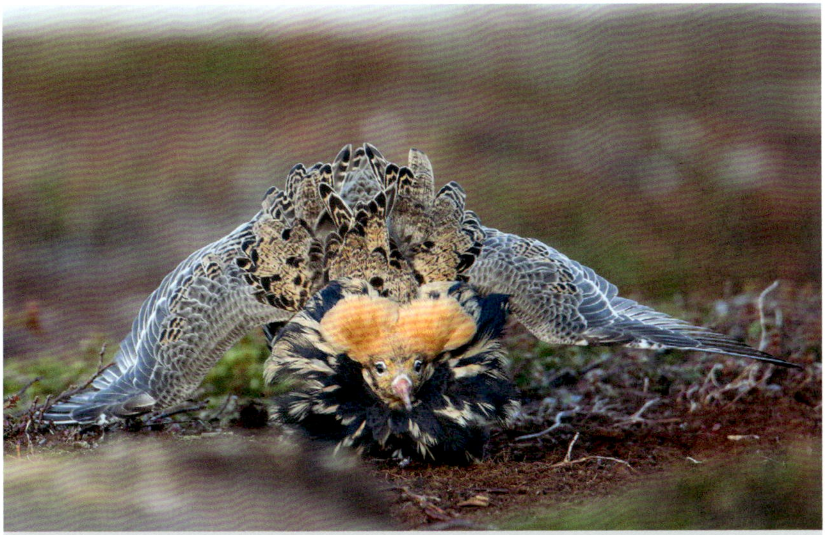

Kampfläufermännchen im Brutkleid am Balzplatz

GENEHMIGUNGEN EINHOLEN

Das Aufstellen von Tarnzelten an Nestern oder Höhlen erfordert viel Erfahrung. Hier hat wie immer der Schutz der Tiere oberste Priorität! Beunruhigte Tiere verlassen unter Umständen das Nest. Dies muss unbedingt vermieden werden!

Für die Fotografie am Nest des Kranichs hatte ich die Genehmigung der Unteren Naturschutzbehörde des Landkreises. Diese Genehmigungen vergibt die Untere Naturschutzbehörde nur, wenn ein öffentliches Interesse vorliegt, etwa ein Buchprojekt oder ein Vortrag. Allein für den privaten Gebrauch wird man keine Genehmigung erhalten.

Sehr viele Fotos konnte ich auch direkt aus dem **Auto** heraus machen. Das „rollende Tarnzelt“, wie ich es gern nenne, bietet optimale Möglichkeiten zum Fotografieren. Die Tiere sind oft an Autos gewöhnt, da sie in vielen Lebensräumen mit ihnen konfrontiert werden. Die meisten Tierarten haben sich darauf eingestellt. Im Laufe der Jahre machten sie die Erfahrung, dass von Autos keine Gefahr ausgeht. Nicht nur Vögel, sondern auch Wild verhält sich Autos gegenüber viel zutraulicher. Vielleicht hast du es selbst schon erlebt, dass du Wild aus dem Auto heraus viel besser beobachten konntest als zu Fuß.

Wenn ich aus dem Auto fotografiere, nutze ich meist einfach ein Stück aufgeschnittene Rohrisolierung. Diese stülpe ich über die heruntergelassene Autoscheibe. So kann ich geräuscharm und gut geschützt fotografieren, bin flexibel und kann schnell abbauen, weiterfahren und wieder aufbauen. Kannst du länger an einem Ort stehen bleiben, ist es sinnvoll, ein Scheibenstativ oder einen Bohnensack als Auflage zu nutzen; alternativ geht als Scheibenauflage auch ein Stück Rohrisolierung.

Bewährt hat sich auch das Verhängen der Scheiben im Rücken. So können die Tiere nicht durch das Auto hindurchsehen und die menschliche Silhouette wahrnehmen. Eine Kopfhaube verstärkt die Tarnung zusätzlich. Noch besser ist die Tarnung, wenn du die Fahrerseite mit einem Tarnnetz verhängst. Es lässt sich schnell und leicht von innen anbringen und liefert idealen Sichtschutz.

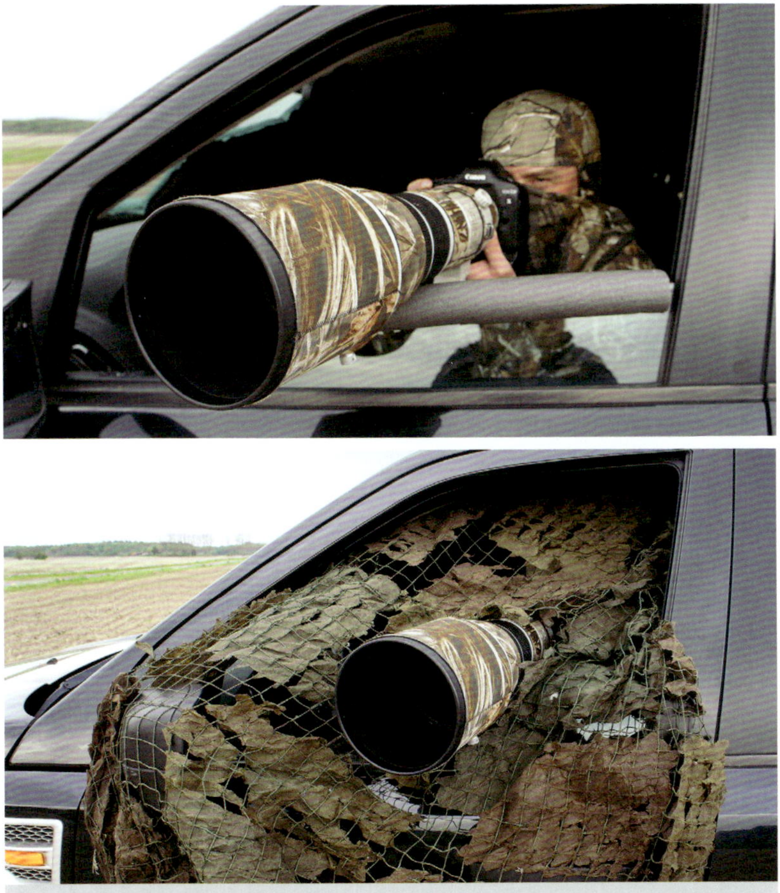

Gut getarntes Fotografieren aus dem Auto heraus

Beim Fotografieren aus dem „rollenden Versteck“ solltest du dir vorher einen geeigneten Platz für Kamera und Objektiv zur Ablage herrichten. Denk daran, dass lose auf dem Beifahrersitz liegende Ausrüstung beim schnellen Bremsen großen Schaden nehmen kann. Die Lichtmessung und Einstellungen an der Kamera solltest du ebenfalls schon im Vorfeld erledigen, um die Zeit für das eigentliche Fotografieren zu nutzen. Wenn du all das beachtest, kann die Fotografie aus dem Auto heraus sehr effektiv sein. Besonders im Urlaub, wenn du in Gegenden bist, wo du dich nicht gut auskennst, ist dies eine entspannte und effektive Art der Tierfotografie.

Ein weiterer Vorteil von Tarnzelt und Auto ist die freie Wahl des Standpunktes zur Sonne. Das Zelt kannst du so stellen, dass du den Sonnenverlauf des Tages berechnest und es entsprechend deiner Vorstellung aufbaust: das Tier im Gegenlicht oder mit der Sonne im warmen Abendlicht. Dasselbe kannst du mit dem Auto tun. Du näherst dich dem Tier so, wie es lichttechnisch am besten für dein Foto ist. Wenn du mit dem Auto Straßen und Wege verlassen musst, um eine günstige Position einnehmen zu können, achte darauf, keine Schäden zu hinterlassen.

So flexibel gestaltet sich das Fotografieren aus einer **Fotohütte** nicht. Fotohütten sind meist dafür gedacht, einen längeren Zeitraum an einem Ort zu stehen. Hier musst du dir im Vorfeld Gedanken machen, wie du deine Fotos gestalten möchtest. Bevor du eine Fotohütte aufbaust, sind dazu die erforderlichen Genehmigungen einzuholen, z. B. die Erlaubnis der Grundstückseigentümer und Jagdausübungsberechtigten. Desweiteren solltest du dir den Sonnenstand und -verlauf über den Tag hinweg anschauen, um die Kameraöffnungen richtig zu positionieren.

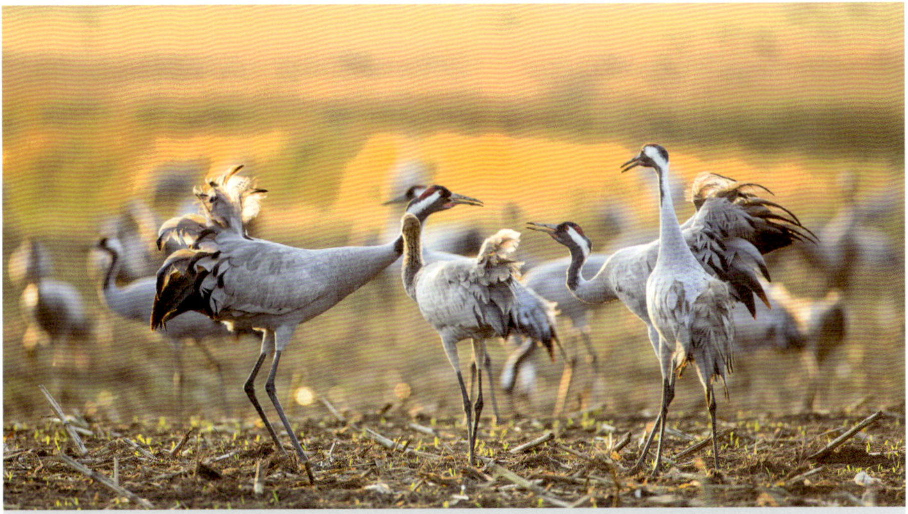

600 mm | f/4 | 1/400 s | ISO 800 – Kranichstreitigkeiten auf einem Feld zum Herbstzug. Gerade Kranichen kannst du dich im Auto viel dichter nähern als zu Fuß.

Ein weiterer wichtiger Punkt ist das Aussuchen eines geeigneten Hintergrunds. Auf den Fotos wirst du später sehen, dass dies von großer Bedeutung für ein gutes Foto ist. Die schönste Lichtsituation nützt dir wenig, wenn der Hintergrund des Fotos unruhig ist oder störende Teile ins Foto hineinragen. Achte auch darauf, dass die Fotohütte nicht in der Nähe von viel begangenen Wegen aufgestellt wird. Du wirst dann oft von Spaziergängern gestört und die Tiere vor der Hütte werden aufgescheucht.

Bedenke beim Bau einer Fotohütte, dass der Aufwand, sie auf- und abzubauen, relativ groß ist. Der Standort sollte vorher optimal ausgewählt werden, sodass die Hütte über einen längeren Zeitraum stehen bleiben kann.

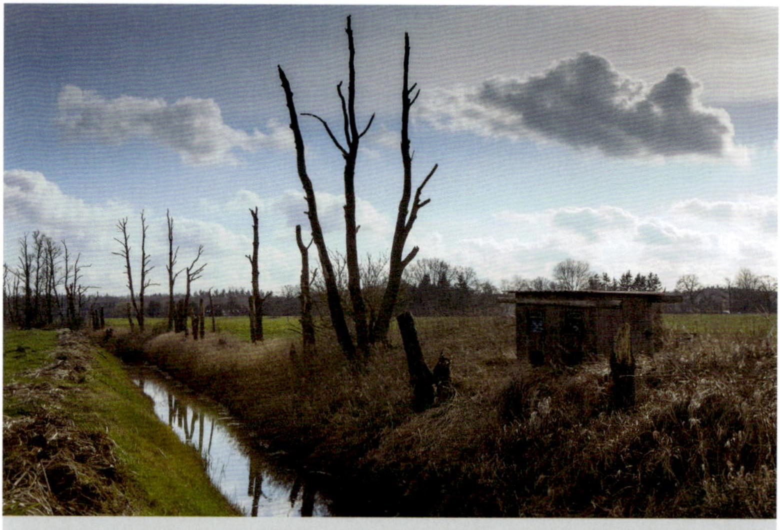

Meine Fotohütte in der Nähe des Nationalparks Vorpommersche Boddenlandschaft. Die Hütte passt sich gut in die Landschaft ein.

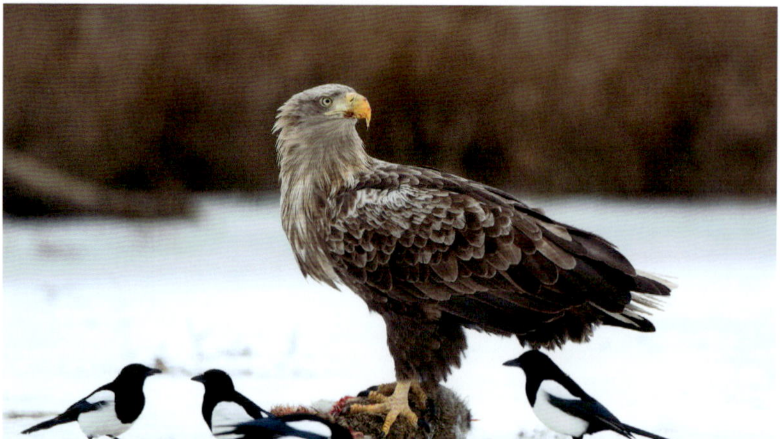

500 mm | f/5 | 1/160 s | ISO 800 – Eine Aufnahme von meiner Hütte aus einer Entfernung von ca. 40 Metern. Die Tiere bringen die Hütte nicht mit einem Menschen in Verbindung und akzeptieren sie in ihrem Lebensraum.

Oft ist die Fotografie aus Fotohütten die einzige Möglichkeit, die Tiere sehr nah vor die Kamera zu bekommen. Auf 40 Meter wird man sich in der freien Natur niemals einem Bären oder Seeadler nähern können! Aus Fotohütten kann man in Europa viele Greifvogelarten wie Seeadler, Steinadler, Habicht oder Bartgeier fotografieren. Es gibt Anbieter, die speziell auf Kleinvogelfotografie spezialisiert sind.

Fotohütten werden mittlerweile in vielen Ländern für Fotografen angeboten. Es gibt Anbieter von Hütten zur Bären-, Wolf- und Adlerfotografie. Auch die Birkhahn- und Auerhahnbalz wird von einigen Veranstaltern zum Fotografieren aus Hütten angeboten. Du kannst diese Hütten innerhalb von Workshops buchen, aber auch selbst mieten. Einige Veranstalter bieten auch Komplettangebote mit Übernachtung und Verpflegung an.

Die Hütten haben sehr unterschiedliche Ausstattungen und Komfort. Einige Vermieter bieten sogar Hütten mit Heizung an, in denen du im Winter praktisch im T-Shirt sitzen kannst. Dies kann von Vorteil sein, da du dich ohne kalte Hände und Füße voll auf das Fotografieren konzentrieren kannst. Inwieweit du das noch als „wilde Tierfotografie" bezeichnest, liegt in deinem Ermessen. Ich bevorzuge einfache Hütten, da ich dann intensiver mit der Natur und den Tieren verbunden bin.

SCHWIMMENDE TARNVERSTECKE

Zur Fotografie von Wasservögeln lohnt sich der Bau eines schwimmenden Tarnverstecks. Der Aufnahmewinkel zu den Tieren im oder am Wasser verbessert sich dadurch enorm. Für solche Verstecke kannst du dir Selbstbauanleitungen aus dem Internet herunterladen oder fertige Verstecke erwerben, z. B. über www.augenblicke-eingefangen.de. Beachte, dass im Frühjahr die Wassertemperaturen sehr niedrig sind. Deshalb ist es von Vorteil, eine Wathose oder einen Anzug aus Neopren anzuziehen.

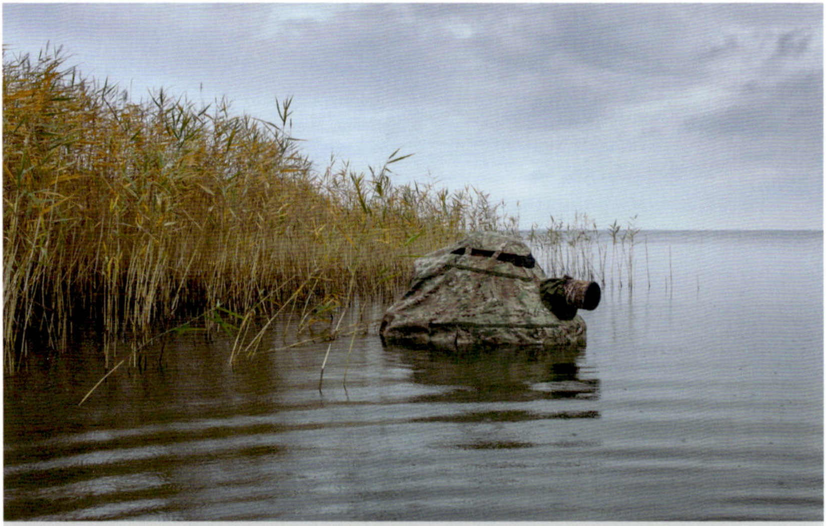

Das schwimmende Tarnversteck passt sich perfekt der Umgebung an

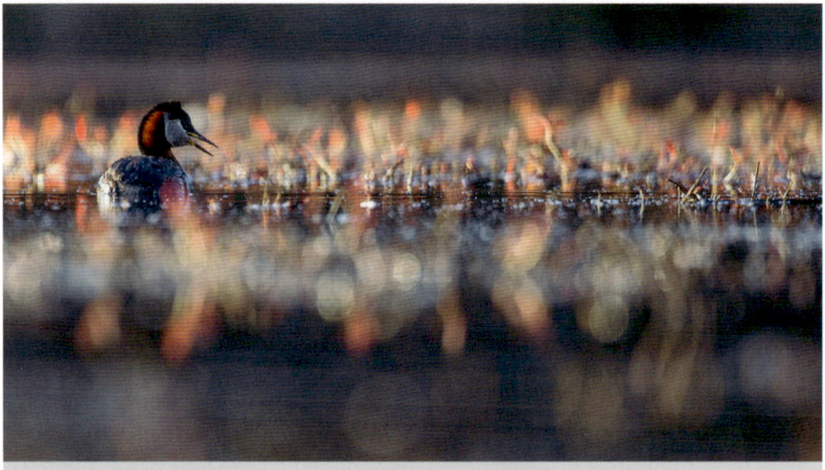

500 mm + 1,4x-Konverter | f/5.6 | 1/640 s | ISO 800 – Rothalstaucher im Morgenlicht. Solche Perspektiven bekommt man nur aus dem Schwimmversteck: Kamera und Objektiv liegen ganz knapp über der Wasseroberfläche.

Pro und contra Tarnverstecke

Ein Großteil der heutigen Naturfotos sind arrangierte Fotos, die unter kontrollierten Bedingungen entstehen. Dabei verschwimmen die Grenzen zwischen Natürlichkeit und Arrangement. Liegt ein totes Reh am Straßenrand und du baust dein Tarnzelt auf, hast du nicht in die Natur eingegriffen und kannst Fuchs, Bussard, Kolkrabe und Marderhund am Luder fotografieren. Hast du das tote Reh an einem fotogeneren Ort als Luder ausgelegt, handelt es sich schon um eine arrangierte Situation und du fotografierst unter kontrollierten Bedingungen. Mit dem ausgelegten Futter nimmst du Einfluss auf die Natur.

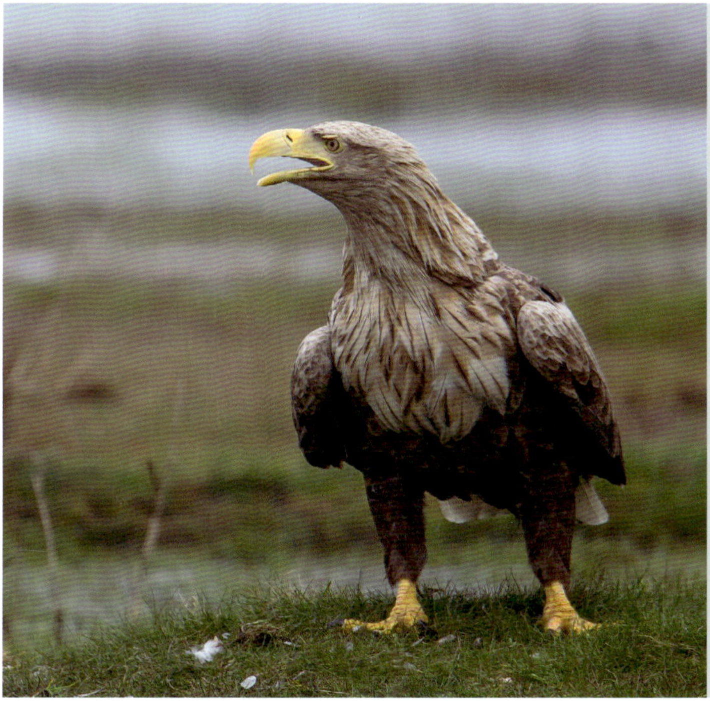

500 mm + 1,4x-Konverter | f/5.6 | 1/800 s | ISO 400 – Rufender Seeadler direkt vor meiner Tarnhütte. Als Luder lege ich tote Fische aus.

Durch den Anstieg der Seeadlerpopulationen in den letzten Jahren sind Seeadler an Luderplätzen keine Seltenheit mehr. Ohne Versteck oder Tarnhütte könnte man Seeadler nie auf so kurze Distanz bei der Nahrungsaufnahme fotografieren. Solche Luderplätze locken außerdem noch viele andere Tiere an, sodass du oft Fuchs, Marderhund, die verschiedensten Greifvögel, Elstern und Kolkraben fotografieren kannst.

Als Seeadler-Landeskoordinator Mecklenburg-Vorpommerns befürworte ich diese Art der Fotografie. Durch meine ehrenamtliche Tätigkeit der Erfassung und Betreuung der Seeadlerhorste traf ich in der Vergangenheit oft Fotografen, die sich ohne Genehmigung den Seeadlerhorsten näherten, und so bestand die Gefahr, brütende Vögel zu stören, nur um ein Foto von einem Seeadler zu bekommen. Seit es seit einigen Jahren die Möglichkeiten der kommerziellen Ansitzhütten an Luderplätzen gibt und man dort mit relativ geringem Aufwand und hoher Wahrscheinlichkeit Seeadler fotografieren kann, erlebe ich Situationen mit unvernünftigen Tierfotografen an Seeadlerhorsten immer seltener. Diese „Kanalisierung" der Fotografie ist für mich eine Art Naturschutzarbeit. Außerdem werden durch gezielte Fütterung, gerade in der kalten Jahreszeit, Greifvögel von Straßen und Bahnschienen ferngehalten, an denen es oft zu tödlichen Unfällen kommt.

Bei der eigenen Anlage solcher Luderplätze müssen jedoch einige Regeln beachtet werden. In jedem Fall benötigst du die Erlaubnis der Jagdausübungsberechtigten und der Grundstückseigentümer. Eine Genehmigung der Unteren Naturschutzbehörde ist ebenfalls erforderlich.

Nicht nur an Luderplätzen kannst du Fotohütten oder Tarnzelte aufstellen. Auch natürliche Trink- oder Badestellen der Tiere kannst du nutzen, um in entsprechender Entfernung eine Hütte aufzubauen. Diese Badestellen können auch künstlich angelegt sein und werden, gerade in trockenen Waldgebieten, gut angenommen. In Skandinavien und Finnland bieten Fotografen ihre Fotohütten vielfach auch an Balzplätzen von Birk- und Auerhuhn, Kampfläufern und zur Bärenfotografie an.

Natürlich kannst du auch selbst solche Balzplätze ausfindig machen und dein eigenes Tarnzelt aufbauen. Solche Vorhaben sind jedoch sehr zeitintensiv und für Hobbyfotografen in wenigen Tagen kaum realisierbar. Das Zelt oder die Hütte müssen über mehrere Tage hinweg immer etwas dichter an den Balzplatz gebracht werden, um die Tiere nicht zu verschrecken. Das muss sehr behutsam und mit dem richtigen Augenmaß erfolgen. Wenn dir nur ein begrenzter Zeitrahmen zur Verfügung steht, empfehle ich das Mieten einer Fotohütte.

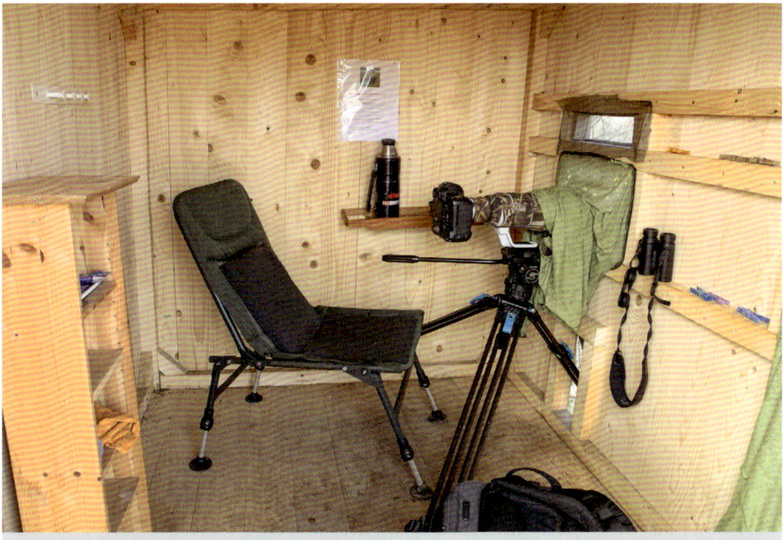

In einer Fotohütte bist du durch Spiegelglasscheiben von außen nicht sichtbar

FRÜH GENUG DA SEIN

Fotohütten oder Tarnzelte müssen bereits am zeitigen Morgen vor Sonnenaufgang bezogen werden. So ist sichergestellt, dass die Tiere die Anwesenheit eines Menschen nicht wahrnehmen können. Während des Ansitzes darfst du die Hütte nicht verlassen. In der Nähe befinden sich meist Tiere, die das bemerken und Warnsignale aussenden. Dann war der Ansitz umsonst. Außerdem bringen die Tiere die Ansitzhütte mit Menschen in Verbindung, und es ist möglich, dass sie für mehrere Tage verschreckt werden.

Ob du diese Art der Ansitzfotografie gut findest oder nicht, richtet sich nach deinem Geschmack. Natürlich ist spontane Fotografie interessant, aber auch sehr viel aufwendiger und mit weniger Erfolg verbunden. Für manche fühlt es sich besser an, wenn sie ein gutes Naturfoto spontan gemacht haben. Aus Fotohütten entstehen oft Situationen, die sich wiederholen. Bilder können dadurch schnell langweilig werden, noch dazu, wenn gleich erkennbar ist, wo es gemacht wurde.

Ob es sich bei der Ansitzfotografie um echte Naturfotos handelt, musst du für dich selbst beantworten. Fest steht, dass viele Arten sich erst durch diese Art der Fotografie überhaupt fotografieren lassen. Wichtig ist, dass du im Nachhinein keine großartige Geschichte erfindest, wo diese Fotos entstanden sind, sondern ehrlich das Foto und seine Entstehung beschreibst. Einige Fotografen haben sich dadurch in der Vergangenheit schon unglaubwürdig gemacht.

Ein weiterer Standort von Fotohütten sind Rastplätze oder starke Durchzugsstationen von Vögeln. Gerade dort, wo sich Vögel über einen längeren Zeitraum sammeln, lohnen sich stabile Fotohütten. Am besten ist es, diese Hütten ganzjährig stehen zu lassen, denn so sind die Vögel über Jahre hinweg an diese gewöhnt und verlieren die

Scheu davor. Durch das Anfüttern von Vögeln vor den Fotohütten ergeben sich oft auch nicht geplante Situationen, die eine willkommene Abwechslung beim langen Ansitztag sind. Feste Ansitzhütten sind bei mir unter www.darssfotograf.de buchbar.

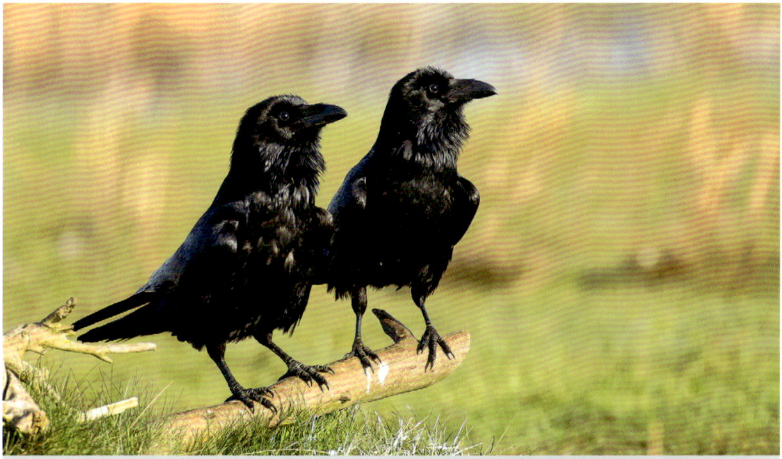

600 mm | f/4 | 1/1250 s | ISO 400 – Kolkraben beginnen mit der Balz bereits im Spätwinter. Der Kolkrabe ist der größte Singvogel der Welt!

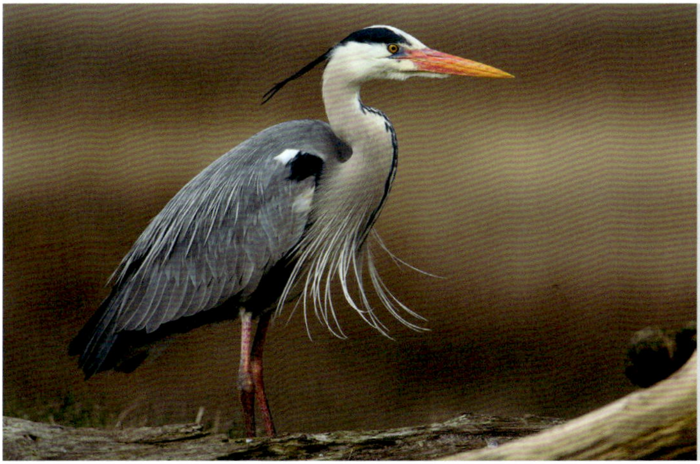

500 mm + 1,4x-Konverter | f/5.6 | 1/1600 s | ISO 400 – Hier legte ich tote Fische als Luder aus. Besonders schön sind die Schmuckfedern des Graureihers zu erkennen.

TIERE IM JAHRESVERLAUF

Wer sich so oft wie möglich in der Natur aufhält, weiß, dass es jeden Tag mindestens eine gute Wettersituation mit einer besonderen Lichtstimmung gibt. Dann am richtigen Ort zu sein und das richtige Motiv vor der Kamera zu haben, ist die Kunst, die uns immer wieder antreibt. Das ganze Jahr über haben wir „unsere“ Motive vor der Haustür – wir müssen nur rausgehen.

Frühjahr

Frühjahrszug, Balz und Brut der Vögel

Vögel treffen wir bei uns das ganze Jahr über an. Wir unterscheiden dabei Stand-, Strich- und Zugvögel. Typische Standvögel, das heißt Vögel, die das ganze Jahr über bei uns bleiben, sind z. B. Mäusebussard, Turmfalke, Seeadler, Kolkrabe, Graureiher, Blässhuhn, Amsel, Eisvogel, Grünfink, Kleiber, Kohlmeise, Blaumeise sowie der Zaunkönig.

Typische Vertreter der Strichvögel, das heißt Vögel, die nur teilweise abziehen, sind Star, Rotkehlchen und Buchfink. Zu den typischen Zugvögeln gehören Kranich, Fischadler, Rotmilan, Gänse, Limikolen und die meisten insektenfressenden Singvögel wie Bachstelze, Garten- und Hausrotschwanz, Singdrossel, Grasmücken und Laubsänger. Durch veränderte Nahrungsbedingungen und den Klimawandel verändert sich momentan das Verhalten einiger Zugvögel, sodass einige Arten hier bereits überwintern. Dadurch vermeiden sie die energiereiche und gefährliche Wanderung in den Süden. Typische Vertreter sind hier Stare, Rotmilane und Kraniche.

Im Gegensatz zu den meisten heimischen Säugetieren, die nur regionale Wanderungen unternehmen, können Vögel über ganze Kontinente hinweg ziehen. Den Vogelzug betreffend gehören Seeschwalben zu den Rekordhaltern mit bis zu 30 000 Kilometern pro Jahr.

Es ist beeindruckend, welch enorme Entwicklung ein kleines Seeschwalbenküken durchmacht. Ende Mai bis Anfang Juni schlüpft es aus dem Ei und ist nach einer Nestlingszeit von nur 27 Tagen flugfähig. Danach wird das Junge noch sechs Wochen von den Altvögeln gefüttert. Bereits Ende Juli machen sich die Altvögel auf den Zug, während die jungen Seeschwalben noch bis in die zweite Augusthälfte bei uns bleiben. Spätestens Anfang September fliegen auch sie Richtung Afrika.

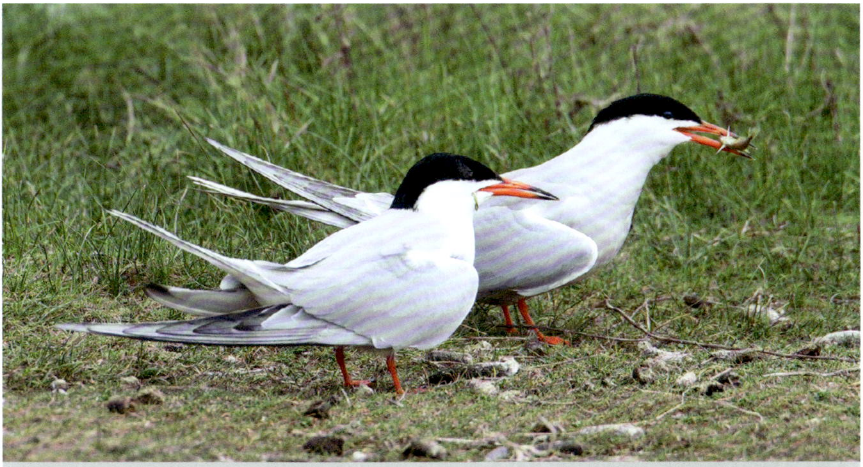

500 mm + 1,4x-Konverter | f/6.3 | 1/640 s | ISO 400 – Bevor die Kopulation der Seeschwalben stattfindet, überreicht das Männchen dem Weibchen ein Brautgeschenk

Die Flussseeschwalbe ist ein sogenannter Küstenzieher, das heißt, ihr Zugweg führt entlang der Küsten Europas und Afrikas. Den Winter verbringen unsere Seeschwalben in Afrika in Äquatornähe. Einzelne Exemplare ziehen sogar bis Südafrika. Bereits Mitte März machen sich die Altvögel wieder auf den Rückweg nach Europa. Sie fliegen zurück in die Nähe ihres Geburtsortes und brüten dort. Eine Jahresflugstrecke von bis zu 30 000 Kilometern legen diese filigranen Vögel zurück. Die Jungvögel der Seeschwalben übersommern im ersten Jahr im Winterquartier. Erst im zweiten Jahr kehren sie aus Afrika zurück und beginnen zu brüten.

Wenn bei uns die Zugvögel abgezogen sind, bekommen wir Wintergäste und Durchzügler aus den nördlichen Regionen, z. B. aus Skandinavien oder der russischen Tundra, da hier das Klima milder und die Nahrungsbedingungen besser sind als im hohen Norden. Dazu gehören z. B. Sing- und Zwergschwäne, Gänse, Wacholderdrossel, Bergfink, Seidenschwanz, Schneeammer, Erlen- und Birkenzeisig.

Durch die immer milderen Winter in den letzten Jahren veränderten viele Vögel ihr Zugverhalten erheblich. Besonders Kraniche versuchen, auf unseren Feldern zu überwintern. Unterstützt wird dies durch die gute Futtersituation in der Nähe der Rastplätze. Durch den immer stärkeren Anbau von Mais finden die Kraniche auf den abgeernteten Feldern genug Nahrung, wenn kein Schnee die Felder überzieht. Auch Rotmilane versuchen zunehmend, bei uns zu überwintern, um im zeitigen Frühjahr ihre Horste zu besetzen. Üblicherweise überwintern Rotmilane auf der iberischen Halbinsel.

Andere Vögel, wie die Mönchsgrasmücke, haben ihre Zugwege gänzlich verändert. Vor ein paar Jahrzehnten überwinterte diese Art in Afrika. Seit etwa 30 Jahren ziehen sämtliche Mönchsgrasmücken

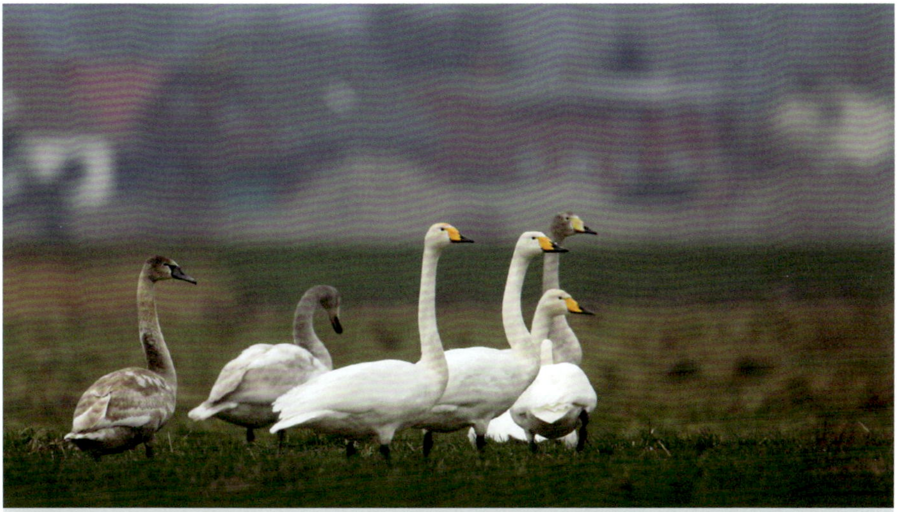

500 mm + 1,4x-Konverter | f/5.6 | 1/200 s | ISO 100 – Singschwäne brüten in Skandinavien und Finnland. Sie überwintern mit ihrem Nachwuchs bei uns. Auf den Feldern finden sie genug Nahrung, solange die Schneedecke nicht zu hoch ist.

Richtung Westen und überwintern in Großbritannien. Das Phänomen Vogelzug bleibt somit immer in Bewegung, und wir müssen uns auf weitere Überraschungen in den nächsten Jahren einstellen.

Der Frühjahrsdurchzug der Vögel findet in unseren Regionen sehr schnell und meist ohne große Ansammlungen statt. Im Frühling sind alle Zugvögel bestrebt, so schnell wie möglich ins Brutgebiet zu kommen, denn die ersten im Brutgebiet können dort die besten Brutplätze besetzen. Auf dem Durchzug werden meist die gleichen Rastplätze angeflogen. Diese orientieren sich in erster Linie an geografischen Linien. Hier bieten beliebte Zugrouten wie Halbinseln und Inseln entlang der Küstenlinien häufig günstige Standorte für Naturfotografen.

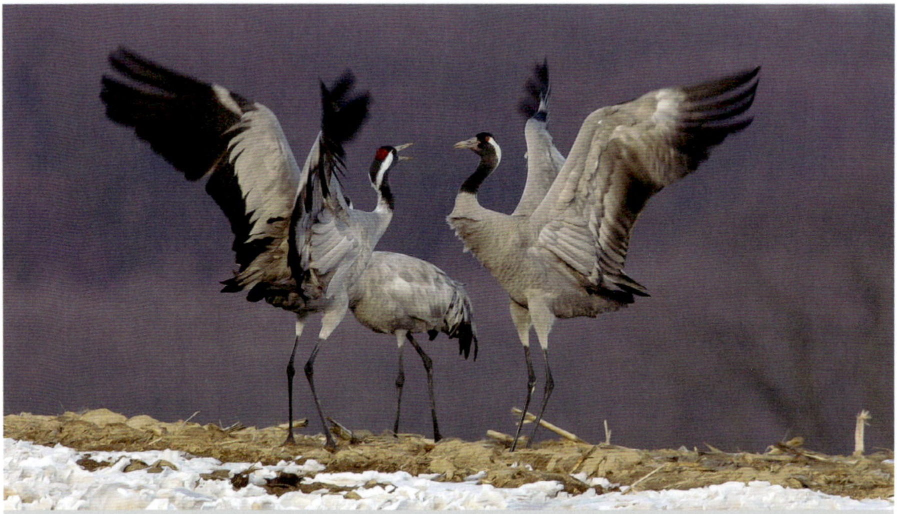

500 mm + 1,4x-Konverter | f/10 | 1/320 s | ISO 400 – Rastende Kraniche während des Frühjahrszugs

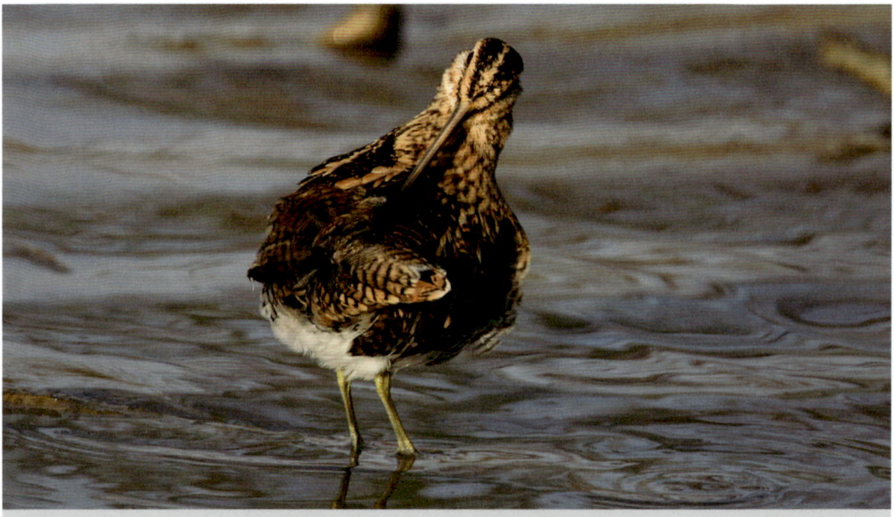

500 mm + 1,4x-Konverter | f/5.6 | 1/400 s | ISO 100 – Bekassine bei der Gefiederpflege

Vögel besitzen über der Schwanzwurzel eine sogenannte Bürzeldrüse. In dieser Drüse wird ein öliges Sekret gebildet, das die Vögel mit dem Schnabel über das Gefieder verteilen. Das Federkleid wird wasserabweisend und schützt den Vogel vor Kälte. Bei der Bekassine links unten ist dieses Verhalten deutlich erkennbar. Versuche, solche Verhaltensweisen im Bild festzuhalten, um deinen Fotos eine Geschichte zu geben. So kannst du später in Vorträgen oder Ausstellungen etwas Interessantes zu deinen Fotos erzählen.

Gute Fotoplätze im Landesinneren stellen Feuchtgebiete dar, die gute Nahrungsbedingungen bieten und deshalb bevorzugt von Zugvögeln aufgesucht werden. Deine entscheidende Aufgabe besteht darin, diese optimalen und begehrten Rastplätze ausfindig zu machen. Dafür ist gründliche Vorarbeit bzw. Vorbereitungszeit notwendig. Ich nutze dafür ein Tagebuch, in dem ich aufschreibe, wann und wo ich bestimmte Tierarten beobachtet habe. So fällt es mir leichter, für eine Tierart, die ich später fotografieren möchte, den günstigsten Ort und die günstigste Jahreszeit aus meinen Aufzeichnungen herauszufinden.

GUTE VORBEREITUNG ZAHLT SICH AUS

Führe ein Tagebuch, um jederzeit auf Beobachtungsdaten wie Tierart, Anzahl, Beobachtungsort, Ankunftstag, erster Gesang bei Vögeln oder Datum der ersten Brut zurückgreifen zu können. So hast du wichtige Vorarbeit im Vorfeld ohne viel Aufwand erledigt.

Im Frühjahr überschlagen sich meist die Ereignisse. Es bieten sich unzählige Fotosituationen. Viele Zugvögel sind noch auf dem Durchzug, während andere bereits mit der Brut beginnen. Von Vorteil ist, dass die Tage jetzt wieder länger werden und du somit mehr Zeit zum Fotografieren hast.

Kraniche, die bei uns durchziehen, beginnen mit der Balz bereits während des Durchzugs. Da sie eine lebenslange Partnerschaft führen, ziehen die Paare gemeinsam ins Winterquartier und auch wieder zurück. Während diese Kraniche noch auf den Feldern balzen, sind unsere einheimischen Kraniche bereits mit der Brut oder dem Nestbau beschäftigt.

Die Balzperiode der Vögel ist ein sehr günstiger Zeitpunkt zum Fotografieren. Die Vogelmännchen suchen dann meist exponierte Singwarten oder Plätze auf, an denen sie von möglichst vielen Weibchen gesehen werden. Auch Brutreviere werden so abgesteckt. Da sich die Vögel in dieser Phase sehr offen und aktiv zeigen, ergeben sich optimale Bedingungen zum Fotografieren.

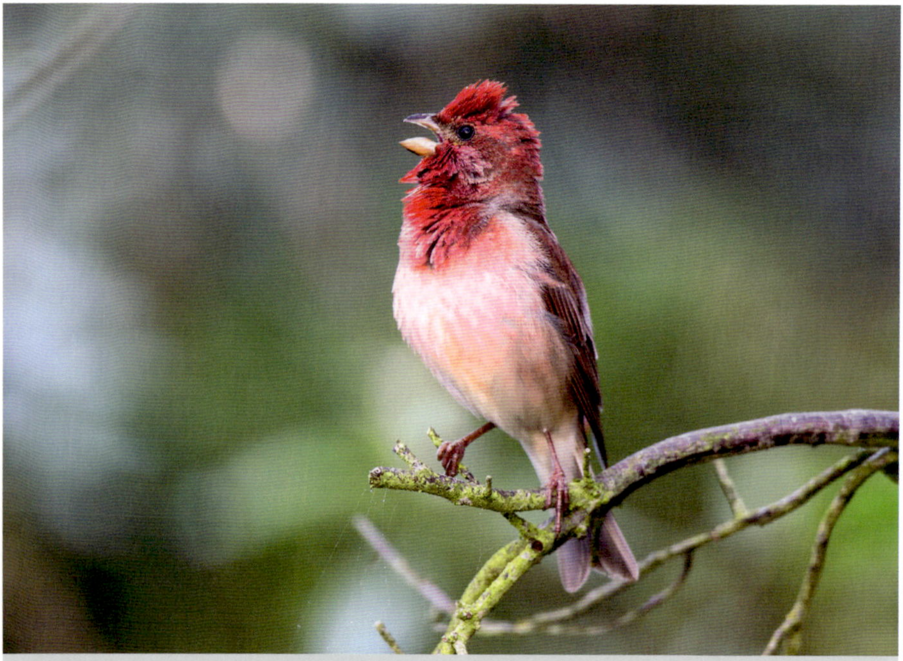

500 mm + 1,4x-Konverter | f/5.6 | 1/100 s | ISO 800 – Karmingimpelmännchen auf seiner Singwarte

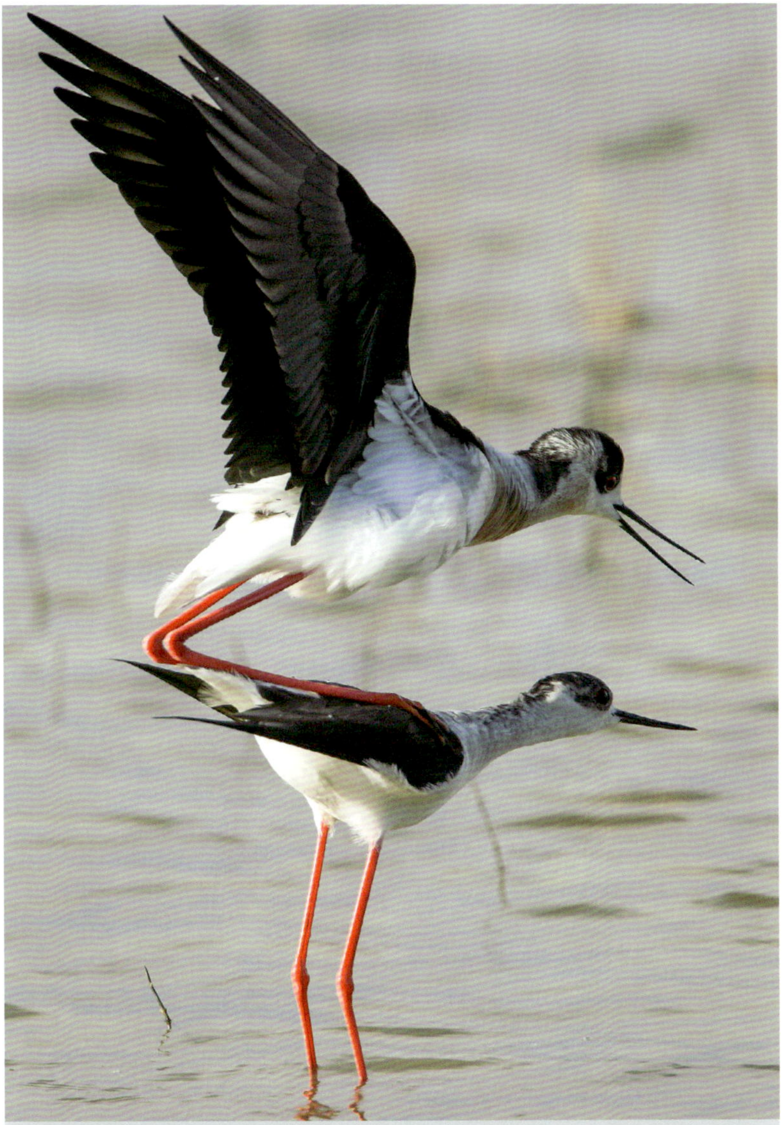

500 mm + 1,4x-Konverter | f/5.6 | 1/800 s | ISO 100 – Balz und Kopulation der Stelzenläufer sind ein besonderes Schauspiel. Trotz der langen Beine gelingt dieser Balanceakt, der nur ein bis drei Sekunden dauert – solange muss das Männchen durch Flügelschlagen das Gleichgewicht halten.

Nach der Balzzeit bzw. Gesangsperiode verhalten sich die meisten Vögel ruhig und führen ein verstecktes, heimliches Leben, um sich auf die Aufzucht des Nachwuchses zu konzentrieren.

Bei einigen Vögeln lässt sich das Brut- und Balzverhalten relativ leicht verfolgen und fotografieren. Die einheimischen Höckerschwäne bieten ein lohnendes Fotomotiv, da sie oft an leicht zugänglichen Stellen brüten und keine große Scheu vor Menschen haben. Die Nester sind leicht zu finden und Höckerschwanfamilien mit Jungen oft sehr zutraulich. Trotz allem gelten auch hier die bereits erwähnten Regeln beim Fotografieren: Rücksichtnahme gegenüber den Tieren und gebührenden Abstand halten! Die Altvögel der Schwäne verhalten sich in der Brutzeit mitunter sehr aggressiv.

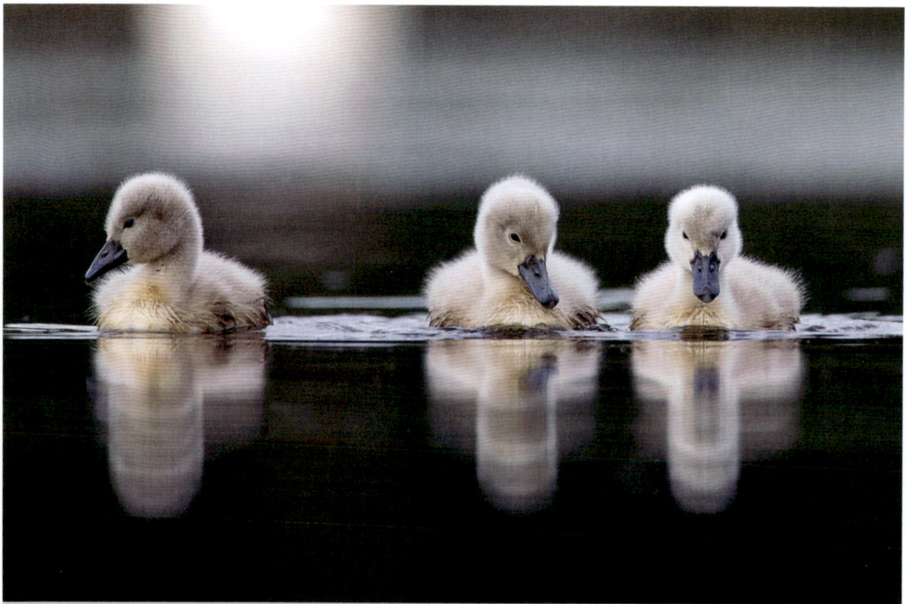

500 mm + 1,4x-Konverter | f/5.6 | 1/400 s | ISO 800 – Das Fotografieren der jungen Höckerschwäne ist relativ einfach. Finde einen tiefen Standpunkt, die passende Lichtstimmung und einen Hintergrund zum Freistellen der Vögel.

Säugetiere im Frühjahr

Von den weltweit 5500 Säugetierarten kommen laut Bundesamt für Naturschutz 104 Arten in Deutschland vor. Diese Zahl mag zunächst verwundern, doch zählen zu den Säugetierarten auch viele Mausartige, Fledermausartige und Meeressäuger dazu.

Dabei gibt es eine große Zahl von Säugetieren, die sich relativ leicht fotografieren lassen, da sie in der näheren Umgebung von Menschen vorkommen und nicht so scheu sind wie andere Arten. Rehe, Füchse, Feldhasen, Eichhörnchen, Igel und Robben lassen sich gut fotografieren. Oft nutze ich dazu das Auto als Tarnversteck.

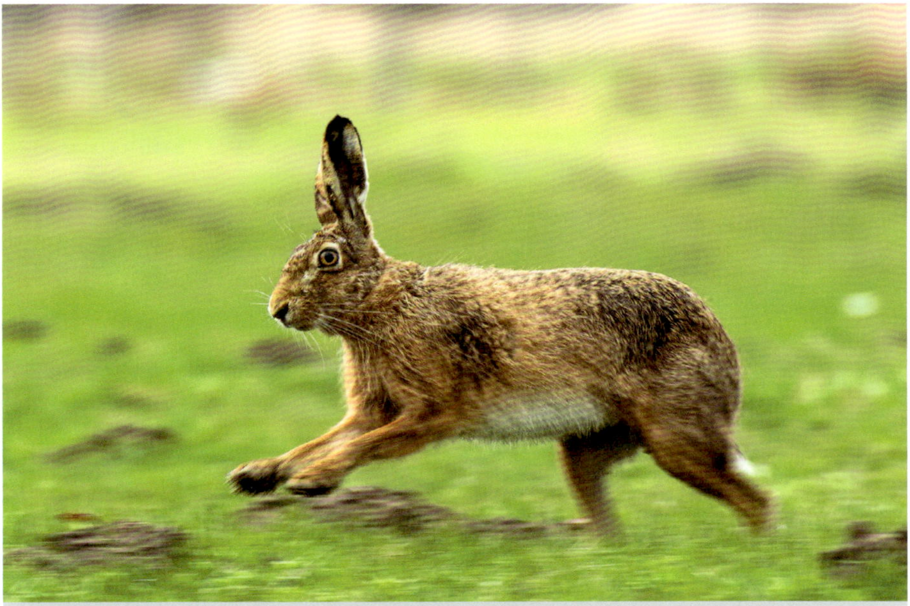

600 mm | f/11 | 1/200 s | ISO 400 – Feldhase aus dem Auto heraus fotografiert. Die Fortpflanzungszeit ist von Januar bis Oktober, wobei die Hasen drei- bis viermal pro Jahr Junge zur Welt bringen.

Bei den meisten Säugetierarten ist das Frühjahr die Hauptaktivitätszeit. Paarung, Revierstreitigkeiten und Jungenaufzucht lassen die Tiere selten zur Ruhe kommen. Dies bietet dem ambitionierten Tierfotografen viele Möglichkeiten, besondere Bilder zu machen.

Beim Ansitz während der Fuchsfotografie bietet sich ein Tarnzelt an. Oftmals wird dieses bereits aus geringer Distanz akzeptiert. Die Jungfüchse gewöhnen sich schnell daran.

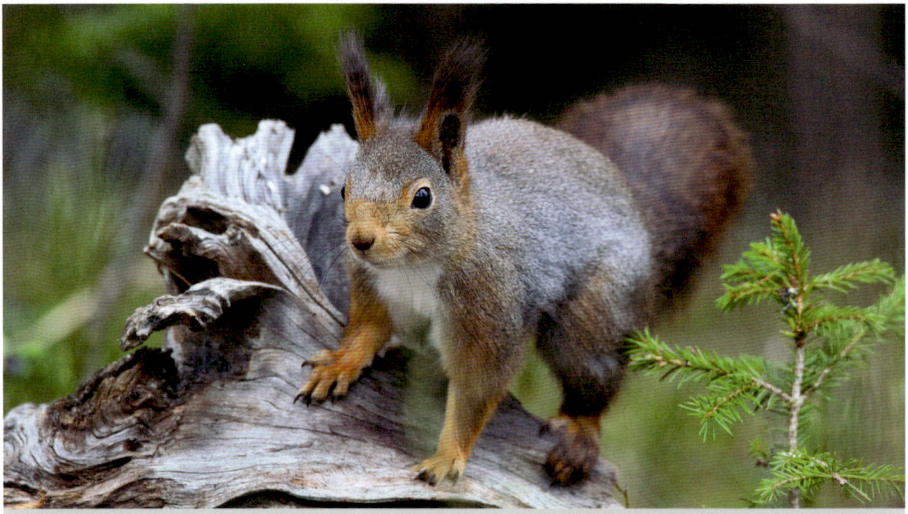

500 mm + 1,4x-Konverter | f/6.3 | 1/500 s | ISO 1250 – Eichhörnchen lassen sich an Futterstellen gut in Szene setzen. Gern werden von ihnen Nüsse und Sämereien angenommen. Mit einem Tarnversteck vor einer Futterstelle lassen sie sich problemlos fotografieren.

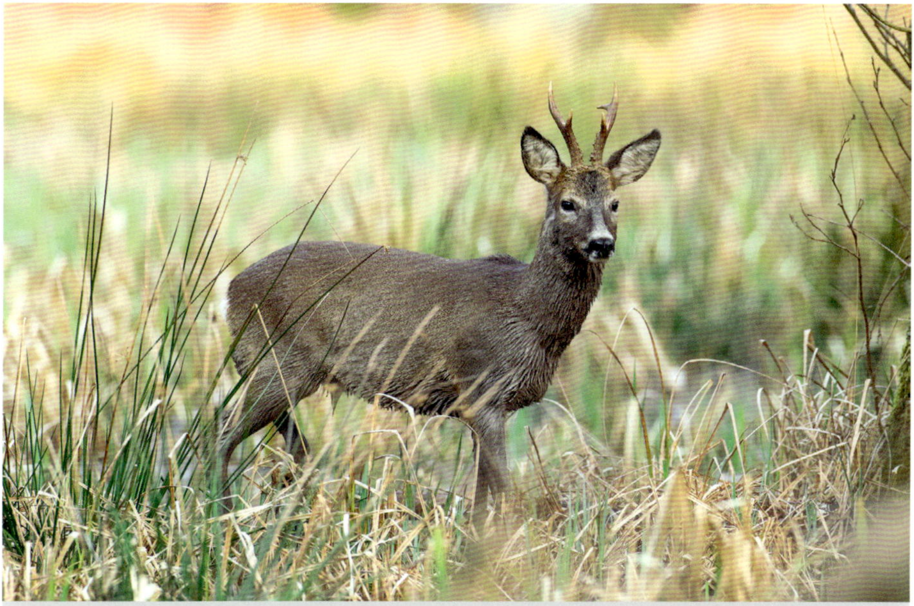

600 mm | f/5.6 | 1/250 s | ISO 3200 – Dieser Rehbock befindet sich Anfang Mai noch im Fellwechsel. Der Fellwechsel dauert etwa eine Woche. Danach trägt er sein rotbraunes Sommerfell.

Andere Säugetierarten lassen sich schwerer fotografieren, da sie hauptsächlich nachtaktiv sind, einen geringeren Bestand aufweisen oder scheuer sind. Dazu gehören die Wildkatze und der Wolf. Zufallsbegegnungen sind immer möglich. Für eine gezielte Fotografie solltest du die Hilfe von Biologen oder ortsansässigen Artbearbeitern in Anspruch nehmen.

In Deutschland leben neben vielen einheimischen Arten auch sogenannte Neozoen. Das sind „Neubürger", die aus anderen Regionen der Erde bei uns einwanderten und hier heimisch geworden sind. Dazu zählen Waschbär, Mink, Nutria und Marderhund.

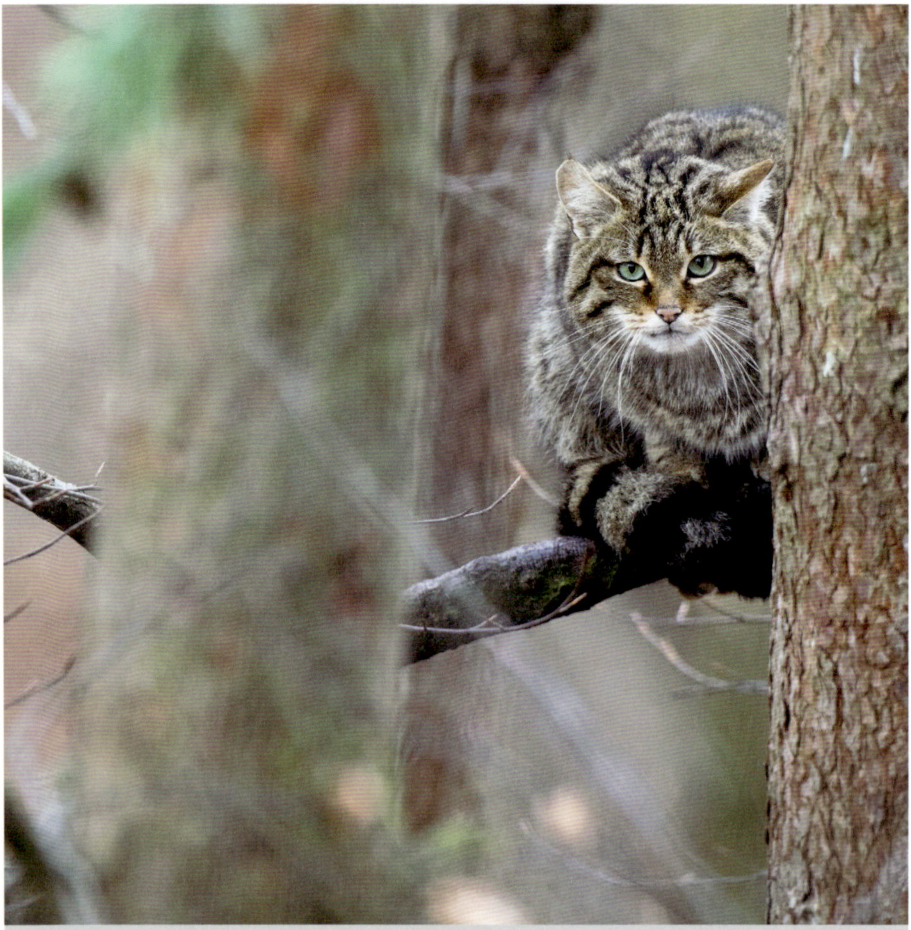

500 mm | f/5.6 | 1/320 s | ISO 1600 – Wildkatzen sind sehr scheu und nur selten in freier Wildbahn zu fotografieren. Hier eine Gehegeaufnahme aus dem Natur- und Umweltpark Güstrow.

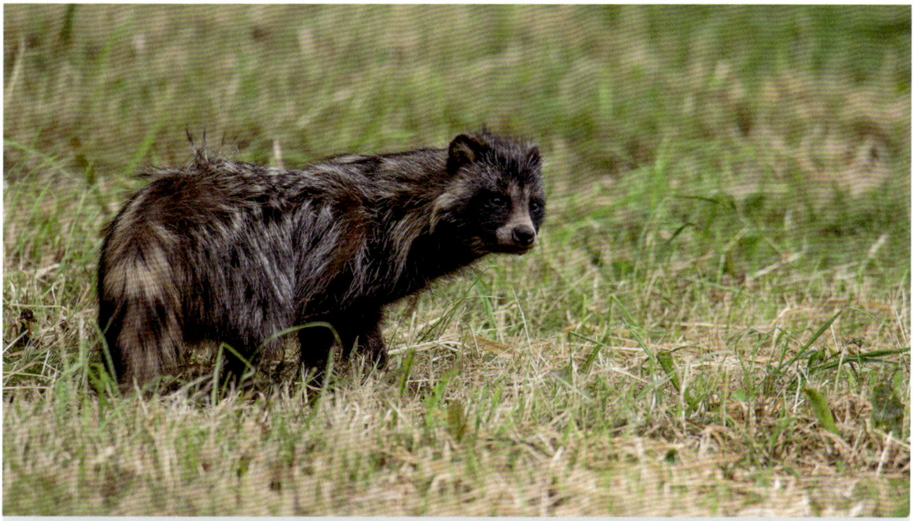

500 mm + 1,4x-Konverter | f/5.6 | 1/320 s | ISO 200 – Marderhunde, Neubürger unter unseren heimischen Säugetierarten, lebten ursprünglich nur in Asien, wurden durch den Menschen im Osten Europas eingebürgert und wanderten anschließend selbstständig westwärts. Heute sind sie weit verbreitet.

Jungenaufzucht bei Vögeln

Das Fotografieren der Vögel während der Brutzeit und während der Jungenaufzucht ist ein sehr sensibler Bereich der Tierfotografie. Du solltest dich immer fragen, wie du die Vögel fotografieren kannst, ohne dabei den Familienverband oder die Aufzucht der Jungen zu stören.

Das lässt sich am Anfang am leichtesten mit Vogelarten realisieren, die an Menschen gewöhnt sind. Dazu gehören vielerorts Blässhühner, die sich meist auf parkähnlichen Gewässern aufhalten. Sie scheuen nicht einmal mit Jungen die Menschen und sind somit gute Einstiegsmotive. Im kräftigen Rot-Orange leuchten die Federn an den Köpfen der Jungen, wenn sie durch das Schilf schwimmen. Dadurch sind sie für die Blässhuhnmutter gut zu orten, wenn Gefahr droht. Blässhühner haben oft viel Nachwuchs. Ein Gelege kann aus bis zu 16 Eiern bestehen. Da die Jungen viele Feinde haben, ist die Überlebensrate sehr gering, sodass letztendlich nur wenige Jungvögel bis zur Geschlechtsreife überleben.

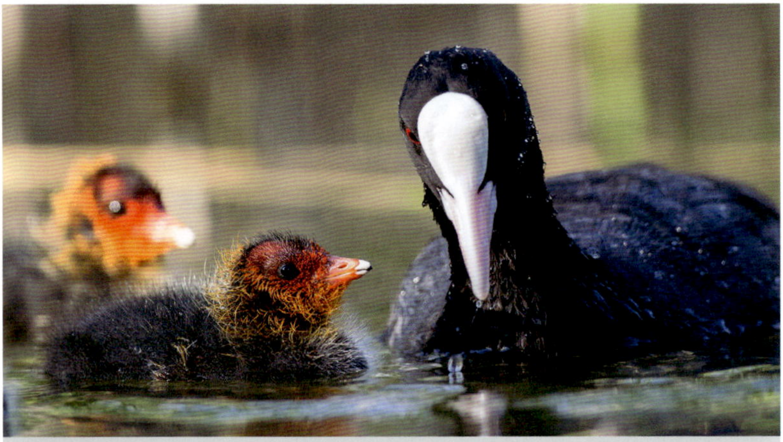

500 mm | f/5.6 | 1/400 s | ISO 400 – Ein Blässhuhn füttert seine nur wenige Tage alten Jungen. Das leuchtende Kopfgefieder behält das Küken nur wenige Tage, danach mausert es in ein gräuliches Kopfgefieder, um optimal im Schilf getarnt zu sein.

Bestimmte Kleinvogelarten lassen sich ebenfalls fast störungsfrei fotografieren, da sie die Nähe des Menschen sogar suchen und in unmittelbarer Umgebung von uns brüten. Dazu gehören die beiden häufigsten Schwalbenarten Deutschlands, die Rauch- und die Mehlschwalbe. Rauchschwalben brüten bis zu dreimal im Jahr. Dabei erstreckt sich die Brutzeit von April bis September.

Die Mehlschwalbe klebt ihre Nester außen an Gebäudefassaden. Die Rauchschwalbe hingegen baut ihre Nester innerhalb von Gebäuden. Somit sind die Voraussetzungen, diese Vögel bei der Jungenaufzucht zu fotografieren, optimal. Von großem Vorteil ist außerdem, dass du zum Fotografieren kein großes Teleobjektiv benötigst. Meist reicht eine kleine Brennweite, um die Vögel formatfüllend abzubilden. Finde am besten Gebäude mit Nestern, wo du Stativ und Fotoausrüstung stehen lassen kannst. Die Vögel gewöhnen sich so an die Veränderung, und das Fotografieren wird einfacher, wenn du wieder vor Ort bist.

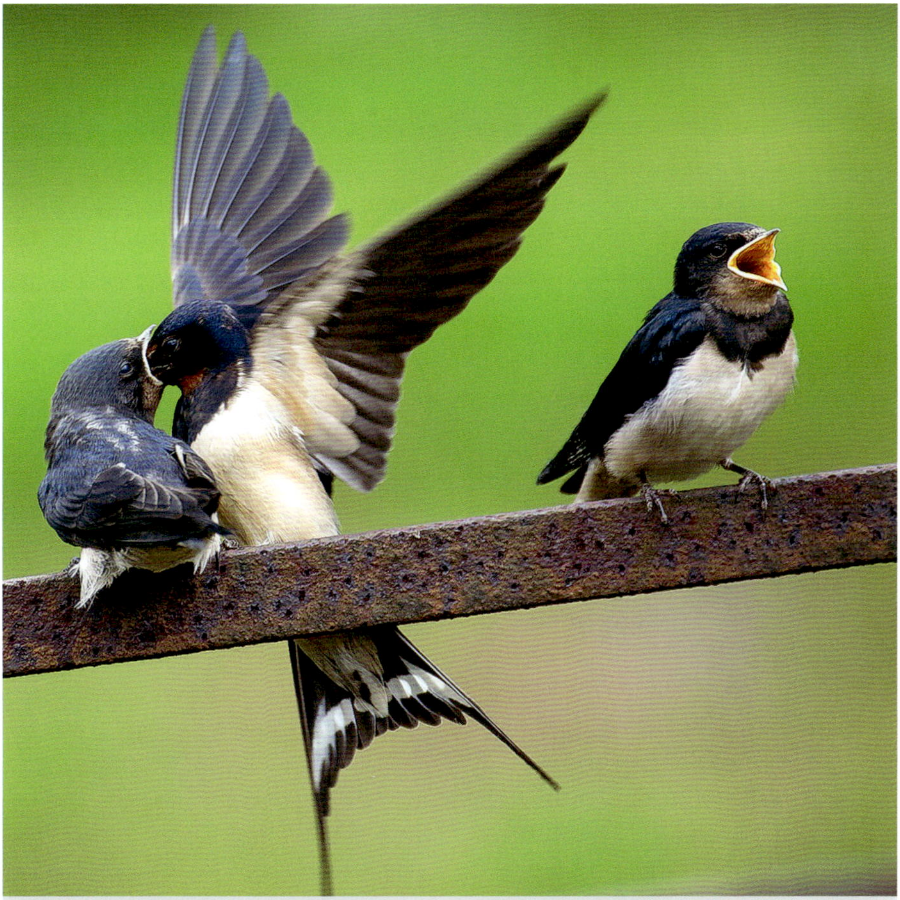

400 mm | f/5.6 | 1/500 s | ISO 400 – Eine Rauchschwalbe füttert seinen gerade flügge gewordenen Jungvogel. Die jungen Rauchschwalben verbringen 20 bis 24 Tage im Nest und werden dann noch einige Tage in unmittelbarer Nestumgebung von den Altvögeln gefüttert. Dabei kehren sie zum Schlafen oft ins Nest zurück.

DAS WOHL DER VÖGEL HAT IMMER VORRANG!

Fotografiere die Jungenaufzucht von Vögeln zuerst bei häufigen Vogelarten und solchen, die an Menschen gewöhnt sind. So hältst du die Störungen am Nest am geringsten. Die meisten in der Nähe von Menschen brütenden Vögel werden deine Anwesenheit akzeptieren. Denk aber bitte immer daran, den Vogel entscheiden zu lassen, ob er dich akzeptiert oder nicht.

Fühlt sich ein Vogel zu sehr bedrängt und meidet deine Nähe, brich das Fotografieren im Nestbereich oder in unmittelbarer Nähe der Jungen ab oder vergrößere den Abstand. Das Wohl der Vögel steht an erster Stelle! Alle europäischen Vogelarten sind nach dem Bundesnaturschutzgesetz besonders geschützte Tierarten und dürfen an ihren Lebens- und Brutstätten nicht beunruhigt oder gestört werden.

Die Brutzeiten der Vogelarten unterscheiden sich von Art zu Art. Während einige im Frühjahr bei uns nur durchziehen, sind andere bereits mit der Brut beschäftigt. Du solltest im Vorfeld den Jahresrhythmus der Tiere deiner Wahl genau kennen. So kannst du den günstigsten Zeitpunkt des Fotografierens besser eingrenzen.

Vögel bemühen sich, ihre Nester versteckt anzulegen. So sind sie vor Nesträubern sicher, und die Überlebensrate der Jungvögel erhöht sich. Kleinvogelnester zu finden, erfordert ein gewisses Spezialwissen und Erfahrungen, die du dir im Laufe der Jahre aneignen kannst. Die Neststandorte der Vögel im Vorfeld zu kennen, ist eine Grundvoraussetzung jedes Tierfotografen. Ist der Vogel ein Boden-, Baum-, Fels- oder Gebäudebrüter? Baut der Vogel ein eigenes Nest oder nutzt er zur Brut bereits vorhandene Nester? Ist der Vogel ein Nest- oder Höhlenbrüter? All diese Fragen solltest du vor dem Fotografieren deiner ausgewählten Vogelart beantworten können.

Beobachtest du Eisvögel mit Beute im Schnabel, achte genau darauf, wie der Vogel die Beute im Schnabel trägt. Zeigt der Kopf des Fisches nach vorn, kannst du davon ausgehen, dass der Eisvogel Junge hat und diesen Fisch gleich verfüttern wird. Will er ihn selbst fressen, nimmt er ihn mit dem Kopf voran in den Schnabel. So kann er den Fisch in Schuppenrichtung gut schlucken.

Hast du ein Eisvogelrevier gefunden, ist es relativ einfach, diesen prächtig gefärbten Vogel zu fotografieren. Häufig nutzt er immer wieder die gleichen Sitzwarten im Revier. Exponierte Standorte von Sitzwarten kannst du vor der Brutphase so anbringen, dass ein Fotografieren in einem gewissen Sicherheitsabstand zur Bruthöhle und günstig für dein Versteck- oder Tarnzelt möglich ist. Das Anbringen solcher Sitzwarten muss unbedingt außerhalb der Brutzeit erfolgen, um Störungen des Brutablaufs zu vermeiden.

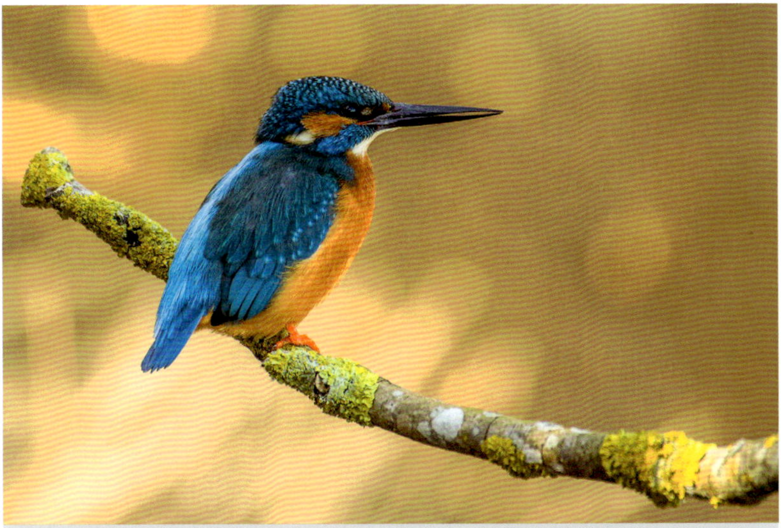

370 mm | f/5.6 | 1/250 s | ISO 1250 – Eisvogel im Brutrevier. Ich habe den abgestorbenen Ast vor der Brutphase so am Teichufer befestigt, dass der Eisvogel sein Revier gut überblicken kann. Deshalb fliegt er diese Stelle, vor allem während der Jungenaufzucht, bevorzugt an.

BRUTSTANDORTE MERKEN

Findest du Nestreviere oder Brutkolonien von Vögeln, notiere dir die Standorte in dein Beobachtungstagebuch. Diese Angaben benötigst du vielleicht später einmal, wenn du dich fotografisch mit einer dieser Arten beschäftigen möchtest. Vögel nutzen bei einer erfolgreichen Brut die Brutstandorte meist über mehrere Jahre hinweg.

Anders als viele Kleinvögel brüten einige Arten in großen Kolonien. Bei den Kormoranen existieren Kolonien mit mehreren Tausend Brutpaaren. Die Nester werden jedes Jahr wiederbenutzt, solange die Kolonie besteht und der Brutbaum erhalten bleibt.

Die Anlage der Nester erfolgt in unterschiedlichen Höhen. Für die Fotografie eignen sich die unteren Nester am besten, da man dort den besten Einblick in die Nestmulde und auf den Nachwuchs hat. Sehr schön fotografieren kann man das Brutgeschehen der Kormorane z. B. im Naturschutzgebiet Kormorankolonie Niederhof in Mecklenburg-Vorpommern. Durch das NSG führen mehrere öffentliche Wege, von denen man einen guten Einblick in die Nester hat. Gleich in der Nähe befindet sich eine Graureiherkolonie im Buchenwald, die ebenfalls gut von den Wegen einzusehen ist.

Trotz seiner Schwimmhäute an den Füßen kann sich der Kormoran gut auf Ästen halten. Die Nester errichtet er auf Bäumen. Es existieren aber auch einige wenige Brutkolonien auf dem Boden. Errichten die Kormorane ihre Nester auf Bäumen, sterben diese durch den stark ätzenden Kot der Vögel nach einigen Jahren ab. Durch diese „Geisterwälder“ sind die Kormorankolonien meist schon von Weitem zu erkennen. Für das Fotografieren ist das von Vorteil, da kein störendes Blattwerk von Bäumen im Sichtfeld ist und du einen freien Blick auf die Nester hast.

Kormorane ernähren sich ausschließlich von Fisch. Dadurch ergaben sich viele Konflikte mit Fischern, besonders wenn Kormorane sich in der Nähe von Fischzuchtgewässern oder von fischereibewirtschafteten Gewässern ansiedeln. Kommt der Altvogel mit Nahrung zum Nest, wird er oft von allen Jungvögeln gierig umlagert, die die erbeuteten Fische aus seinen Kropf holen. Solche speziellen und arttypischen Verhaltensweisen im Bild festzuhalten, stellt den besonderen Reiz der Tierfotografie dar.

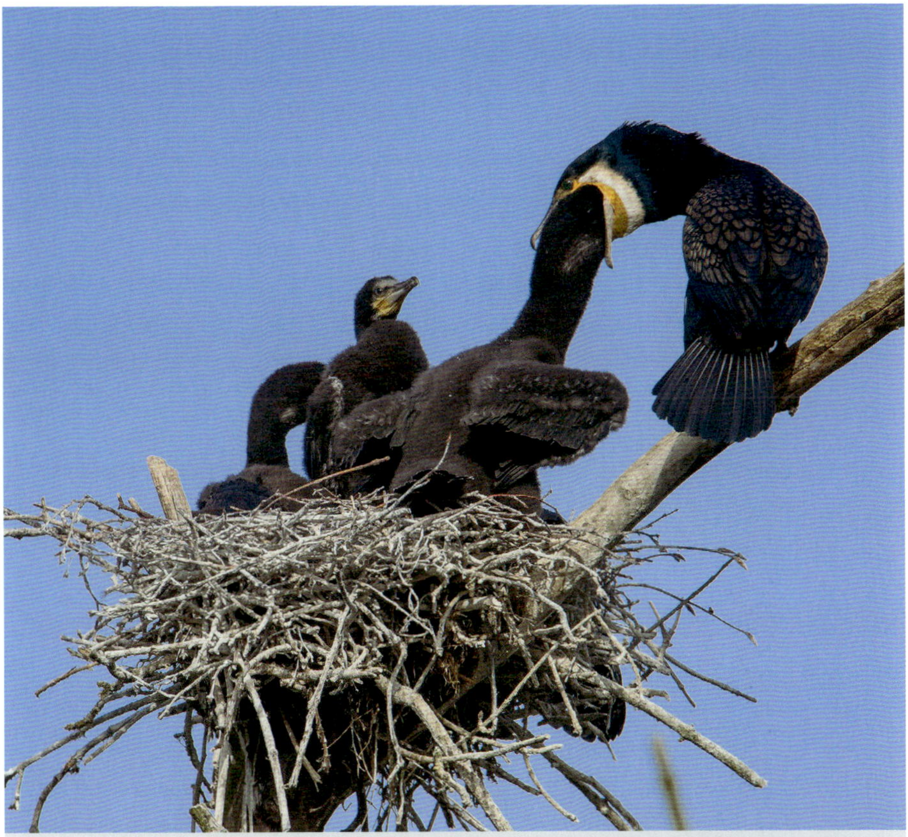

500 mm + 1,4x-Konverter | f/10 | 1/1000 s | ISO 400 – Ein Kormoran füttert seine Jungen

Unsere häufigste Möwenart ist die Lachmöwe. Sie brütet ebenfalls in Kolonien. Die Nester befinden sich meist auf dem Boden. An einigen Stellen in Deutschland ist es möglich, diese Vögel aus nächster Nähe zu fotografieren, da sie direkt am Wegesrand brüten. Die Kolonien befinden sich oft auf Vogelinseln, bisweilen auch in kleineren Kolonien an Seen und Teichen im Binnenland. Im Brutkleid sind beide Partner am braun gefärbten Kopfgefieder zu erkennen. Schon sehr früh verlassen die Jungmöwen das Nest und erkunden die Umgebung. Zum Schlafen bzw. Hudern kehren sie aber noch ins Nest zurück. In einer Kolonie laufen zu diesem Zeitpunkt sehr viele Jungmöwen umher, und es ist erstaunlich, wie sicher die Altvögel ihre eigenen Jungen erkennen.

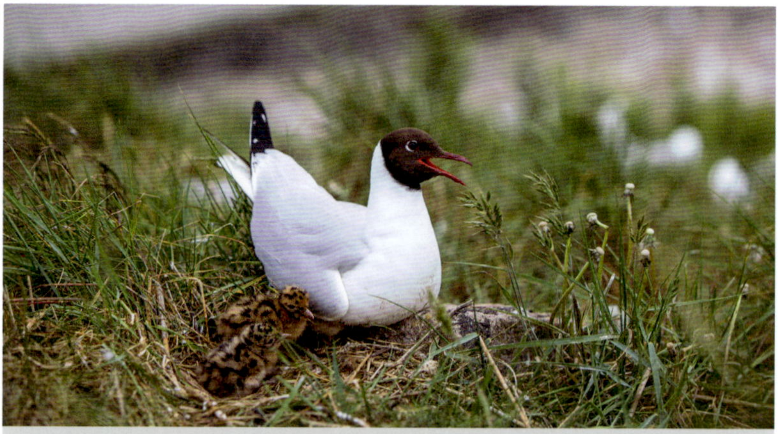

105 mm | f/3.5 | 1/200 s | ISO 800 – Eine Lachmöwe am Nest mit ihren Jungen

Aus meiner Erfahrung ist es sinnvoll, sich mit anderen Tierfotografen auszutauschen und sich ein Netzwerk aufzubauen. So kommst du auch an Informationen über Beobachtungsorte seltener Tierarten. Ein Hotspot der Tierfotografie ist Helgoland. Hier kannst du Seehunde, Robben, Limikolen und Basstölpel aus nächster Nähe, natürlich unter den örtlichen Schutzmaßnahmen, fotografieren. Die Basstölpel brüten direkt am Wegesrand auf den Klippen der Insel.

Das Fotografieren von seltenen Brutvögeln oder in einer Region mit nur sporadisch brütenden Vögeln solltest du unterlassen – besser fotografierst du diese Arten in Gebieten mit hohem Bestand bzw. hoher Dichte.

Der Silberreiher war über viele Jahre hinweg ein ständiger Jahresgast in Deutschland. 2012 gelang mir der erste Brutnachweis dieser Art für Deutschland. Drei Silberreiherpaare waren anfangs mit dem Nestbau beschäftigt, sodass sich für mich keine Fotomöglichkeit ergab. Zu einem späteren Zeitpunkt, als die Nestbindung der Vögel groß genug war, fotografierte ich rein dokumentarisch die brütenden Silberreiher, um diese besondere Beobachtung der Fachwelt zu präsentieren. Außerhalb dieses Brutplatzes sind Silberreiher an vielen Orten zu beobachten und gegebenenfalls zu fotografieren.

500 mm + 1,4x-Konverter | f/5.6 | 1/800 s | ISO 800 – Ein Silberreiher bei der Landung. Diese Reiherart breitet sich immer weiter nach Norden aus und ist heute in Deutschland häufig anzutreffen.

Sommer

Der Sommer ist die Zeit, in der ich am wenigsten der Tierfotografie nachgehe. Dies hat mehrere Gründe. Zum einen ist die Hauptaktivitätszeit der meisten Tierarten vorbei und die Tiere leben mehr oder weniger unauffällig und versteckt in den verschiedensten Biotopen. Die Zug- und Brutzeit sowie die Zeit der Jungenaufzucht der Vögel ist vorüber. Auch die meisten Säugetiere haben ihre Jungen nun großgezogen und zeigen sich nicht mehr so auffällig wie in den Frühjahrsmonaten.

Den Sommer nutze ich deshalb oft, um mich der Fotografie der kleineren Tiere zu widmen. Insekten und Reptilien bieten hier ein breites Feld. Dazu kannst du die kleineren Brennweiten deiner Ausrüstung nutzen bzw. ein Makroobjektiv. Ich verwende ein 2.8/70–200 mm Zoomobjektiv und ein 2.8/100 mm Makroobjektiv. Gerade an sonnenexponierten Plätzen lassen sich jetzt gut Schlangen fotografieren.

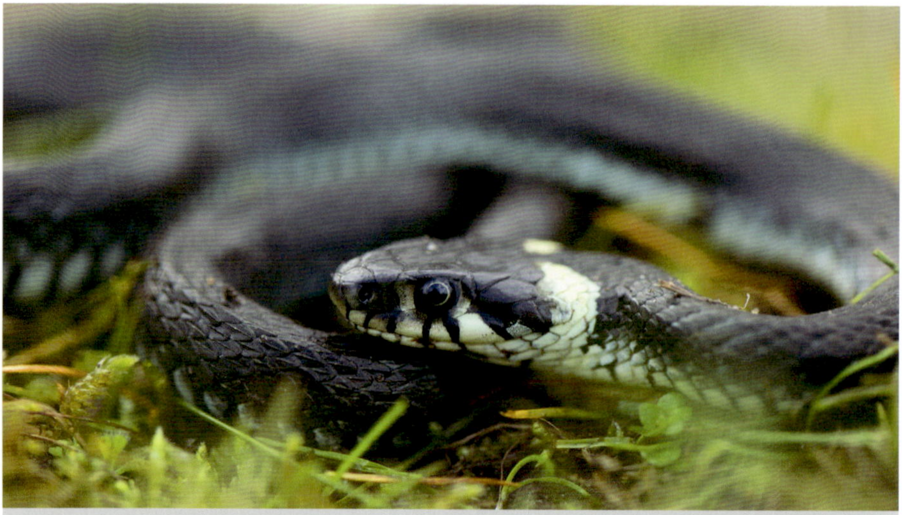

100 mm | f/2.8 | 1/125 s | ISO 100 – Eine Ringelnatter sonnt sich in den wärmenden Strahlen der Sommersonne

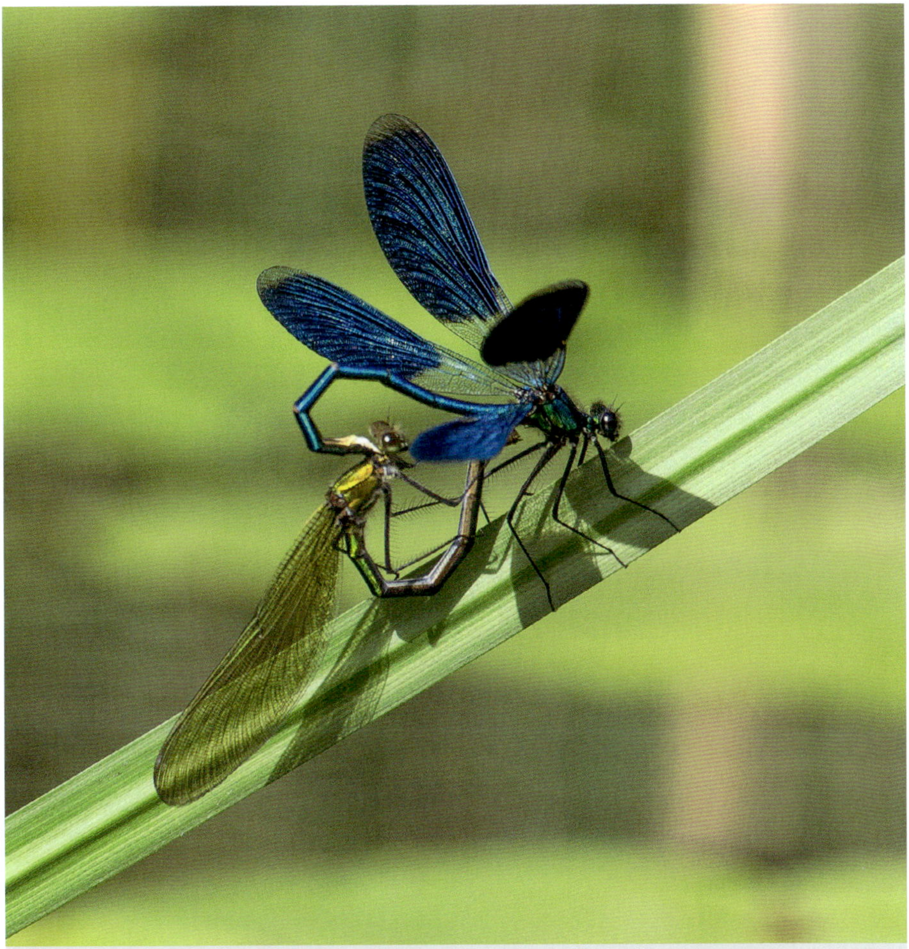

400 mm | f/11 | 1/200 s | ISO 200 – Gebänderte Prachtlibellen bei der Paarung

Natürlich lohnt es sich auch in den Sommermonaten, einmal in den frühen Morgenstunden auf Pirsch zu gehen oder am Abend die letzten Sonnenstrahlen für ein gutes Tierfoto zu nutzen. Die Sonne am Tage steht meist zu hoch und die Luft flimmert. Das Licht ist zu hart und es bilden sich unschöne Schatten an den Tieren. Geh tagsüber lieber bei bedecktem Himmel auf Fotopirsch.

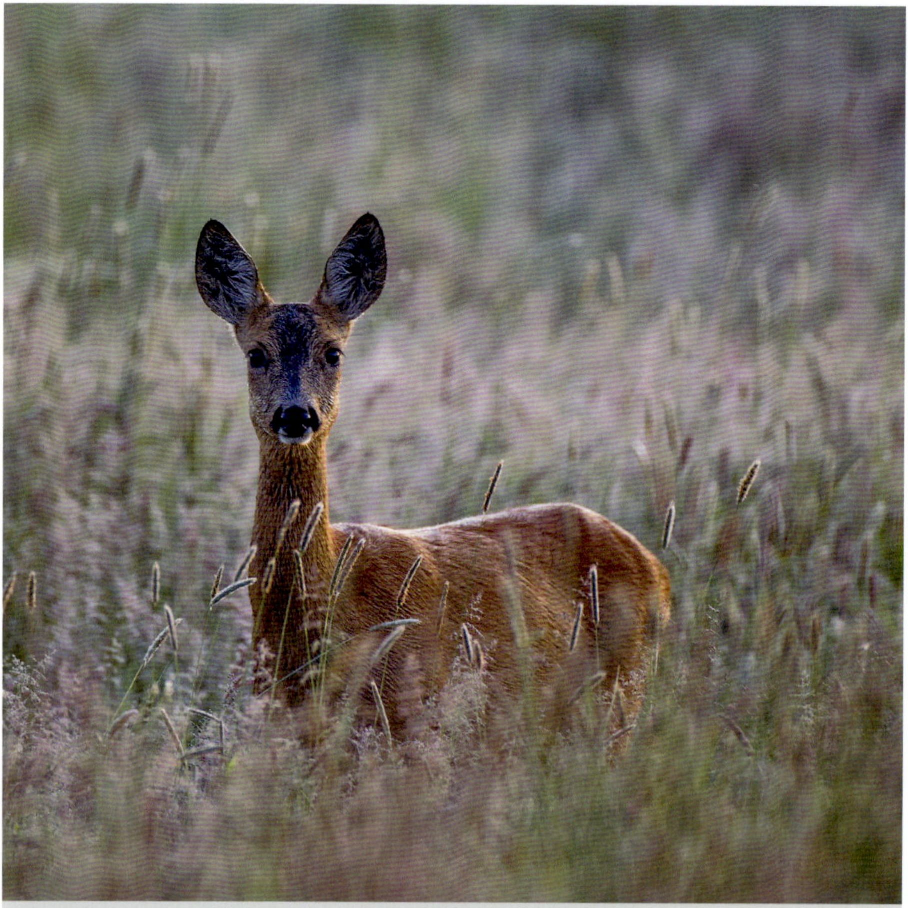

600 mm | 1/100 s | f/4 | ISO 800 – Ricke auf einer Sommerwiese bei bedecktem Himmel

Herbst

Brunft- und Paarungszeit von Rot- und Damwild

Die Brunft der Hirsche ist eines der großen Naturschauspiele in Deutschland. Bereits Anfang September beginnen die ersten Hirsche zu brunften. Dabei sammelt sich das Wild an den Brunftplätzen. Normalerweise beginnt die Brunft erst in den letzten Minuten des Tages und zieht sich bis in die Morgenstunden. Für Fotografen gestaltet sich die Situation schwierig, da kaum noch Licht zum Fotografieren vorhanden ist. Es gibt aber einige Fotoplätze in Deutschland, an denen das Wild an die Anwesenheit von Menschen gewohnt ist. Meist liegen solche Plätze in Naturschutzgebieten oder Nationalparks, da dort in den Kernzonen nicht gejagt wird und das Wild somit die Scheu verloren hat.

Der Nationalpark Vorpommersche Boddenlandschaft auf der Halbinsel Fischland-Darß-Zingst ist so ein Platz, die Hirschbrunft aus nächster Nähe mitzuerleben und zu fotografieren. Im Nationalpark gibt es mehrere Stellen, von wo aus Rotwild gut zu fotografieren ist. Der Darßer Ort ist meines Wissens nach die einzige Stelle, an der du Rotwild mit der Ostsee im Hintergrund fotografieren kannst.

Die Brunft des Damwildes erfolgt erst im Oktober und viel heimlicher im Wald verborgen. Hier ist es weitaus schwieriger, Hirsche vor die Kamera zu bekommen. Im Waldinneren sind die Lichtverhältnisse am Abend viel schlechter, sodass du nur auf einer Waldlichtung oder Schneise auf eine Situation warten kannst.

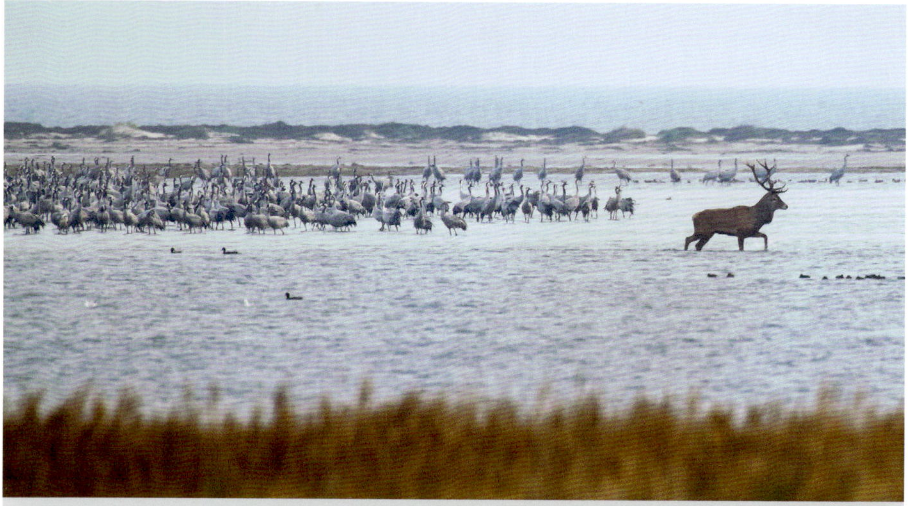

500 mm + 2,0x-Konverter | f/8 | 1/200 s | ISO 3200 – Wenn du Glück hast, kannst du Rothirsche fotografieren, die im Flachwasser durch rastende Kraniche ziehen

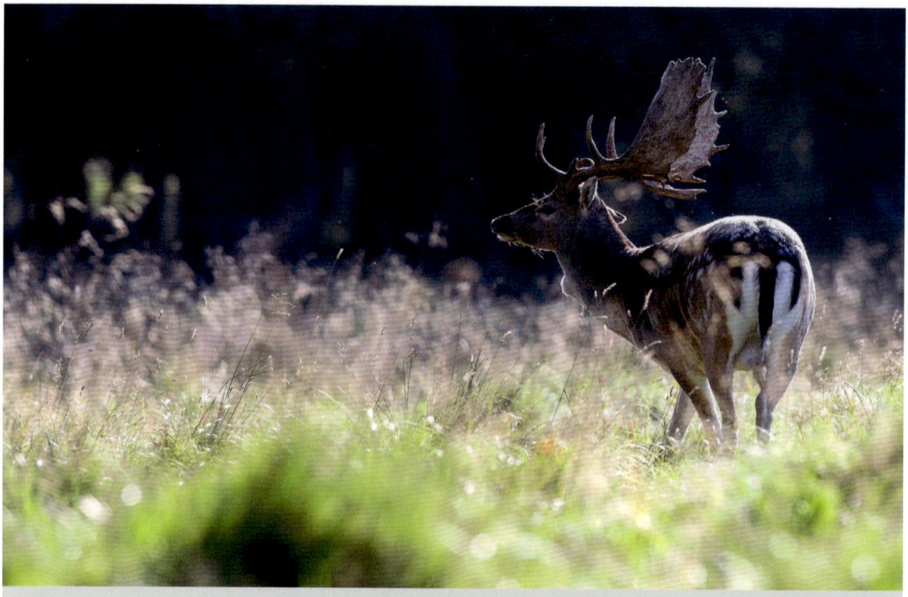

500 mm | f/8 | 1/250 s | ISO 400 – Damhirsch auf einer Waldlichtung im ersten Morgenlicht

Der Herbstzug der Vögel

Der Herbst ist eine ergiebige Zeit, um Vögel zu fotografieren. Zu dieser Jahreszeit sind noch viele einheimische Vögel bei uns und sammeln sich, bevor sie die Reise in den Süden antreten. Ab etwa Ende August beobachten wir bereits die ersten Zugvögel aus dem Norden als Durchzügler. Der Zug der Insektenfresser beginnt meist Ende August.

Jetzt gibt es bedeutend mehr Vögel in der Landschaft als im Frühjahr, und ihre Bestimmung wird komplizierter. Noch sind Altvögel im Brutkleid zu beobachten, andere wechseln bereits ins Ruhekleid. Dazu kommt das Gefieder der Jungvögel im ersten Jahr. Andere Jungvögel besitzen schon das Wechselkleid vom zweiten oder dritten Jahr, z. B. die Silbermöwe. In dieser Zeit kannst du all dein ornithologisches Wissen nutzen, um die Vögel zu unterscheiden und zu bestimmen. Dabei wirst du sicher auch auf Raritäten stoßen.

Der Herbstzug läuft etwas langsamer und ruhiger ab als der Frühjahrszug. Balz und Jungenaufzucht sind vorbei und die Vögel werden nun allein durch den Nahrungsmangel bzw. die Kälte in den Süden getrieben. Zahlenmäßig sind nun die meisten Vögel im Jahresdurchschnitt bei uns. An bestimmten Rast- und Sammelplätzen sind Tausende Vögel zu beobachten und zu fotografieren. Am beeindruckendsten ist der Vogelzug an unseren Küsten.

Mehrere Vogelarten locken dabei jährlich Tausende von Ornithologen und Fotografen an die Schauplätze des Vogelzuges. Auf den Halligen im schleswig-holsteinischen Wattenmeer werden regelrechte „Ringelganstage“ zu den Zugzeiten der Gänse veranstaltet. Dabei bietet der Nationalpark Führungen an und es gibt diverse Informationsveranstaltungen rund um die Ringelgans.

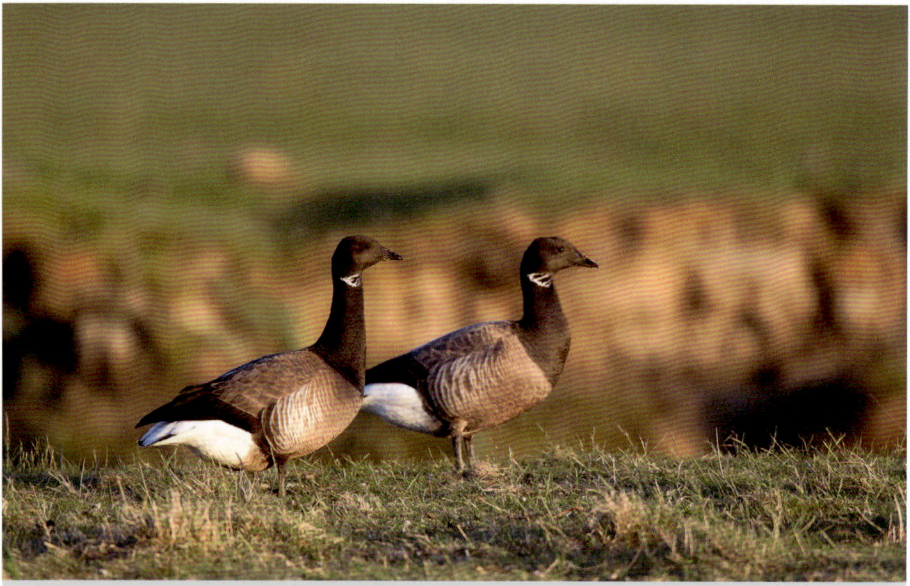

500 mm + 1,4x-Konverter | f/5.6 | 1/200 s | ISO 200 – Ringelgänse auf dem Durchzug im Herbst auf der Hallig Hooge

Die Gänse lassen sich auf den Halligen hervorragend fotografieren, weil sie an Besucher gewöhnt sind. Schon von den Wegen aus gelingen besonders nahe Aufnahmen dieser nordischen Brutvögel. Frühmorgens unterwegs zu sein lohnt sich! Dann bist du noch fast allein auf den Wegen. Außerdem äsen die Gänse meist noch dichter am Wegesrand, bevor sie tagsüber auf Abstand zu den Wegen gehen. Das Licht ist morgens am besten. Achte bei den erhöhten Wegen auf einen niedrigen Kamerastandpunkt.

Ein weiterer Hotspot des Vogelzuges ist der Nationalpark Vorpommersche Boddenlandschaft. Auch hier lassen sich Tausende von Zugvögeln beobachten und fotografieren, da sie über einen langen Zeitraum hier verweilen und Nahrung aufnehmen.

Hier befindet sich auch der größte Kranichrastplatz Europas, der jährlich viele Besucher anlockt. Der Kranichzug lässt sich von mehreren Stellen aus hervorragend fotografieren und ist ein einmaliges Naturschauspiel in Deutschland. Im Nationalpark Vorpommersche Boddenlandschaft in Mecklenburg-Vorpommern und im Rhin-Havelluch mit dem kleinen Ort Linum in Brandenburg existieren die beiden größten Kranichrastplätze Mitteleuropas. Die Höchstzahlen der hier rastenden Vögel werden Mitte Oktober erreicht und betragen je nach Rastplatz 70 000 bis 120 000 Exemplare. Diesen Kranichzug mitzuerleben bzw. fotografisch zu begleiten, stellt einen Höhepunkt für jeden Tierfotografen dar.

Vögel ziehen zu bestimmten Hauptzugzeiten, aber in unterschiedlichen Zugrhythmen. Dabei ist es oft so, dass die Jungvögel und die Altvögel bestimmter Arten zeitlich getrennt ab- bzw. durchziehen. Besonders bei vielen Limikolenarten ist dies zu beobachten.

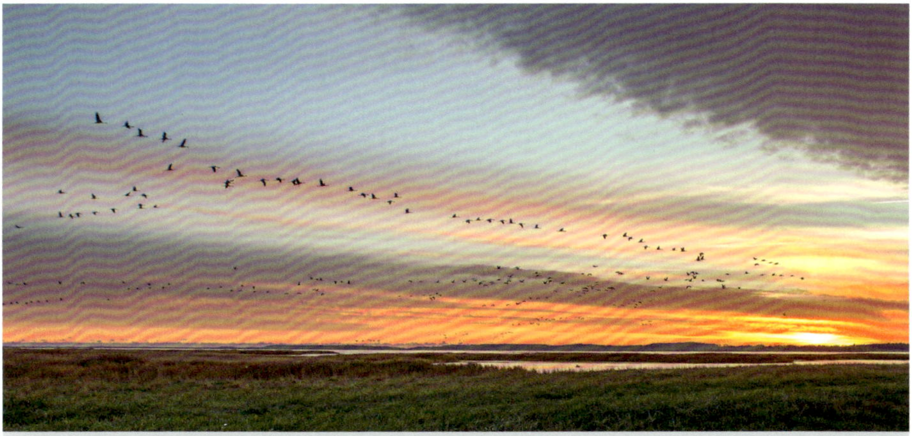

24 mm | f/3.5 | 1/1000 s | ISO 1600 – Kranichzug am Rastplatz im Nationalpark Vorpommersche Boddenlandschaft in Mecklenburg-Vorpommern

DAS FOTOGRAFISCHE TAGEBUCH NUTZEN

Notiere dir in deinem fotografischen Tagebuch Orte, Zeiten und Sammelplätze, an denen du Zugvögel gesichtet hast. So kannst du später nachschlagen, wo du eine bestimmte Zugvogelart konzentriert beobachtest hast, und gleich deine Fototour starten.

Meist bleiben bestimmte Rast- und Sammelgebiete über Jahre hinweg konstant. Vielleicht kannst du dadurch auch eine Zugzeitenverlagerung durch Klimaveränderungen, Biotopverluste oder Ähnliches nachweisen und fotografisch belegen.

Küstenlinien sind oft Leitlinien des Vogelzuges. Entlang dieser Linien lassen sich Zugvögel häufig in großer Anzahl beobachten und fotografieren. Strandläufer, Regenpfeifer, Schnepfen und viele andere Limikolen folgen in riesigen Schwärmen diesen Leitlinien. Entscheidend für große Ansammlungen zu den Rast- und Zugzeiten ist immer das Auffinden von genug Nahrung. An den Küsten finden die Limikolen diese vor, da sie sich während des Zuges hauptsächlich von Muscheln, Schnecken und kleineren Krebstieren ernähren.

Der Knutt zieht bei uns an der Küste regelmäßig in kleineren Gruppen durch. Vor allem im Wattenmeer sind größere Ansammlungen zu beobachten. An allen Küsten Deutschlands kommt er zur Zugzeit vor. Durch sein zutrauliches Verhalten hast du die Möglichkeit, ihn nah zu fotografieren. Jedes Jahr Ende September kann ich diese Vögel bei uns am Strand fotografieren. Der abgebildete Knutt kam auf mich zugelaufen und blieb ungefähr fünf Meter vor mir stehen. Kurz darauf legte er den Kopf in den Nacken und schlief ein.

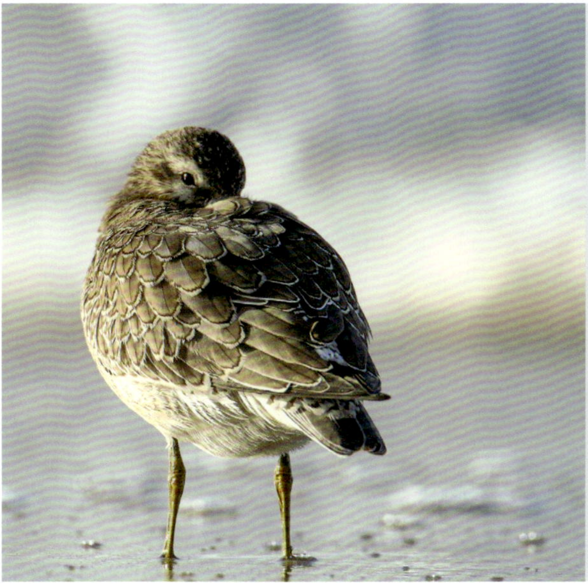

400 mm | f/8 | 1/320 s | ISO 100 – Solch ein Augenblick ist für mich ein magischer Moment. Der Knutt akzeptierte mich und duldete mich in seiner Nähe. So entstehen natürliche Fotos, wie ich sie mir wünsche.

GEDULD IST GEFRAGT

Beobachtest du eine kleine Gruppe Limikolen am Strand, ist es stets besser, diese an dich herankommen zu lassen, als ihnen entgegenzugehen. Setze dich einfach an den Strand und warte mit deiner Kamera, bis die Gruppe auf dich zukommt. Du wirst sehen, wie zutraulich die Vögel dann sind. So entstehen die besseren Bilder, da die Tiere viel entspannter sind und sich natürlicher bewegen, als wenn du sie vor dir hertreibst.

Der Vogelzug erfolgt nicht nur entlang der Küsten, ist jedoch hier am eindruckvollsten. Auch im Landesinneren gibt es Vogelzug-Hotspots und Orte, an denen du jedes Jahr viele Zugvögel beobachten und fotografieren kannst. Besonders der Kleinvogelzug und der Zug der Greifvögel erfolgen über das Festland.

Winter

Wintergäste

Nach den meist grauen, verregneten Novembertagen ist der Winter ideal zum Fotografieren. Die Sonne steht sehr tief, dadurch herrscht fast den ganzen Tag ideales Fotolicht. Der extrem kleine Einfallswinkel der Sonnenstrahlen ermöglicht dir schöne Farbwiedergaben und Lichtspiele. So kannst du eine längere Zeit des Tages im Winter bei Sonnenlicht fotografieren. Im Sommer wird das Licht nach aufgehender Sonne schnell hart, das heißt, Schatten bilden sich. Ein weiterer Vorteil der Winterfotografie sind intensive Wolkenbildungen, die eine diffuse Stimmung hervorbringen. Diese Stimmungen, gezielt fotografiert, lassen weiche und harmonische Bilder entstehen.

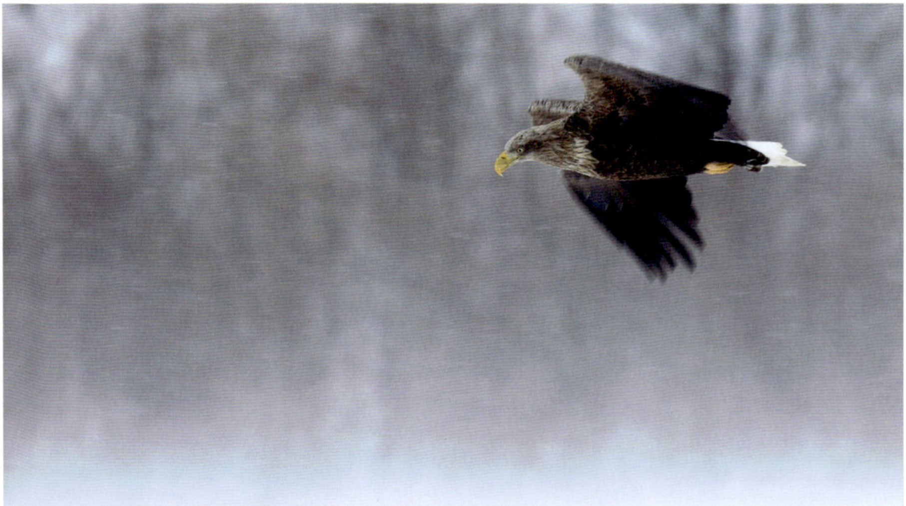

500 mm | f/9 | 1/400 s | ISO 200 – Ein Seeadler durchstreift sein Revier bei Schneefall

In schneereichen Wintern ergeben sich noch viele andere Möglichkeiten. Durch den Schnee, der das Licht reflektiert, bekommst du nicht nur Licht von oben, sondern auch von unten. Dies ist sonst nur bei sehr tief stehender Sonne möglich.

Bei fliegenden Vögeln werden durch die Reflexionen des Schnees die Flügelunterseiten ausgeleuchtet und geben dem Bild mehr Detailreichtum. Fotografiere so eine Szene einmal bei normalem Tageslicht und einmal bei tief stehender Sonne. Schnell wirst du den gravierenden Unterschied bemerken.

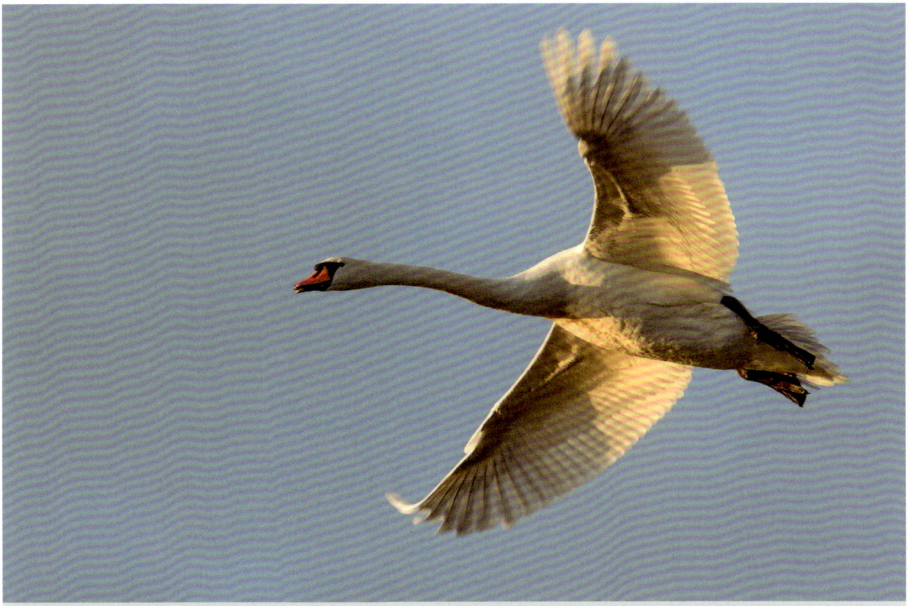

500 mm + 1,4x-Konverter | f/8 | 1/250 s | ISO 200 – Ein Höckerschwan im Landeanflug. Durch die tief stehende Sonne im Winter sind die Unterseiten der Flügel ausgeleuchtet, man erkennt fast jede Feder einzeln.

Ein weiterer Vorteil, bei Schnee zu fotografieren: Viele kleine, ablenkende Landschaftsdetails werden vom Schnee bedeckt, und der Blick kann sich ausschließlich auf das Tier konzentrieren. Die Motive werden so optimal freigestellt. Genauso funktioniert dies auch auf Eisflächen, überschwemmten Wiesen oder zugefrorenen Teichen und Seen. Die Eisflächen sind homogen weiß, was ein Freistellen des Tieres gut möglich macht.

Gute Plätze zum Fotografieren sind im Winter Plätze an Futterstellen. Diese können auch von dir selbst erstellt werden. Ebenfalls gut geeignete Stellen zur Anlage eines Fotoverstecks sind eisfreie Stellen an Gewässern, die teilweise zugefroren sind oder beim Abtauen des Eises als Erstes freiliegen. Dort landen meist Wasservögel zur Nahrungsaufnahme.

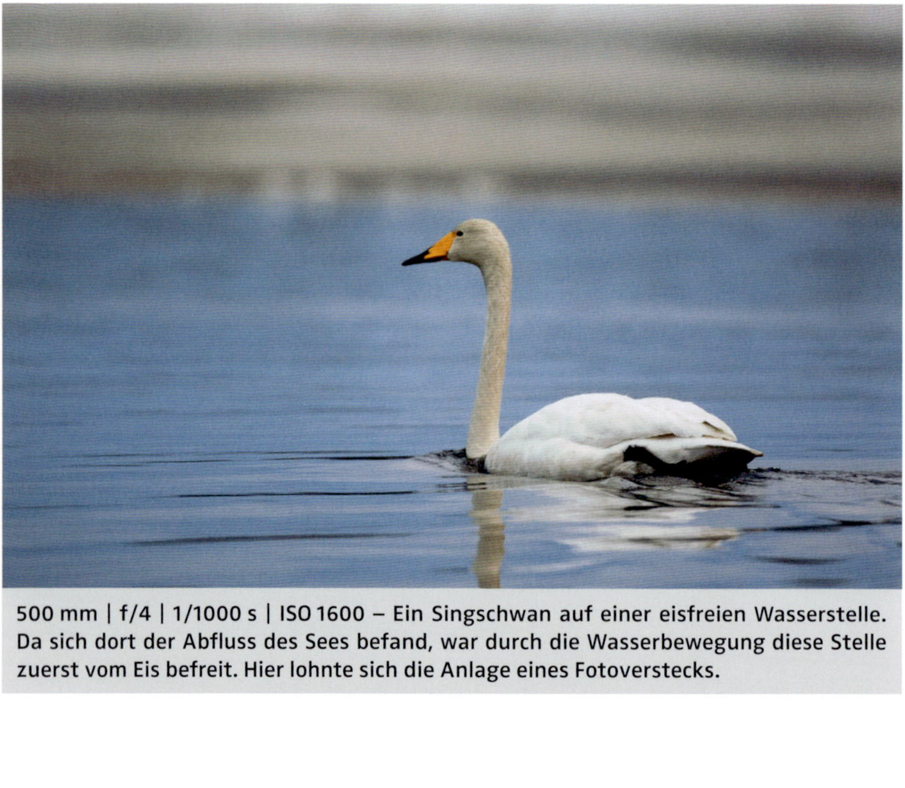

500 mm | f/4 | 1/1000 s | ISO 1600 – Ein Singschwan auf einer eisfreien Wasserstelle. Da sich dort der Abfluss des Sees befand, war durch die Wasserbewegung diese Stelle zuerst vom Eis befreit. Hier lohnte sich die Anlage eines Fotoverstecks.

WARM BLEIBEN

Die Temperaturen im Winter können bei der Ansitz-Fotografie sehr niedrig sein. Achte auf geeignete Kleidung und Schuhe für den stundenlangen Ansitz. Ich empfehle das Zwiebelprinzip, also Kleidung in mehreren Schichten. Sitzt du in deinem eigenen Versteck, ist das Aufstellen eines kleinen Gasbrenners von Vorteil. Ich nutze einen kleinen Brenner mit Gaskartusche in meinen Fotohütten.

Achte darauf, dass die Akkubetriebszeiten deiner Kamera bei Kälte viel kürzer sind als bei warmen Temperaturen. Du solltest immer einen Ersatzakku dabeihaben. Verstaue den Ersatzakku am besten direkt am Körper, damit er sich nicht entlädt. Des Weiteren solltest du bei Schneefall oder Schneesturm auf einen Objektivwechsel verzichten, um keine Feuchtigkeit oder Fremdpartikel in die Kamera zu bekommen. Ein Objektivwechsel sollte nur dann erfolgen, wenn Kamera und Raum die gleiche Temperatur haben.

Wenn du nach einer Fototour im Kalten in warme Räume kommst, lass die Fotoausrüstung im Rucksack, bis die Ausrüstung die Umgebungstemperatur angenommen hat. Das kann mitunter Stunden dauern! Ansonsten besteht die Gefahr, dass sich Kondensationswasser auf der Kamera und dem Objektiv bildet. Würdest du jetzt das Objektiv wechseln oder die Speicherkarte herausnehmen, gelangt Wasser ins Innere deiner Kamera. Dies hat eine kostspielige und aufwendige Reperatur zur Folge.

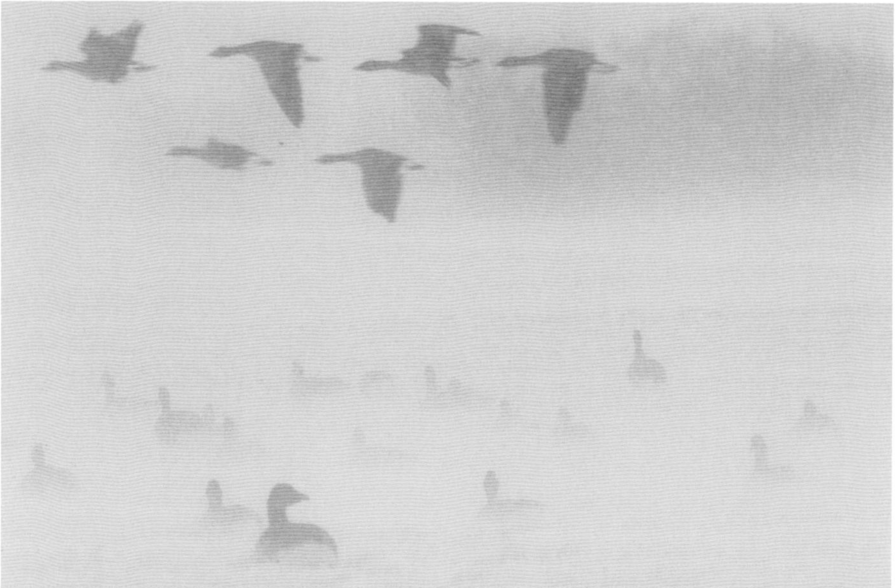

500 mm + 1,4x-Konverter | f/18 | 1/400 s | ISO 400 – Saatgänse im Schneesturm. Hier habe ich mich bereits im Auto für ein Objektiv entschieden, denn ein Objektivwechsel im Schneesturm wäre unmöglich gewesen.

Kraniche überwintern in den letzten Jahren verstärkt in Mecklenburg-Vorpommern. Gruppen von bis zu 150 Vögeln sind keine Seltenheit. Die Kälte ist für die Vögel meist nicht das Problem, solange Nahrung vorhanden ist. Werden die Vögel von Schneefall überrascht, der die letzten Nahrungsquellen überdeckt, sind auch sie gezwungen, in südlichere Regionen abzuwandern.

Die traditionellen Zugwege der Kraniche in die Extremadura nach Spanien verkürzten sich in den letzten Jahren deutlich. Jungkraniche neigen dazu, näher liegende Überwinterungsgebiete zu nutzen, während Altkraniche noch die bisherigen, weit entfernten Überwinterungsgebiete aufsuchen. Es bleibt spannend, ob Kraniche in ein paar Jahrzehnten noch auf die iberische Halbinsel ziehen werden, um dort zu überwintern.

Am Futterhaus

Je kälter der Winter ist, desto besser lassen sich die meisten Vogelarten beobachten und fotografieren. Einige lassen sich dann problemlos schon mit kleineren Objektiven am heimischen Futterhaus ablichten. Mit einer natürlichen Winterfütterung im Garten lockst du die Vögel in deinem Garten noch besser an. Eberesche, Holunder, Hagebutten und Mehlbeere sind einige Beispiele für beerenreiche Sträucher. Du kannst auch in deinem eigenen Garten ein Versteckzelt oder sogar eine feste Fotohütte aufbauen, um die Vögel in ihrer natürlichen Umgebung fotografieren.

Seidenschwänze fressen bei uns im Winter gern Beeren, die noch an den Bäumen oder Sträuchern hängen. Auch Äpfel, die nicht geerntet wurden, üben eine magische Kraft auf sie aus. Ich beobachte und fotografiere seit einigen Jahren Seidenschwänze im Winter in meinem Garten. Seidenschwänze sind Invasionsvögel und erscheinen bei uns in unregelmäßiger Anzahl. In manchen Jahren werden sie zu Tausenden in unserer Region beobachtet, meist aufgrund einer Kältewelle in Skandinavien und Nordrussland.

Auch andere Vögel bzw. Wintergäste profitieren von natürlich angelegten Beerensträuchern und Obstbäumen. Wacholderdrosseln, Rotdrosseln, Bergfinken, Erlen- und Birkenzeisige sind im Winter auf der Suche nach Nahrungsplätzen. Im Winter haben wir oft auch Gimpel aus Skandinavien zu Gast. Die Männchen sind im Gefieder satter rot gefärbt als unsere heimischen Gimpel und verraten dadurch ihre Herkunft.

Im Winter platziere ich das Futterhaus im Garten so, dass ich die Kamera über einen Infrarot-Auslöser von drinnen bedienen kann. Dazu befestige ich am Futterhaus einen fotogenen bemoosten oder mit Flechten bewachsenen Ast, auf dem die Vögel landen können. Befindet sich nur ein Anflugast am Futterhaus, werden die Vögel mit hoher Wahrscheinlichkeit dort landen, bevor sie ins Futterhaus fliegen.

Du stellst deine Kamera in drei bis fünf Meter Entfernung zu diesem Ast auf und fokussierst genau diesen Ast. Er muss genau in einer Schärfenebene liegen, damit du eine relative große Strecke des Astes zum Fotografieren abdecken kannst. Hast du den Ast mit dem Autofokus scharf gestellt, kannst du in den manuellen Fokus umschalten. So vermeidest du, dass die Kamera später beim Auslösen nicht einen anderen Fokuspunkt sucht.

Mit einem Infrarot-Auslöser kannst du nun das Futterhaus aus dem warmen Wohnzimmer beobachten. Sobald ein Vogel auf dem Ast erscheint, löst du die Kamera aus. Achte beim Einstellen des Bildausschnitts darauf, dass das Futterhaus nicht mit im Bild ist. So wirken deine Fotos natürlicher.

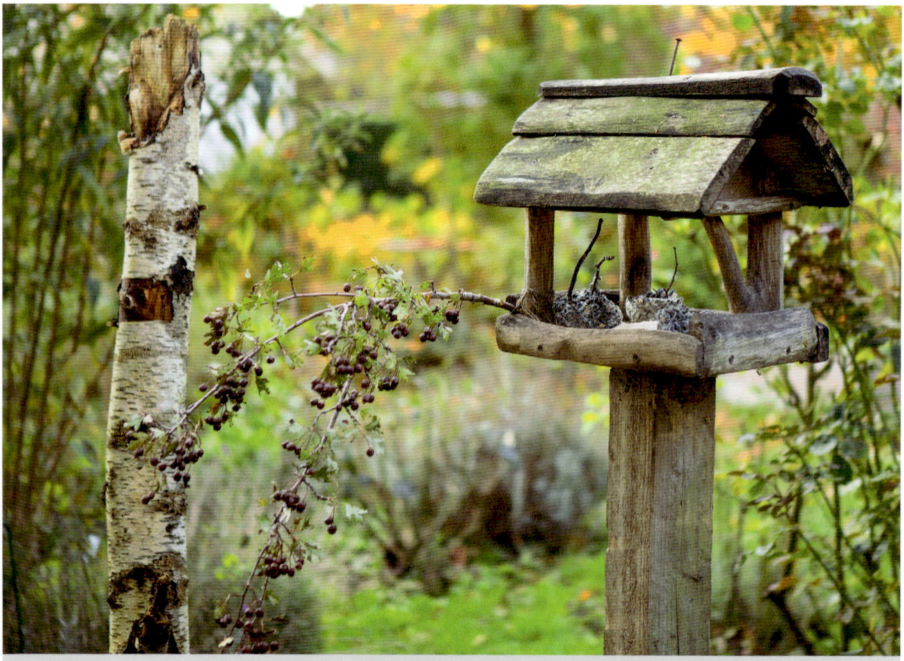

Anflugast und Baumstamm am Futterhaus. So kannst du natürlich wirkende Fotos entstehen lassen. Über den Infrarot-Fernauslöser ist die Kamera aus dem Zimmer bedienbar.

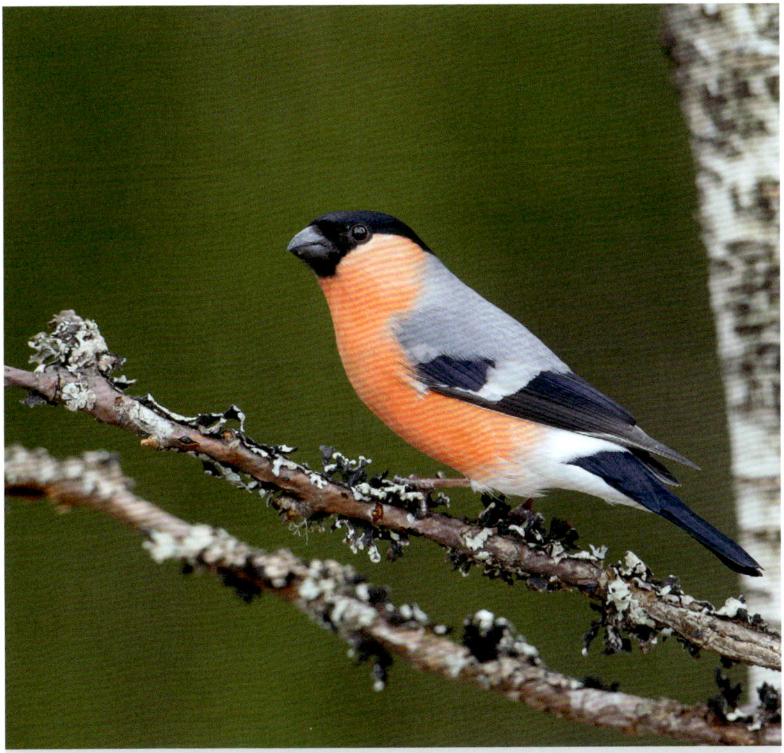

500 mm | f/8 | 1/250 s | ISO 800 – Nordisches Gimpelmännchen am Futterhaus. Den bemoosten Ast habe ich direkt dort angebracht. So sieht das Foto natürlich aus, weil ich das Futterhaus nicht direkt mit ins Bild zu nehmen brauchte.

Zusätzlich stelle ich neben dem Futterhaus noch einen morschen Baumstamm, in den ich Sonnenblumenkörner, Getreidekörner, Nüsse oder Sämereien hineindrücke. Diese sind für Kleiber, Spechte oder Eichhörnchen interessant. Oft picken sie lange an diesen Stellen herum, und ich kann diese Tiere in Ruhe fotografieren. Spechte und Eichhörnchen befinden sich oft in großen Höhen der Bäume und lassen sich auf Augenhöhe schwer fotografieren. Durch das Futter lockst du die Tiere auf Augenhöhe. So ergeben sich interessante Perspektiven zum Fotografieren.

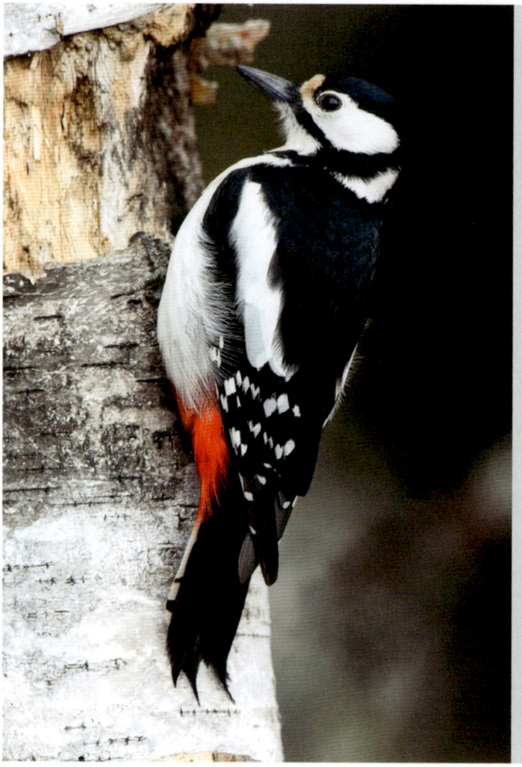

500 mm | f/8 | 1/400 s | ISO 800 – Buntspecht an meiner Futterstelle im Garten. Durch das Anlocken mit Futter ergibt sich die Möglichkeit, den Specht auf Augenhöhe zu fotografieren.

Säugetiere im Winter

Reizvoll ist immer das Fotografieren unter extremen Wetterverhältnissen. So entstehen Bilder, die nicht alltäglich sind und die man eventuell so noch nie oder selten gesehen hat. Solche Fotos vermitteln oft eine besondere Stimmung, die den Betrachter in ihren Bann zieht.

Wenn in der kalten Jahreszeit Schnee liegt, erscheint die Landschaft in einem einheitlichen Weiß. Ein großer Vorteil, denn so lassen sich die Tiere vor dem Hintergrund freizustellen. Außerdem werden sie durch das reflektierende Licht von allen Seiten optimal ausgeleuchtet und wirken auf deinen Fotos natürlicher.

Das Fotografieren unter extremen Wetterbedingungen stellt an uns und an die Technik gewisse Anforderungen. Nicht alle Tierfotografen sind begeistert, bei Schneesturm und Kälte mehrere Stunden im Fotoversteck oder in der freien Natur zu verbringen. Deswegen sieht man solche Fotos weitaus seltener. Tiere bei gutem Licht und Sonnenschein zu fotografieren, stellt eine geringere Herausforderung dar. Demzufolge sind diese Bilder auch sehr häufig zu sehen.

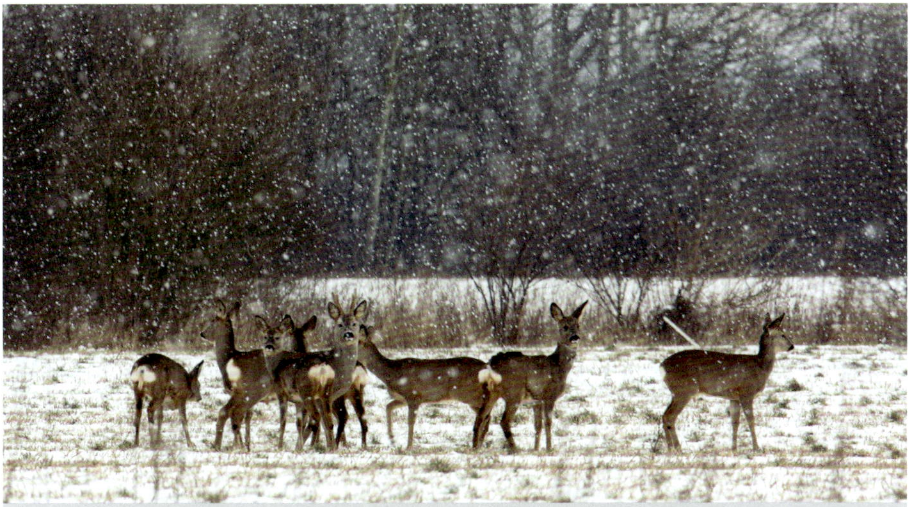

500 mm + 1,4x-Konverter | f/18 | 1/100 s | ISO 800 – Ein Sprung Rehe bei Schneefall auf einem Feld

Größere Anstrengungen, wie das Besteigen von Bergen oder das Übernachten bei Minusgraden im Zelt, um die Tiere bei Sonnenaufgang zu fotografieren, unternehmen eher wenige Naturfotografen. Hier gehört ein gewisser Enthusiasmus dazu. Oftmals aber entstehen so Bilder, die einmalig sind. Außerdem steht immer eine Geschichte hinter den Bildern, die für Vorträge oder Bildbände wichtig sind. Fordere dich als Fotograf und scheue keine widrigen Wetterbedingungen! Du wirst sehen, die Anstrengungen lohnen sich, und du machst ganz besondere, einmalige Fotos.

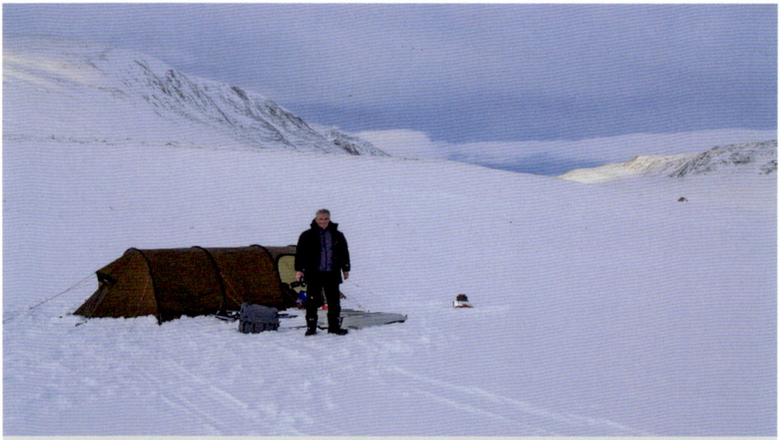

36 mm | f/22 | 1/40 s | ISO 200 – Eine Woche Zelten im Dovrefjäll bei –15 °C in der Hoffnung, Moschusochsen im Schnee fotografieren zu können …

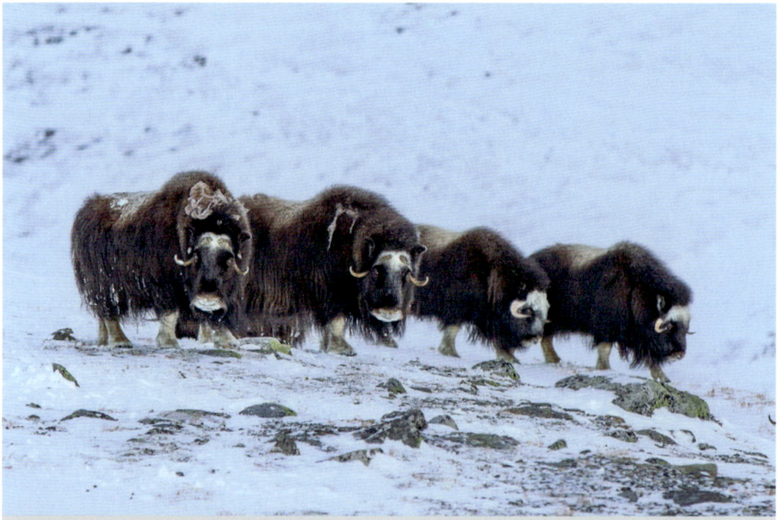

200 mm | f/4.5 | 1/400 s | ISO 800 – … für dieses Foto lohnte es sich, tagelang in der Kälte auszuharren!

TIERE IN SZENE SETZEN

Da ich überwiegend projektorientiert arbeite, nutze ich das gesamte Spektrum der Abbildungsarten von Tieren. Hier bieten sich vor allem die Porträt- und Actionfotografie an, aber auch Flugfotos stellen uns vor Herausforderungen. Wenn du mit deinen Fotos eine Geschichte erzählen möchtest, ist es von Vorteil, diese Darstellungsmöglichkeiten zu beherrschen. Was du dabei beachten musst, erfährst du in diesem Kapitel.

Porträts

Das Porträt des Tieres steht meist ganz oben auf der Wunschliste eines Tierfotografen. Um Porträts von Tieren in freier Wildbahn zu bekommen, benötigst du ein großes Teleobjektiv. Eine gute Alternative stellt die Porträtfotografie in einem Zoo, Wild- oder Vogelpark dar. Es ist durchaus legitim, wenn du deine Fotos dort machst, du solltest sie dann jedoch entsprechend kennzeichnen bzw. benennen.

IMMER AUF DAS AUGE SCHARFSTELLEN

Da die Tiere meist ruhig sitzen oder stehen, arbeitest du am besten mit nur einem Fokuspunkt, den du genau auf das Auge setzt. Die Augen sollten immer in der Schärfenebene platziert sein. So kannst du sicher sein, brilliante, scharfe Bilder zu erhalten.

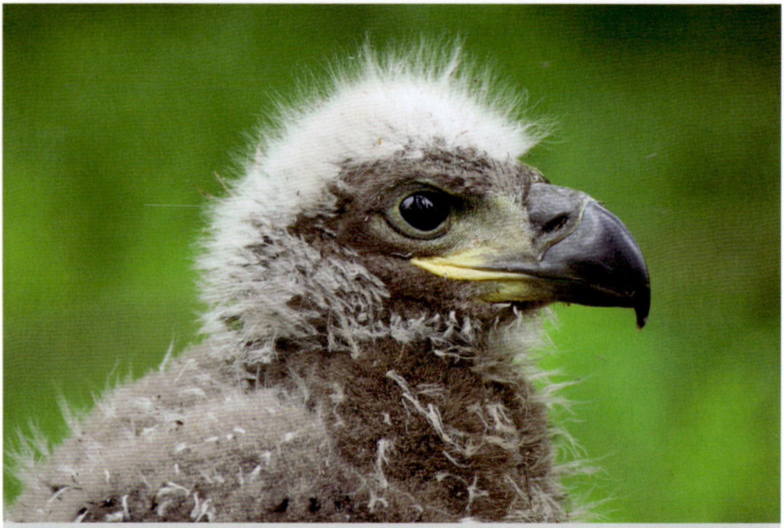

400 mm | f/5.6 | 1/100 s | ISO 800 – Mit einer Aufnahme im Profil kannst du nichts falsch machen. Dieser junge Seeadler ist ca. 30 Tage alt. Der einfarbig verschwommene, grüne Hintergrund hebt seine feinen Dunen besonders hervor.

In freier Wildbahn bedarf es Geduld und viel Zeit, Porträts von Tieren zu fotografieren. In Vogelparks und Zoos dagegen kannst du in Ruhe Kamera, Stativ und Bildaufteilung testen, da die Tiere immer vor Ort sind. Ein weiterer Vorteil, in einem Vogel- oder Tierpark zu fotografieren, besteht darin, dass du dir den Hintergrund häufig aussuchen kannst. Nachteilig sind die Öffnungszeiten der Zoos oder Wildparks: Im besten Morgen- oder Abendlicht haben die Parks meist geschlossen.

In Kolonien lebende Tiere kannst du oft sehr nah fotografieren, z. B. Porträts von Kormoranen, Basstölpeln, Papageitauchern, Möwen und Robben. So ist es möglich, beispielsweise das Leben einer artenreichen Vogelinsel zu dokumentieren und eine Geschichte zu erzählen. Das Porträtfoto ist dabei ein wichtiger Bestandteil.

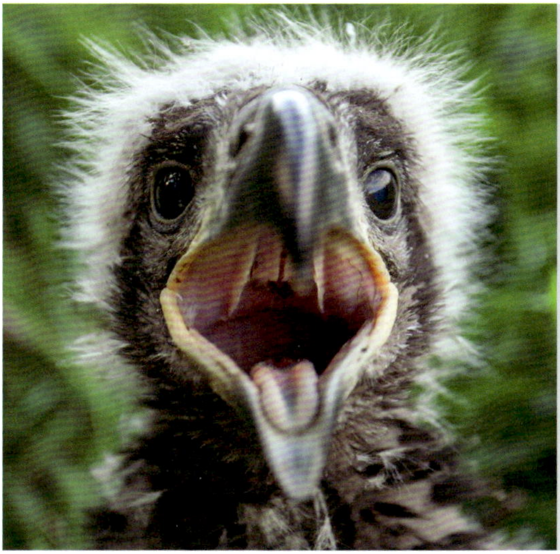

40 mm | f/4 | 1/60 s | ISO 100 – Auch die frontale Perspektive hat ihren Reiz. Das Foto wirkt durch den weit geöffneten Schnabel lebendig. Durch den Fokus auf die Augen erscheint der Schnabel im Vordergrund unscharf und bringt Tiefe ins Bild.

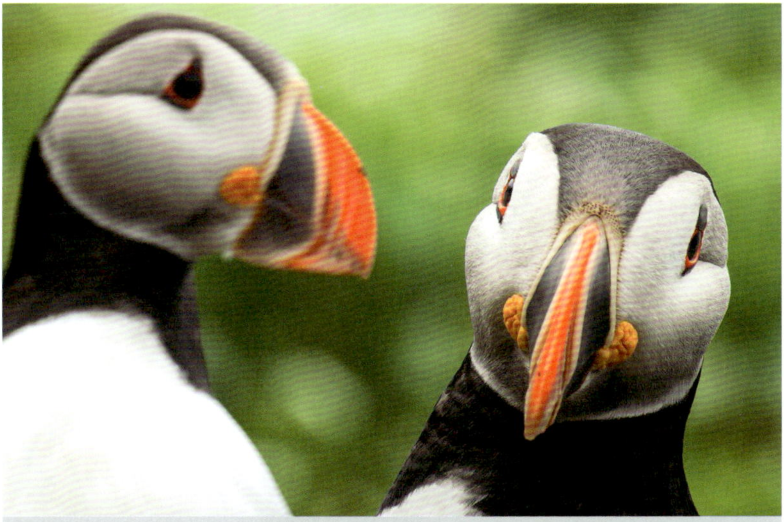

400 mm | f/11 | 1/320 s | ISO 400 – Zwei Papageitaucher, gleichzeitig von vorn und von der Seite, vor ihrer Nisthöhle. Der rechte Vogel ist scharf abgebildet (der Fokuspunkt liegt auf den Augen), der Partner liegt in der Unschärfenebene. Die schräge Kopfhaltung lässt das Foto lebendig wirken. Im Hintergrund verschwimmt der mit Blüten durchzogene Bruthang der Vögel.

Erst durch die Nähe zum Objekt sind bestimmte Details zu erkennen. Papageitaucher sind durch ihr markantes Aussehen beliebte Fotomotive. Der bunte Schnabel lädt regelrecht zur Porträtfotografie ein. Kolonien, wo du dich den Tieren bis auf wenige Meter nähern kannst, sind an mehreren Orten in Norwegen zu finden.

Mithilfe der Porträtfotografie kannst du auch die verschiedenen Alterskleider einer Vogelart oder der beiden Partner dokumentieren. Porträtaufnahmen sind detailreich. Viele Vogelarten lassen sich erst durch diese kleinen Details voneinander unterscheiden. Entscheidend für ein gutes Porträtfoto ist der einfarbige Hintergrund des Bildes.

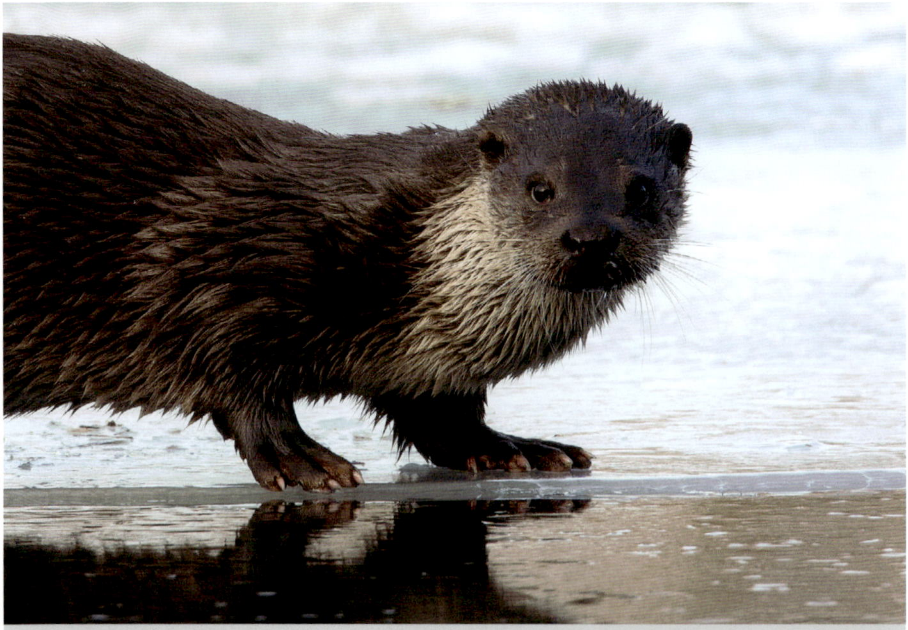

500 mm + 1,4x-Konverter | 1/125 s | f/14 | ISO 400 – Sind die Gewässer vereist, ist es möglich, die Spuren der Fischotter an Land und auf dem Eis zu verfolgen und an ihren Fraßplätzen anzusitzen

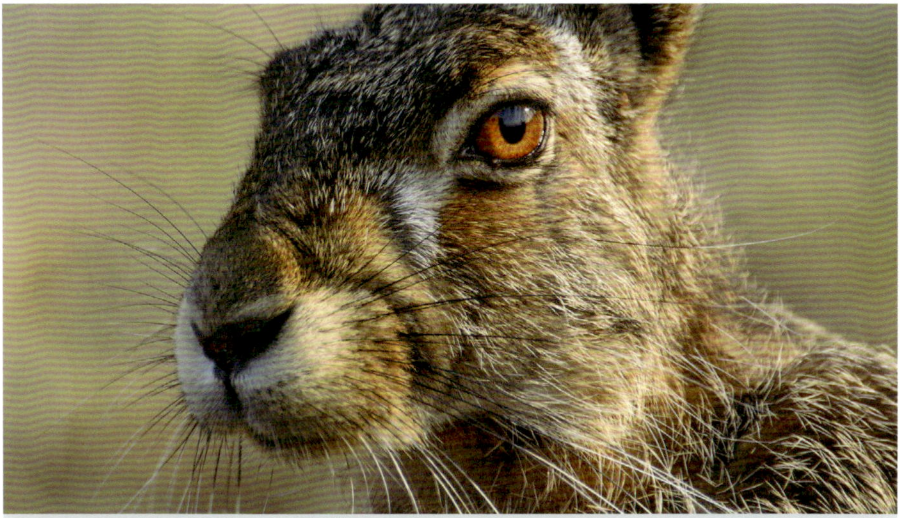

500 mm | 1/500 s | f/5.6 | ISO 400 – Porträt eines Feldhasen. Aus der Nähe sind die filigranen Barthaare detailreich zu sehen, auch die braune Farbe der Augen fällt dem aufmerksamen Betrachter sofort auf.

Wenn du mit der Porträtfotografie beginnst, wirst du anfangs dazu neigen, typische Darstellungen zu kopieren. Für Übungszwecke ist dies völlig legitim. Mit ausreichend Erfahrung wirst du experimentieren und neue Perspektiven ausprobieren. Das stellt für mich den Reiz der Porträtfotografie dar. Gerade in Vogelkolonien hast du dazu gute Möglichkeiten. Es lohnt sich, die Vögel auch einmal in ungewohnter Weise darzustellen. Wenn du mit deinen Fotos Geschichten erzählen willst, ist diese Art von Bildern besonders reizvoll. Unkonventionelle Sichtweisen auf die Tiere machen sie interessanter.

Ich persönlich finde Porträts am schönsten, die die Tiere in Aktion darstellen oder eine typische Verhaltensweise zeigen. Das kann bei der Nahrungsaufnahme, beim Gesang, während der Paarungszeit, der Brunft, beim Baden oder bei der Fell- oder Gefiederpflege sein. Die Augen hier scharf zu fokussieren, ist nicht immer einfach, da du bei der großen Brennweite, die du benötigst, meist eine kleine Schärfentiefe hast.

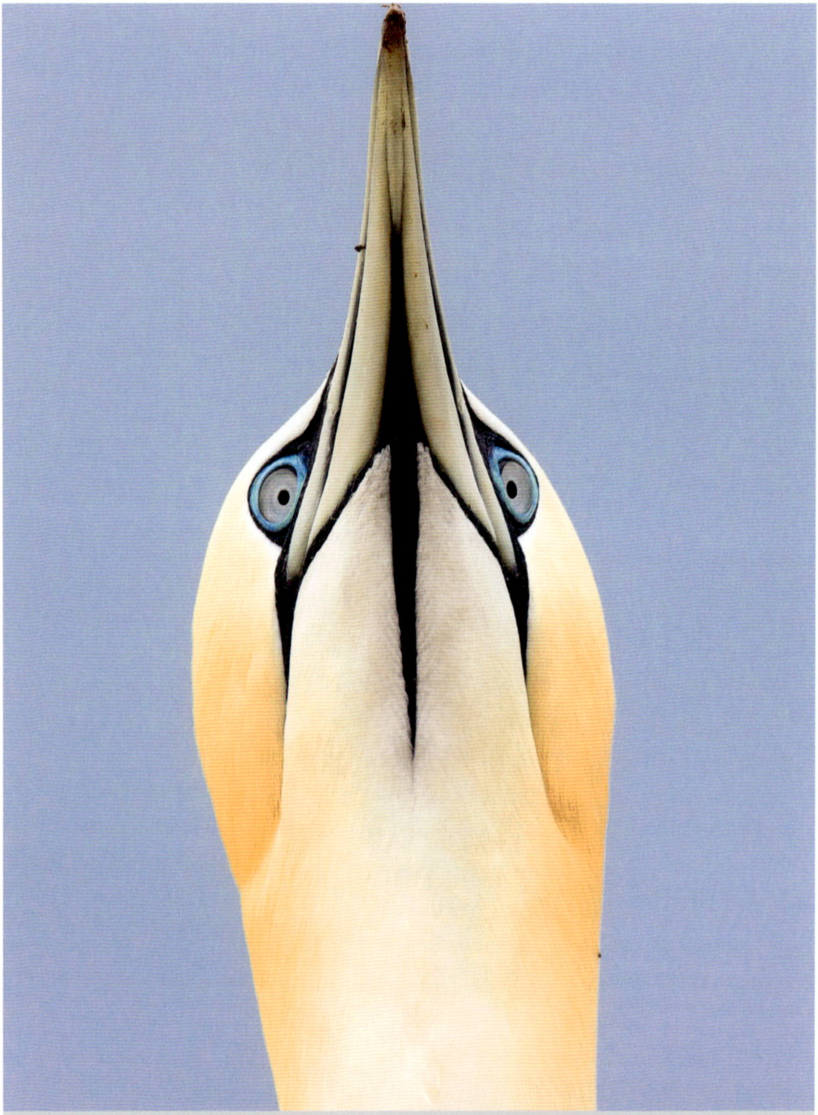

500 mm | f/13 | 1/200 s | ISO 800 – Ungewöhliche Perspektive: Basstölpelporträt in einer Kolonie auf der Insel Helgoland. Gegen den Himmel fotografiert ergibt sich ein schöner monochromer Hintergrund.

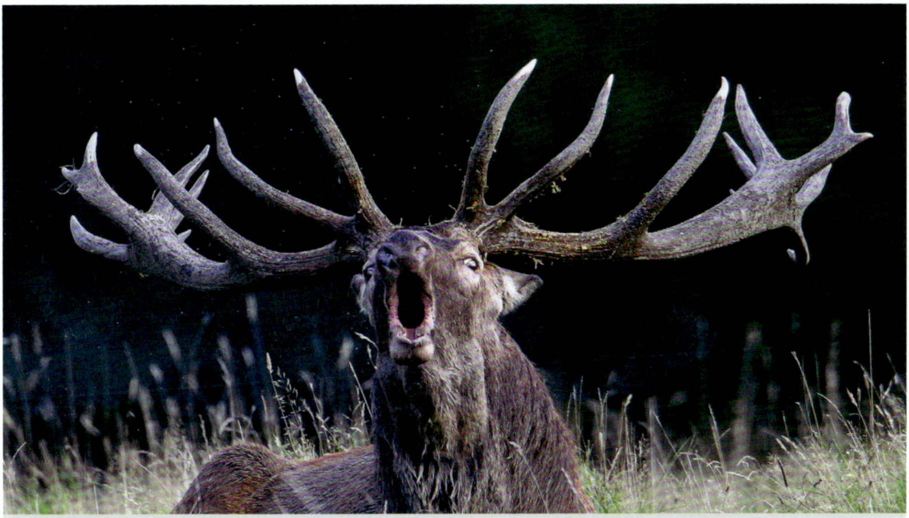

500 mm + 1,4x-Konverter | f/5.6 | 1/160 s | ISO 400 – Röhrender Rothirsch. Durch den dunklen Hintergrund in Geweihhöhe werden die den Hirsch umschwirrenden Mücken sichtbar.

Action

Actionfotografie im Tierreich kannst du bei den verschiedensten Aktivitäten einsetzen. Das kann die Balz der Vögel, die Nahrungsaufnahme, die Jagd, die Paarung oder der Vogelzug sein. Es gibt grob gesagt zwei Möglichkeiten, Actionfotos zu machen: Entweder willst du eine scharfe Aufnahme der gesamten Szene oder du nutzt bewusst Unschärfen, um dem Betrachter die Bewegung zu suggerieren.

Manche Bewegungen von Tieren sind so schnell, dass sie vom menschlichen Auge kaum erfasst werden. Solche Szenen lassen sich mit einer sehr kurzen Belichtungszeit einfrieren und können zur Dokumentation bestimmter Verhaltensweisen dienen. Dabei ist die benötigte Belichtungszeit abhängig von der Schnelligkeit der Bewegung.

Je schneller die Aktion des Tieres, umso kürzer muss die Belichtungszeit sein. Meistens ist diese Aktionsgeschwindigkeit abhängig von der Größe des Tieres. Ein kleines Tier bewegt sich in der Regel schneller als ein großes und benötigt somit eine kürzere Belichtungszeit. Das Einfrieren einer langsameren Bewegung wird einfacher, da die Belichtungszeit abhängig von dem zur Verfügung stehendem Licht ist.

Ein großer Vogel, z. B. der Seeadler, kann bei normalem Flug schon mit 1/400 s Belichtungszeit scharf abgebildet werden. Bei der kleineren Küstenseeschwalbe benötigst du bereits mindestens 1/1000 s, um zufriedenstellende Ergebnisse zu bekommen. Bei noch kleineren Singvögeln musst du schon mit 1/2500 bis 1/3200 s arbeiten, um sie bis in die Flügelspitzen komplett scharf abzubilden.

Um Bewegungen einzufrieren, nutze am besten ein lichtstarkes Teleobjektiv. So hast du genug Spielraum, die Belichtungszeit kurz zu halten und den ISO-Wert in einem vertretbaren Rahmen zu lassen. Bei zu hohen ISO-Werten nimmt das Bildrauschen je nach Kameramodell zu. In der Regel fotografiere ich bis zu einem ISO-Wert von 1600. Höhere ISO-Werte nutze ich nur für besondere Dokumentaraufnahmen.

Je größer die Brennweite deines Teleobjektivs ist, umso kürzer sollte die verwendete Belichtungszeit sein. So vermeidest du das Verwackeln deiner Aufnahmen. Die meisten Teleobjektive oder Kameras verfügen zusätzlich über eingebaute Bildstabilisatoren, die dem Verwackeln entgegenwirken und den Anteil scharfer Bilder deutlich erhöhen. Ich nutze den Bildstabilisator nur, wenn ich aus der Hand oder mit Einbeinstativ fotografiere.

GERINGERER ABSTAND, GRÖSSERE GESCHWINDIGKEIT

Achte darauf, dass die Geschwindigkeit des vorbeifliegenden oder-laufenden Tieres größer wird, je geringer der Abstand des Motivs zu dir ist. Mit diesem Wissen bist du optimal auf Flug- oder Actionfotografie vorbereitet. Übe dich auch hier in Geduld – es ist noch kein Meister von Himmel gefallen.

Scharfe Bilder

Das Bild auf der Folgeseite oben zeigt zwei Seeadler im Alterskleid beim Luftkampf. Ein Seeadler saß auf dem Eis und fraß an einem erbeuteten Fisch. Dabei beobachtete ich, wie ein zweiter Adler sich näherte und über dem bereits fressenden Adler kreiste. Sofort stellte ich an meiner Kamera eine kurze Belichtungszeit ein, da ich vermutete, dass sich ein Kampf anbahnte. Zusätzlich stellte ich den Serienbildmodus ein.

So konnte ich den Angriff und den Kampf der beiden Adler in einer ganzen Bildsequenz festhalten und am Ende das beste Foto auswählen. Auf dem Foto sind beide Adler scharf abgebildet und liegen in einer Schärfenebene. Durch die kurze Belichtungszeit sind auch die Flügel bis in die äußeren Spitzen scharf abgebildet.

Den mit der Gefiederpflege beschäftigten Kranich auf der nächsten Seite unten habe ich ebenfalls bewusst scharf fotografiert. Allerdings war hier keine so kurze Belichtungszeit notwendig, da der Kranich in der Endphase des Putzens seine Schwingen ausbreitete, um sich danach kräftig zu schütteln. Obwohl ich nur 1/400 s Belichtungszeit wählte, sind die Flügel bis in die Spitzen scharf abgebildet. Das warme Licht der Morgensonne beleuchtet die Unterseiten der Flügel, sodass die Federn detailreich wiedergegeben werden.

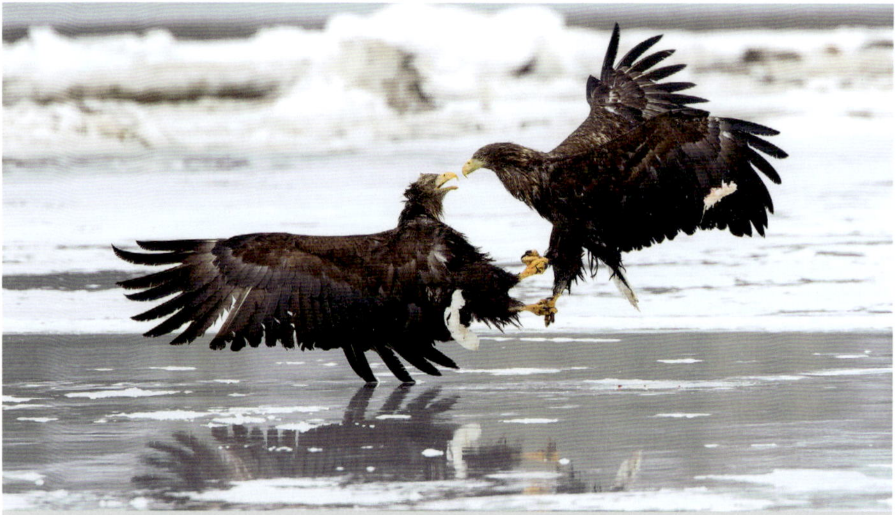

500 mm + 1,4x-Konverter | f/6.3 | 1/1600 s | ISO 400 – Zwei Seeadler beim Luftkampf

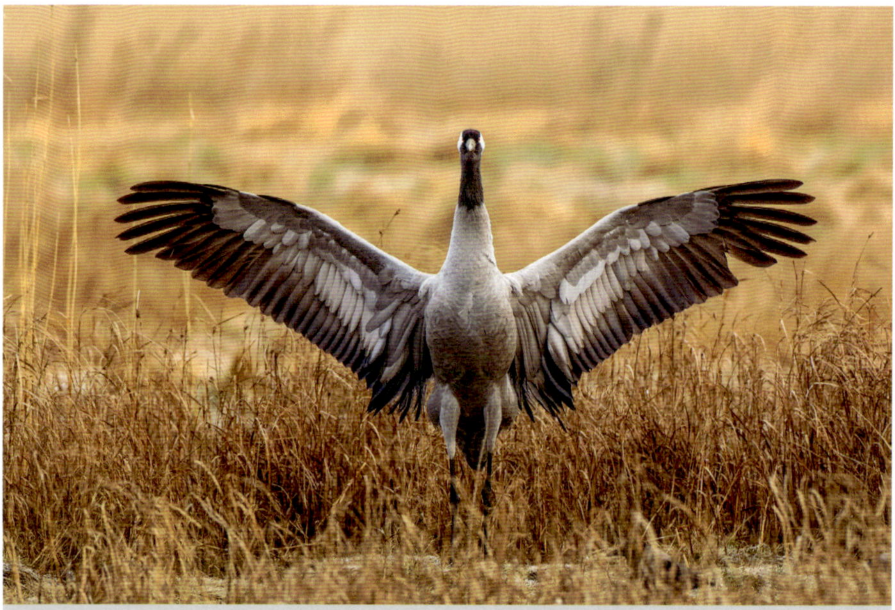

600 mm | f/5.6 | 1/400 s | ISO 1600 – Kranich beim Schütteln des Gefieders

DER KONTINUIERLICHE AUTOFOKUS

Benutze bei der Actionfotografie immer den kontinuierlichen Autofokus. Damit kannst du schnell fokussieren, denn deine Motive sind in ständiger Bewegung. Bei den AF-Punkten stelle ich immer auf das Feld mit neun Autofokuspunkten, da es in der Bewegung schwierig wird, mit nur einem Fokuspunkt den Kopf des Tieres zu erwischen.

Stelle an der Kamera stets die Serienbildfunktion ein, um so viele Bilder wie möglich von der Situation zu bekommen. Je mehr Fotos du von einer Aktion machst, um so höher ist die Wahrscheinlichkeit, dass dein perfektes Foto dabei ist.

Gewollte Bewegungsunschärfe

Statt gestochener Schärfe kannst du auch mit der sogenannten Bewegungsunschärfe spielen. Dafür wählst du die Belichtungzeit absichtlich etwas länger, um z. B. Flügelbewegungen zu verdeutlichen.

Die Lachmöwe im Landeanflug wollte ich scharf abbilden, jedoch gleichzeitig die Bewegung in den Flügeln darstellen. Hier reichte eine Belichtungszeit von 1/640 s. Der Kopf der Möwe ist scharf, die äußeren Handschwingen unscharf. Der Betrachter spürt förmlich die Bewegung, die von der Möwe ausgeht.

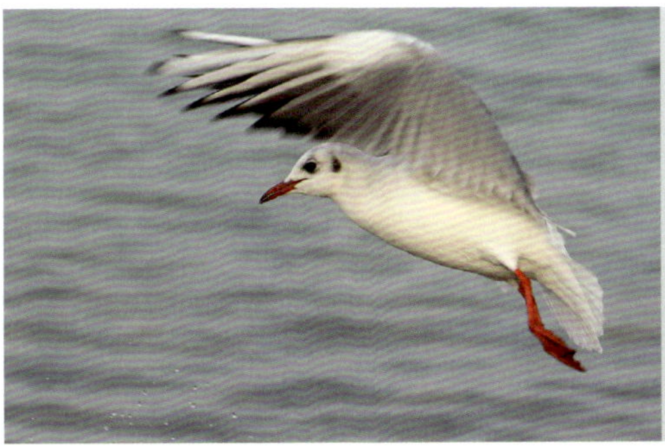

190 mm | f/5 | 1/640 s | ISO 200 – Lachmöwe im Ruhekleid beim Landeanflug

EXPERIMENTIERE MIT DER ISO

Bist du nicht sicher, mit welcher Belichtungszeit du das Tier in der von dir gewünschten Phase einfrieren oder in der Bewegung fotografieren willst, probiere im Modus A/Av (Zeitautomatik) verschiedene ISO-Einstellungen aus, um die entsprechende Belichtungszeit zu variieren.

Eine Schwierigkeit bei der Actionfotografie stellt der sich häufig ändernde Hintergrund beim Verfolgen des Objekts dar. Dadurch ändert sich nämlich auch ständig die Belichtungsmessung, da der Hintergrund für das Foto unberechenbar wird. Dabei ist es hilfreich zu wissen, dass Vögel fast immer gegen den Wind an- oder abfliegen. Ein Seeadler etwa, der Beute schlägt, wird dies in 99 Prozent der Fälle gegen den Wind tun. Mit diesem Wissen kannst du dich gut auf das Foto vorbereiten. Erfolgt die zu erwartende Aktion an einer bestimmten Stelle, ist es einfacher für dich, da sich der Hintergrund des Bildes während der Aktion nicht ändert. Du kannst diese Stelle genau anvisieren und den genauen Bildausschnitt vorher bestimmen.

Bei der Flussseeschwalbe bestand die Schwierigkeit darin, die Bewegung der Flügel vor dem ebenfalls sehr hellen Himmel freizustellen. Ich probierte mehrere Standorte aus, konnte aber zunächst keinen geeigneten Platz finden, von dem aus ich die Flügel der Seeschwalbe richtig in der Bewegung darstellen konnte. Dann flog der Vogel vor ein weit entferntes, reetgedecktes Haus. Das war der perfekte dunkle Hintergrund für mein gewünschtes Foto. Mit 1/40 s, die Kamera auf dem Stativ mit Videoneiger, konnte ich die Flügelbewegung perfekt abbilden. Dabei sind Kopf und Schnabel fokussiert.

Bei der Kopulation der Rothalstaucher auf der übernächsten Seite dauerte die Situation nur wenige Sekunden: Das Männchen springt aus dem Wasser, begattet unter lauten Rufen das Weibchen und springt über das Weibchen wieder zurück ins Wasser. Durch die etwas längere Belichtungszeit sind die Wasserspritzer als kleine Fäden erkennbar, ein bewusst gewählter Effekt.

DAS RICHTIGE OBJEKTIV

Für Actionfotos ist ein Telezoom besser geeignet als eine Festbrennweite. Während der Aktion können die Tiere ihre Entfernung zu dir verändern. Mit dem Telezoom bist du in der Lage, den Bildausschnitt zu bestimmen. Die Festbrennweite ist nicht flexibel und gibt dir den Bildausschnitt vor. Verwende möglichst ein lichtstarkes Objektiv und eine Blendeneinstellung um Blende f/5.6. So hast du noch genug Tiefenschärfe bei den Motiven und der Hintergrund wird unscharf abgebildet und verschwimmt zu einer homogenen Fläche.

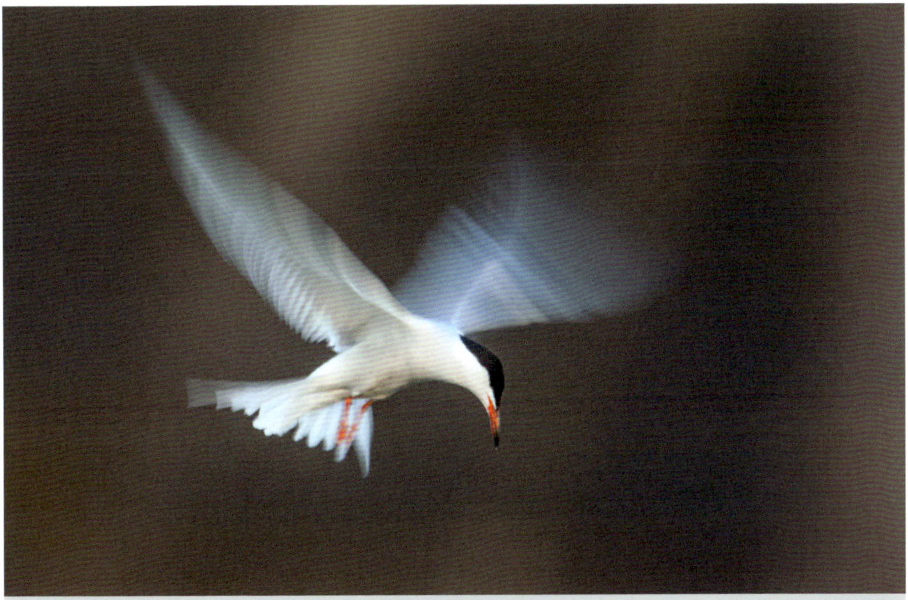

500 mm + 1,4x-Konverter | f/5.6 | 1/40 s | ISO 400 – Flussseeschwalbe im Rüttelflug auf Hallig Hooge

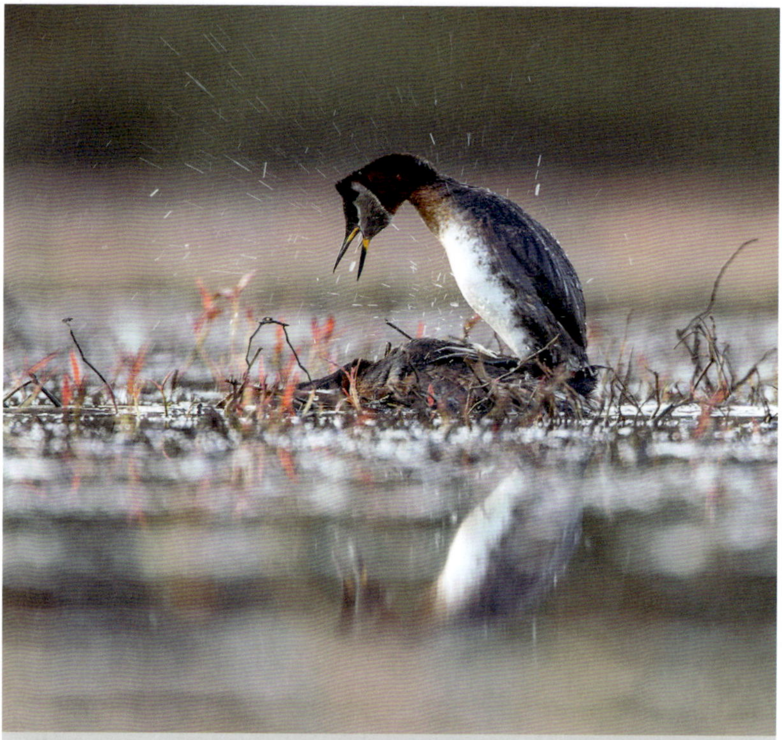

500 mm + 1,4x-Konverter | f/5.6 | 1/125 s | ISO 800 – Kopulation der Rothalstaucher

Mitzieher

Die besten Ergebnisse, um Tiere in der Bewegung zu fotografieren, erreichst du mit einem Stativ und einem Videoneiger. So ist ein geradliniges Mitziehen der Kamera einfacher. Aber auch Freihandaufnahmen können gelingen. Letztlich ist es eine Sache der Erfahrung, wie du zu deinen idealen Bildern gelangst. Ohne Stativ kannst du flexibler und beweglicher fotografieren. Achte bei solchen Aufnahmen darauf, dass sich ein Motiv im Hintergrund befindet, das verwischt werden kann. Ein einfarbig blauer Himmel als Hintergrund würde diesen Effekt nicht herbeiführen.

BEWEGUNG INS BILD BRINGEN

Bewegung bekommst du in dein Bild, indem du Teile des Tieres in der Bewegung zeigst und den Hintergrund durch Mitziehen der Kamera verwischen lässt. Die Fotos erhalten dadurch ein fast gemäldeartiges Aussehen.

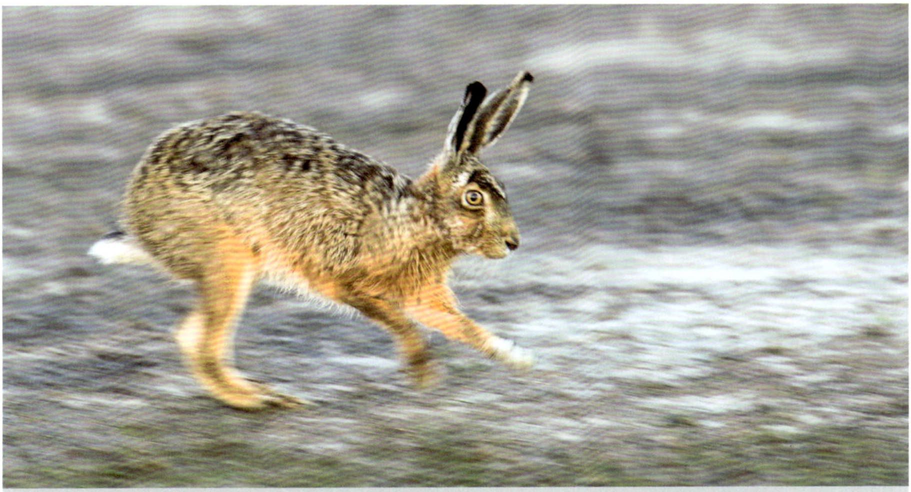

500 mm + 1,4x-Konverter | f/8 | 1/125 s | ISO 400 – Ein Feldhase hoppelt in mäßigem Tempo über einen Acker

Fotos mit dem sogenannten „Wischereffekt" zu machen, erfordert etwas Übung. Der Erfolg einer solchen Aufnahme ist abhängig von der Entfernung zum Motiv und der Bewegungsrichtung des Motivs. Willst du ein solches Foto gezielt aufnehmen, benötigst du Kenntnisse und Erfahrung über das Flugverhalten der Vögel, um die richtige Belichtungszeit einzustellen. Das ist je nach Vogelart verschieden. Ein kleiner Vogel hat meist eine größere Flügelschlagfrequenz als ein großer. Außerdem ist die Frequenz abhängig von der Situation, in der sich das Tier befindet. Ist der Vogel in einem leichten Landeanflug oder gerade im rasanten Beuteflug? Das kannst du aus

Erfahrungswerten in die Planung des Fotos einfließen lassen und erhöhst damit die Wahrscheinlichkeit, dein Wunschbild zu bekommen.

Gemäldecharakter

Eine andere Art, Tiere in Bewegung darzustellen, ist der Einsatz langer Belichtungszeiten. Dafür eignen sich die Morgen- und Abendstunden, wenn das Licht knapp wird. Der künstlerische Eindruck eines solchen Bildes überwiegt den dokumentarischen Inhalt des Fotos. Diese Fotos bekommen oft einen gemäldeähnlichen Charakter. Hier fotografierte ich mit Spiegelvorauslösung und Kabelauslöser. Mit ½ s Belichtungszeit sind kaum noch Kraniche scharf abgebildet. Lediglich die Konturen der im Wasser stehenden Vögel lassen die Kraniche als solche erkennen.

Das Experimentierfeld für diese Art von Fotos ist sehr groß und du kannst dich auch in diesem Bereich der Naturfotografie ausprobieren. Finde heraus, was dir am meisten Spaß macht, und experimentiere mutig – nur so findest du deinen ganz persönlichen fotografischen Stil.

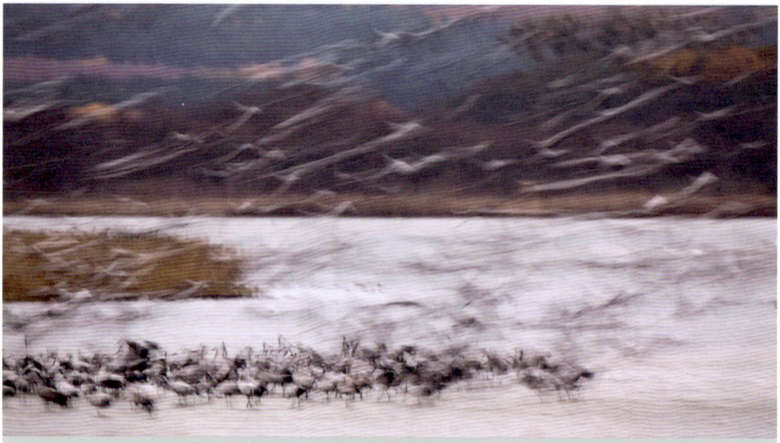

600 mm | f/5 | ½ s | ISO 1600 – Kranicheinflug am Schlafplatz

Im Flug

Der Flug der Vögel ist ein faszinierendes Schauspiel und übt auf Tierfotografen einen großen Reiz aus. So vielfältig die Vogelarten sind, so vielfältig kannst du sie auch im Flug darstellen. Die möglichen Flugfotos zeigen eine enorme Bandbreite. Vögel fliegen allein, in Formationen oder im Schwarm. Vögel kannst du beim Vogelzug, beim Beuteflug, beim Anfliegen oder Starten fotografieren. Die Motivpalette ist vielseitig, doch solltest du einige Grundregeln beachten, um gute Flugfotos zu bekommen.

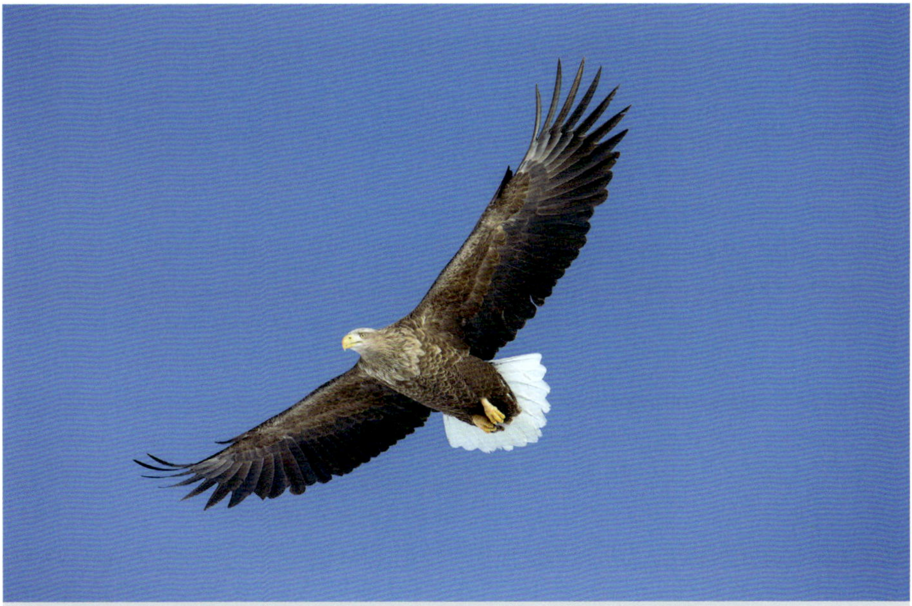

500 mm | f/8 | 1/2000 s | ISO 400 – Ein ausgewachsener Seeadler im Flug

Deutlich sind auf dem Bild oben die typischen Merkmale eines geschlechtsreifen Seeadlers zu erkennen. Der weiße Stoß, der gelbe Schnabel und das braune Gefieder sind kennzeichnend. Durch die kurze Belichtungszeit ist der ganze Seeadler scharf abgebildet. Der wolkenlose Himmel ergibt einen sattblauen Hintergrund für das Flugbild. Da es Winter war, sind die Flügelunterseiten durch die Lichtreflexion des Schnees besonders ausgeleuchtet.

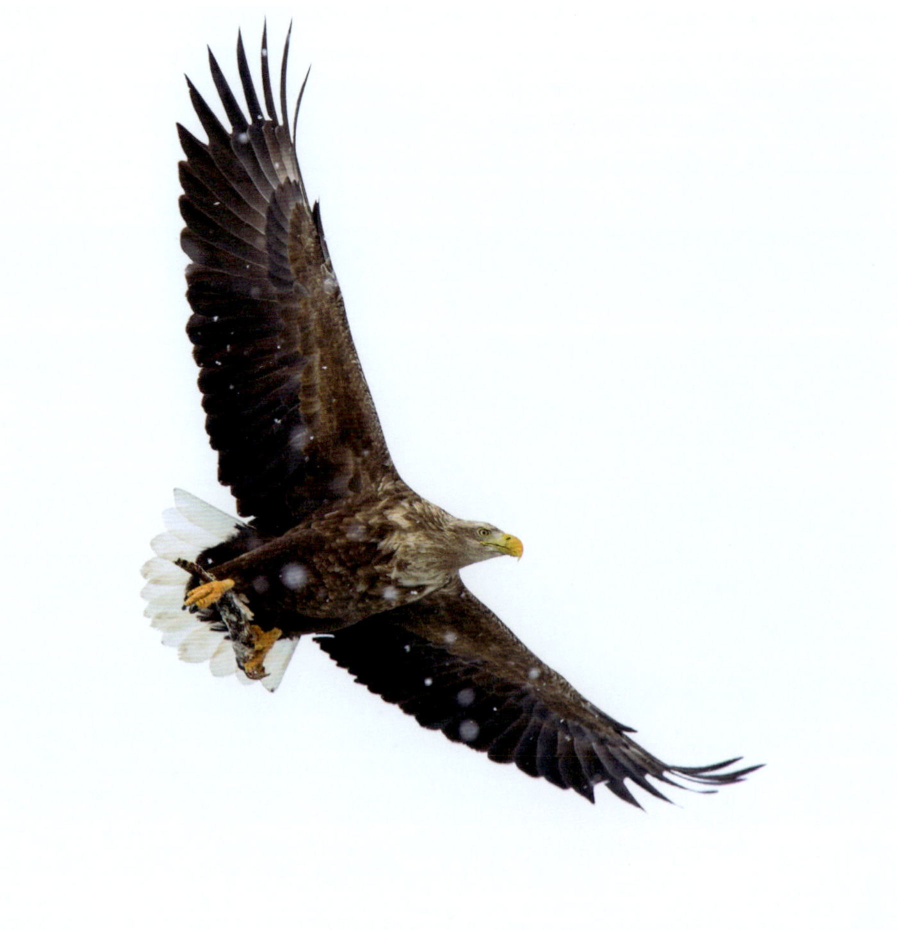

500 mm | f/9 | 1/400 s | ISO 200 – Seeadler kreist im Schneetreiben

Flugfotos bei Regen oder Schnee sind selten, da diese Wettersituationen nicht besonders einladend sind. Doch weckst du gerade mit solchen ungewöhnlichen Bildern das Interesse des Betrachters. Auf dem Bild links kreist ein adulter Seeadler im Schneetreiben über dem Luder. Der Autofokus hat zielsicher den Kopf des Adlers erfasst, das Auge des Vogels ist scharf abgebildet.

Das heftige Schneetreiben stellt an dich und die Technik hohe Ansprüche. Hier solltest du und die Ausrüstung gut vorbereitet sein. Warme Kleidung und ein Kameraschutz sind unabdingbar in extremen Wettersituationen.

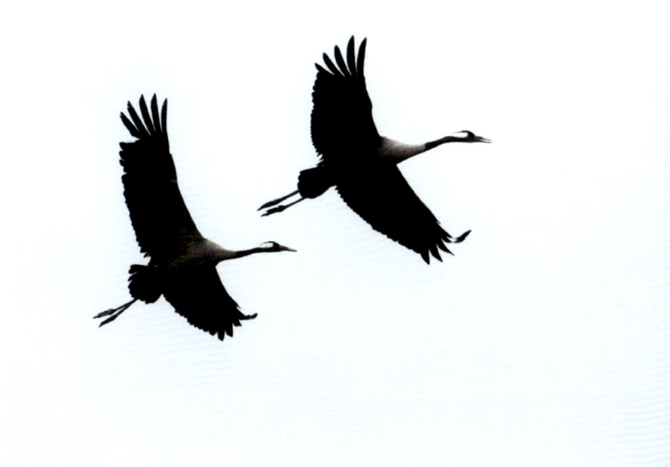

500 mm + 1,4x-Konverter | f/9 | 1/1000 s | ISO 320 – Fliegende Kraniche im Nationalpark Vorpommersche Boddenlandschaft. Durch die noch hoch stehende Sonne werden die Flügel nicht von unten beleuchtet, und du erhältst als Resultat fast Silhouetten.

UNRUHIGEN HINTERGRUND VERMEIDEN

Versuche, auch bei Flugaufnahmen einen möglichst homogenen Hintergrund auf dein Foto zu bekommen. Ein unruhiger Hintergrund lenkt von der Flugsituation des Vogels ab und wirkt auf den Gesamteindruck störend. Ausnahme: Du möchtest bewusst den Lebensraum der Vögel darstellen.

Während viele Vogelarten zur Brutzeit einzeln leben oder nur paarweise zu beobachten sind, kannst du Vögel im Winter und zu den Zugzeiten häufig in riesigen Schwärmen oder Verbänden antreffen. Aus diesen Schwärmen oder Flugverbänden einen guten Bildausschnitt zu erzielen, stellt dich aufgrund der Kürze der Zeit vor eine Herausforderung. Dabei solltest du darauf achten, dass am Rand des Fotos keine abgeschnittenen Teile von Vögeln zu erkennen sind. Du kannst das Foto auch später am Computer so zurechtschneiden, dass nur eine bestimmte Gruppe von Vögeln zu sehen ist.

Bei den Kranichen gehen die Paare eine lebenslange Partnerschaft ein und sind auch auf dem Zug ins Winterquartier als Familie zusammen. Deshalb kannst du innerhalb der Kranichverbände auch immer

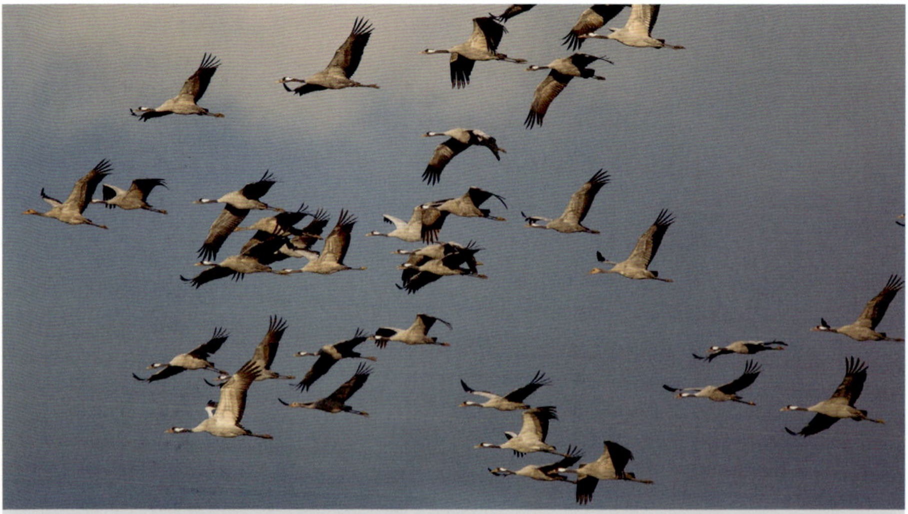

500 mm + 1,4x-Konverter | f/5.6 | 1/1250 s | ISO 200 – Ziehender Kranichtrupp. Obwohl bei dieser Situation das Licht perfekt war, wirkt die Aufnahme zu unruhig. Viele Kraniche überlappen sich oder sind am Bildrand abgeschnitten.

wieder Jungtiere entdecken. Dynamischer wirken Flugaufnahmen, wenn die Vögel diagonal durch das Bild fliegen. Versuchst du dann noch, mit einer längeren Belichtungszeit die Kamera mitzuziehen, erhältst du zusätzlich Dynamik im Bild durch die unscharfen Flügelspitzen. Idealerweise fliegen die Vögel von unten links nach oben rechts im Foto. So wird das Auge harmonisch durch das Bild geführt.

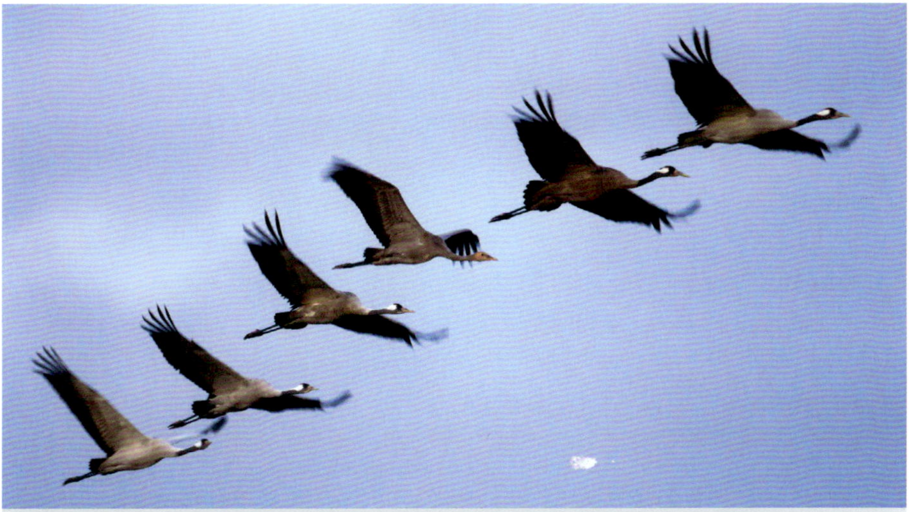

500 mm | f/4 | 1/100 s | ISO 3200 – Hier habe ich aus einem großen Kranichverband eine kleine Gruppe seperat freigestellt und dabei darauf geachtet, dass die Vögel in einer Reihe fliegen und sich nicht überlappen

Spannend und attraktiv kann es auch sein, Vögel im Flug von oben zu fotografieren. Dazu musst du auf einer Höhe mit den Vögeln sein bzw. dich über den Vögeln befinden. Das ist landschaftstechnisch selten gegeben, aber gerade in Vogelkolonien oder an Luderplätzen hast du die Möglichkeit, auch einmal auf Augenhöhe oder Vögel von oben im Flug zu fotografieren.

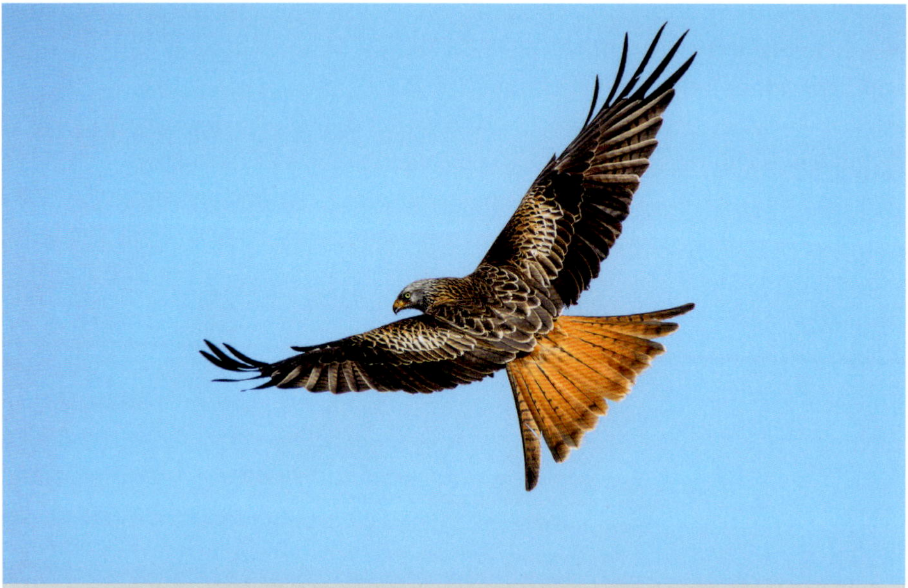

600 mm + 1,4x-Konverter | f/5.6 | 1/1000 s | ISO 100 – Vor meiner Tarnhütte versucht ein Roter Milan, Beute zu schlagen. Bei solchen Flugmanövern ist es möglich, die Greifvögel auch von oben zu fotografieren. Das warme Licht am frühen Morgen hebt die einzelnen Federn der Flügeloberseiten besonders hervor.

Nutze auch immer die besonderen Landschaftsformen und Lichtverhältnisse vor Ort. Beim folgenden Bild habe ich mich auf einem Hang positioniert, wo die Papageitaucher direkt gegen die Morgensonne landeten. Dabei erscheint der Papageitaucher im intensiven, satten Morgenlicht. Das Meer liefert den einfarbig blauen Hintergrund. Durch die tief stehende Sonne habe ich eine kleine Lichtreflexion ins Auge des Tauchers bekommen.

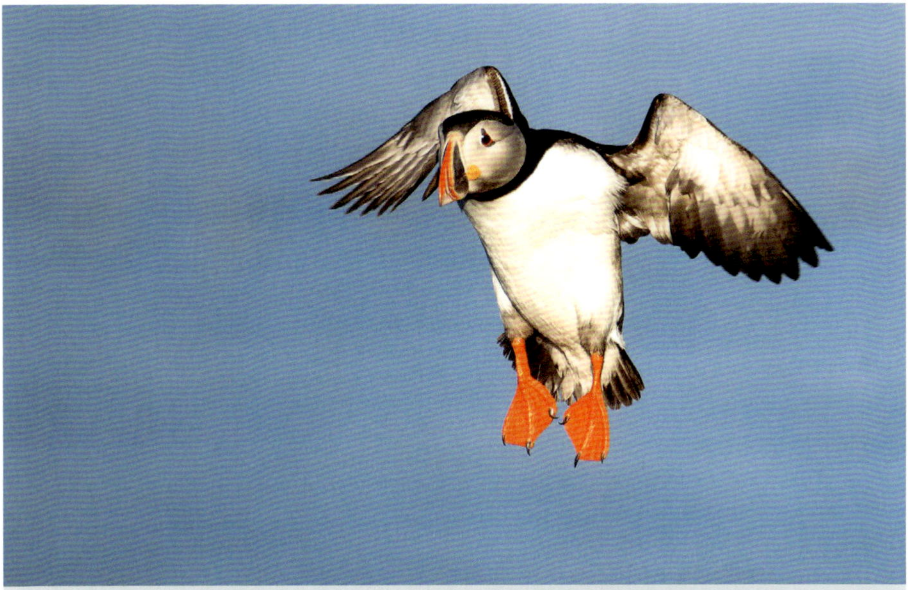

400 mm | f/5.6 | 1/4000 s | ISO 800 – Anfliegender Papageitaucher im Morgenlicht. Durch die kurze Belichtungszeit ist der Vogel scharf bis in die Flügelspitzen abgebildet.

Ebenfalls beliebte Fotomotive von fliegenden Vögeln sind Aufnahmen, die die Vögel vor der auf- oder untergehenden Sonne oder dem Mond zeigen. Gerade bei Vollmond ist genug Licht vorhanden, um gute Flugaufnahmen gegen den Himmel zu bekommen. Das gibt dem Bild eine ganz besondere Stimmung. Für solche Aufnahmen versuche ich im Vorfeld zu beobachten, welche Vogeltrupps genau in die Richtung des aufgehenden Mondes fliegen. Diese verfolge ich dann mit dem Autofokus, bis der Mond passiert wird, und mache dann meine Aufnahmen. So habe ich die Vögel immer scharf im Fokus und kann sie scharf vor dem Mond abbilden.

Meist zeigt sich die Sonne am Morgen zu grell, um Aufnahmen mit Sonne und Kranichen zu erarbeiten. Hier bietet sich an, die Landschaft mit ins Bild einzubeziehen und die Vögel vor dem eigentlichen Aufgang der Sonne zu fotografieren.

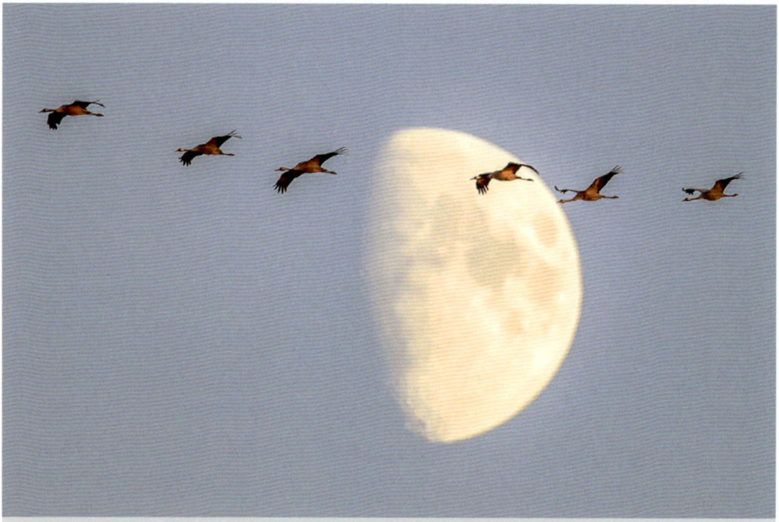

500 mm + 1,4x-Konverter | f/5.6 | 1/800 s | ISO 800 – Kranichzug vor dem Mond im Nationalpark Vorpommersche Boddenlandschaft

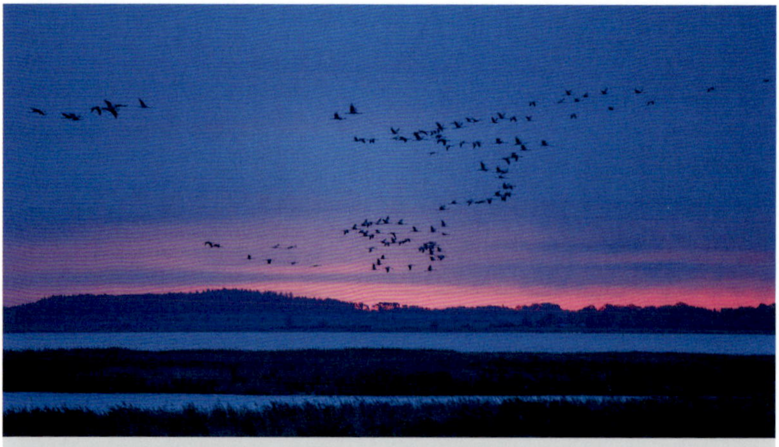

200 mm | f/2.8 | 1/125 s | ISO 3200 – Kraniche beim morgendlichen Abflug vom Schlafplatz im Nationalpark Vorpommersche Boddenlandschaft. Hier habe ich die Landschaft bewusst mit ins Bild einbezogen.

BILDGESTALTUNG

Endlich das gewünschte Motiv im Sucher zu haben, ist erst die halbe Miete. Licht, Vorder- und Hintergrund und die Perspektive sind wichtig, um überhaupt Spannung in ein Bild zu bringen. Wie du ein Bild so aufbaust und gestaltest, dass es eine Geschichte erzählt, erfährst du in diesem Kapitel.

Das richtige Licht

Schon der Gruß der Naturfotografen „Gut Licht" weist darauf hin, dass das Licht beim Fotografieren ein ganz wesentliches Gestaltungsmittel ist. Die Kunst, ein gutes Foto zu machen, besteht darin, das Motiv so darzustellen, dass Farben und Licht sich harmonisch zusammenfügen. Die Wirkung eines Bildes ist stark abhängig von der Lichtstimmung, die im Laufe eines Tages sehr schnell wechseln kann. Wenn du in der Lage bist, diese ungefähr vorherzusehen, kannst du dich besser auf ein Foto vorbereiten und zur richtigen Zeit am richtigen Ort sein.

Die Tageszeit

Das beste Licht für Naturfotos bietet sich meist eine Stunde vor bis zwei Stunden nach Sonnenaufgang am Morgen und eine Stunde vor bis eine Stunde nach Sonnenuntergang. Dann ist es weich und zaubert die schönsten Farben aufs Foto. Das Mittagslicht ist weniger geeignet, da die Sonne dann zu hoch steht. Es kommt zu starken Kontrasten und unschönen Schattenbildungen. Je höher die Sonne steigt, umso mehr wird dieser Umstand verstärkt: Fotografierst du in der Nähe des Äquators, ist die Zeit zum Fotografieren am Morgen bzw. Abend am kürzesten, da dort die Sonne sehr schnell steigt bzw. sinkt.

Am häufigsten findet das Licht als Gestaltungsmittel seine Anwendung, wenn es frontal auf das Motiv scheint, du also das Licht im Rücken hast. Frühmorgens bist du an Teichen, Seen oder an viel begangenen Stränden meist noch allein unterwegs und kannst in Ruhe fotografieren. An den Stränden sind fast das ganze Jahr über Limikolen auf dem Durchzug unterwegs. Die meisten Greifvögel jagen frühzeitig am Morgen bei aufgehender Sonne.

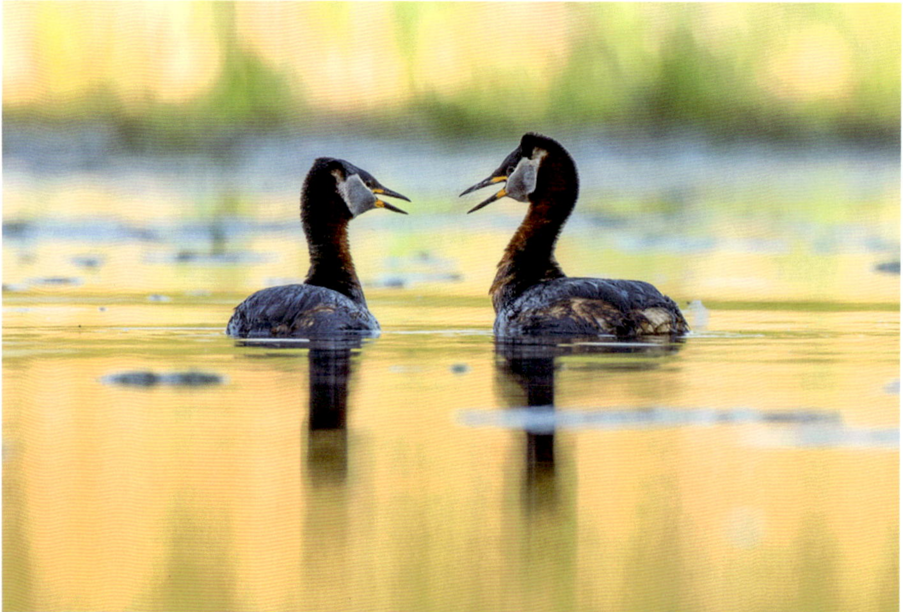

600 mm | f/8 | 1/400 s | ISO 400 – Das Licht im Rücken: Rothalstaucher im schönsten Morgenlicht

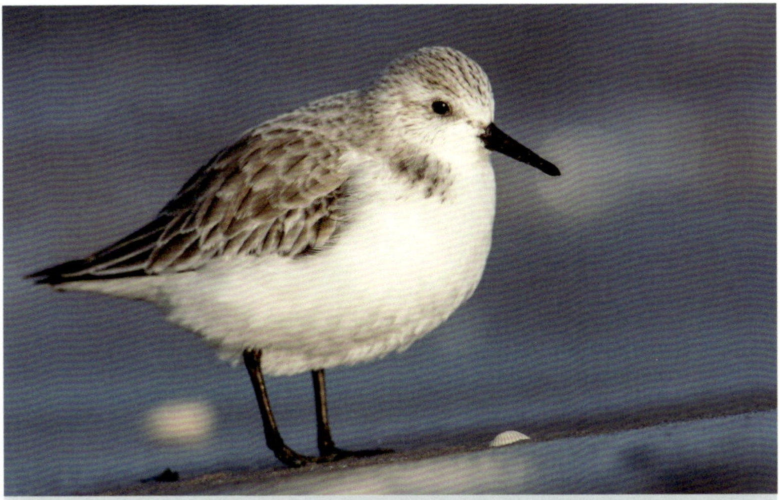

500 mm + 1,4x-Konverter | f/8 | 1/1600 s | ISO 400 – Sanderling am Strand im Nationalpark Vorpommersche Boddenlandschaft. Die tief stehende Sonne zaubert einen Glanzpunkt in das Auge des Vogels.

DAS MORGENLICHT NUTZEN

Nutze das Morgenlicht zum Fotografieren. Sei bereits ungefähr eine Stunde vor Sonnenaufgang vor Ort, um mit dem Fotografieren zu beginnen. Überwinde deinen inneren Schweinehund, du wirst es nicht bereuen! Die ersten Stunden des erwachenden Tages sind die schönsten. Hast du dann noch ein schönes Motiv vor der Kamera, ist der Tag perfekt.

Oftmals ist es günstig, direkt vor Ort zu übernachten, in der Ansitzhütte oder im Tarnzelt. Dann ersparst du dir den mühevollen Anmarsch am Morgen bei noch völliger Dunkelheit. Zu deiner Ausrüstung sollte unbedingt eine Stirnlampe gehören. So kannst du bei Dunkelheit alle Einstellungen an der Kamera und der übrigen Ausrüstung vornehmen und hast die Hände frei zum Arbeiten. Mit zunehmender Routine wirst du diese Handgriffe auch bei Dunkelheit spielend vornehmen können.

Ich fotografiere Tiere auch gern im seitlichen Gegenlicht. Dies verleiht dem Foto eine außergewöhnlichere Stimmung als im Frontallicht. Suche dir im Vorfeld bereits einen Platz aus, von dem du bei Sonnenaufgang den perfekten Standort zum Fotografieren haben wirst.

Lichtreflexe

Um besondere Lichtreflexe einfangen zu können, nutze eine offene Blende. Je offener du die Blende wählst, umso kreisrunder werden diese Reflexionen. Auf dem Beispielbild geben diese gleichzeitig ein Gegengewicht zu dem Meerstrandläufer, das Foto wirkt dadurch ausgewogen. Tipp: Nutze beim Fotografieren gegen das Licht immer die Gegenlichtblende des Objektivs. Ansonsten können zusätzliche, unerwünschte Reflexionen auf dem Foto entstehen.

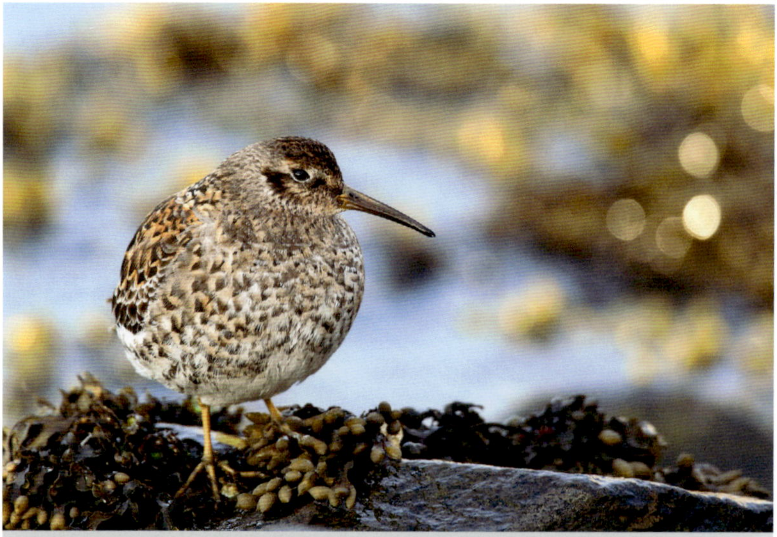

500 mm + 1,4x-Konverter | f/6.3 | 1/250 s | ISO 800 – Nach der Nahrungssuche ruhte der Strandläufer auf einem Stein. Ich wählte meinen Standort so, dass ich leichtes Gegenlicht hatte. Durch die weit geöffnete Blende ergaben sich rechts im Bild schöne runde Lichtreflexionen, bedingt durch den feuchten Tang am Strand, der von der Morgensonne angestrahlt wurde.

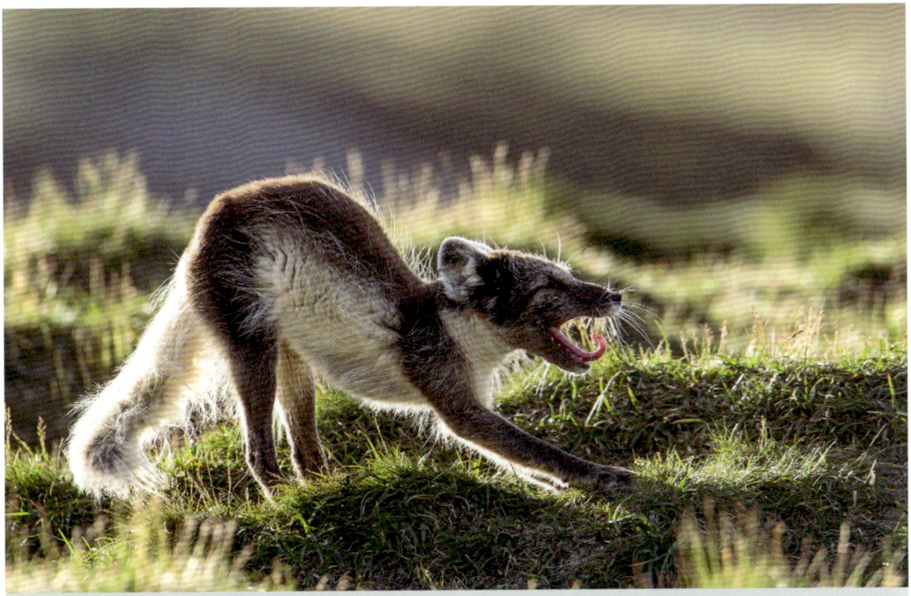

500 mm + 1,4x-Konverter | f/6.3 | 1/400 s | ISO 400 – Morgendliche Dehnübung eines Polarfuchses im Sommerfell. Die feinen Härchen wären mit Frontallicht nie zu sehen gewesen.

Lichtsäume

Fotografierst du mit seitlichem Gegenlicht, entstehen auch reizvolle Lichtsäume um dein Motiv herum. So werden die Konturen der Tiere betont bzw. überhaupt erst sichtbar. Dafür eignet sich am besten die gerade aufgehende Sonne oder das Licht vor Sonnenuntergang.

Achte immer darauf, dass die strahlende Sonne nicht direkt im Bild ist, sondern seitlich außerhalb oder direkt hinter dem Motiv. Die Sonne selbst wird meist nur als weißer Fleck dargestellt und ist in den Lichtern zu grell. Besonders gut kommen die Lichtsäume bei homogenem Hintergrund zur Geltung.

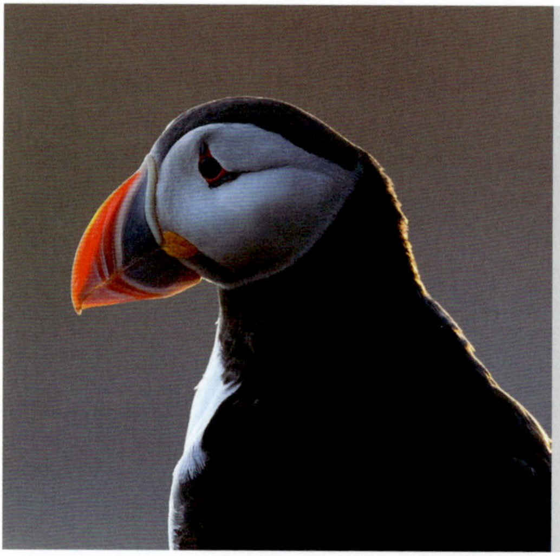

500 mm + 1,4x-Konverter | f/7.1 | 1/100 s | ISO 800 – Papageitaucher mit feinem Lichtsaum auf der rechten Körperseite. Zusätzlich wird der Schnabel von schräg hinten angeleuchtet, sodass sich dort ebenfalls ein leuchtender Rand bildet, der als Blickfang dient.

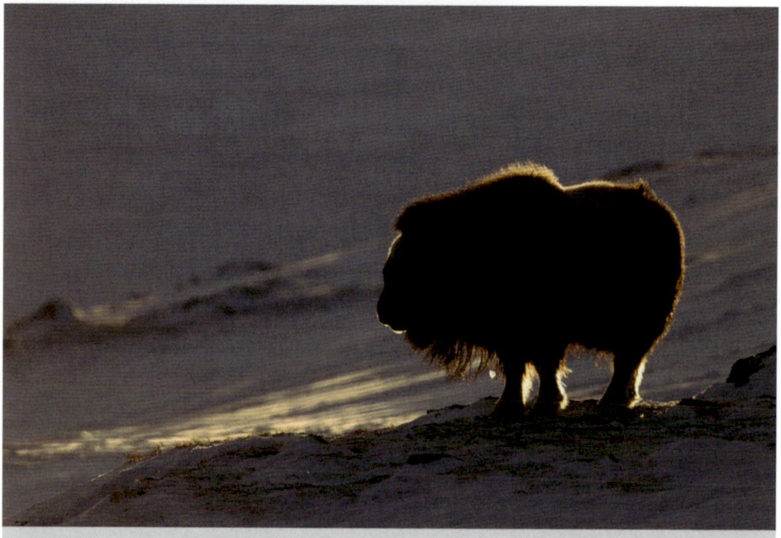

500 mm + 1,4x-Konverter | f/6.3 | 1/640 s | ISO 200 – Moschusochse im ersten Licht des Tages. Bei dem Foto kam das Licht von rechts oben, also von ca. „14 Uhr".

Gegenlicht

Viele Tierfotografen nutzen die Möglichkeiten der Gegenlichtfotografie nicht aus und fotografieren ausschließlich mit dem Licht im Rücken. Dies beobachte ich häufig in meinen Workshops. Doch gerade hier kannst du sehr kreativ sein und immer wieder neue Blickwinkel zu den Tieren erschließen.

Die auf- bzw. untergehende Sonne kannst du meist am besten einsetzen, wenn du in einer Tarnhütte, einem Tarnzelt oder in einer Vogelkolonie mit sehr vielen Exemplaren bist. Auch bei der Fotografie aus dem Auto lässt sich mitunter die Position so wechseln, dass du den gewünschten Standpunkt zur Sonne einnehmen kannst. Ansonsten bist du oft auf spontane Situationen angewiesen, wo das Tier genau im richtigen Lichtmoment am richtigen Ort steht und der Einfallswinkel der Sonnenstrahlen perfekt ist.

Manchmal kannst du mithilfe des Gegenlichts auch nur bestimmte Körperpartien eines Tieres beleuchten, die man sonst nie so wahrgenommen hätte. Das Durchscheinen von feinen Federn ist ein spezielles Stilmittel in der Vogelfotografie.

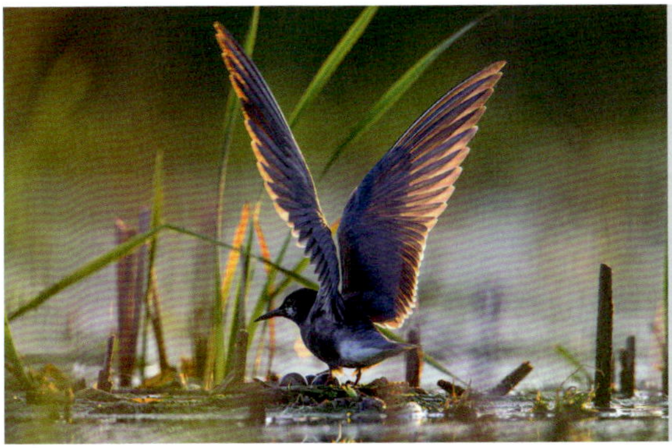

500 mm + 1,4x-Konverter | f/7.1 | 1/320 s | ISO 800 – Trauerseeschwalbe landet im ersten Licht des Tages auf dem Nest

DIREKTE SONNE VERMEIDEN

Versuche bei der Gegenlichtfotografie, so gut es geht, die Sonne nicht direkt mit ins Bild zu setzen. Das grelle Licht der Sonne wird auf dem Foto meistens nur als weißer Fleck dargestellt. Verändere deinen Standpunkt so, dass Lichtsäume, Spiegelungen oder andere Lichtreflexionen entstehen, die das Bild interessant machen.

Fotos mit direkter Sonneneinstrahlung gelingen am besten, wenn der Himmel leicht nebelverhangen ist oder Seenebel vor der Sonne aufzieht. Dann wird die Leuchtkraft der Sonne verringert und die Farben überstrahlen nicht. Mit solchen Bildern kannst du Stimmungen gut transportieren. Das eindeutige Abbilden des Tieres tritt in den Hintergrund.

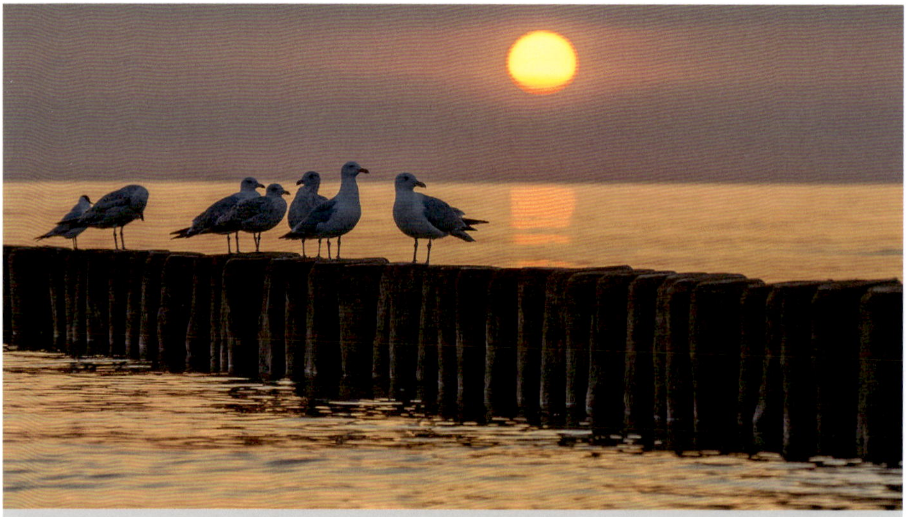

190 mm | f/5.6 | 1/500 s | ISO 400 – Möwen ruhen bei Sonnenuntergang auf Buhnen am Strand

Bei starkem Gegenlicht sind die Motive oft nur noch als schwarze Silhouetten zu erkennen. Dies kannst du gezielt einsetzen oder später in der Bildbearbeitung die Tiefen etwas herausnehmen, um mehr Details erkennen zu lassen. Die meisten Tiere sind bereits an ihren Umrissen oder Silhouetten eindeutig zu erkennen.

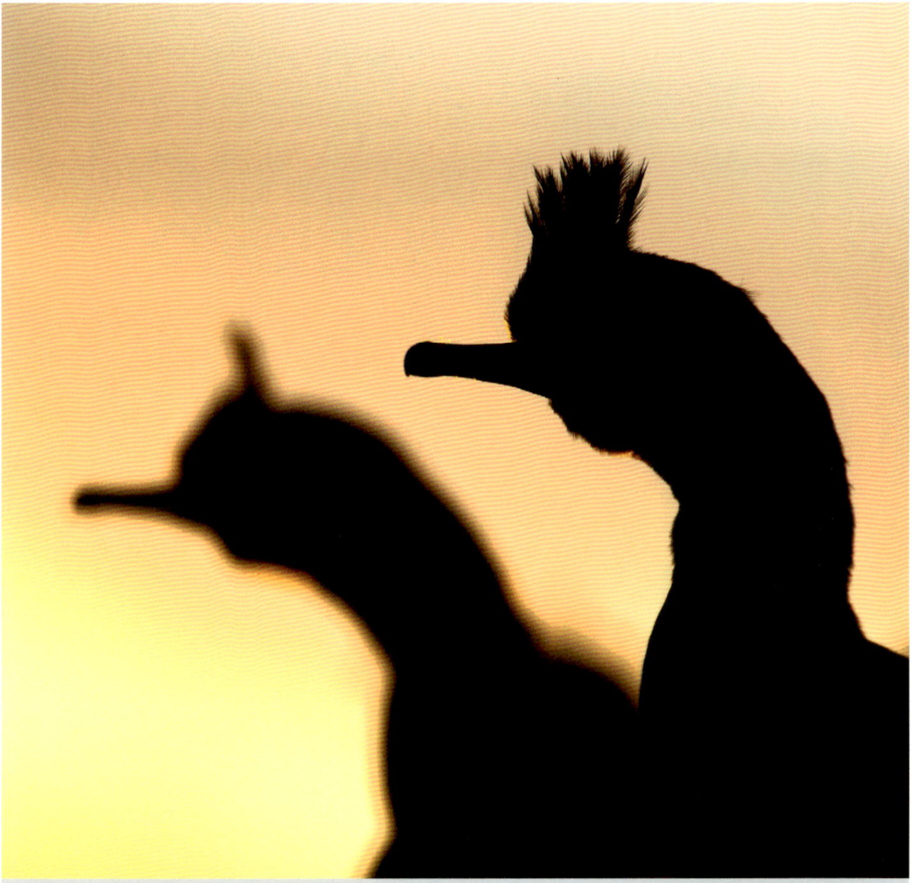

400 mm | f/5.6 | 1/5000 s | ISO 1600 – Krähenscharben kurz vor Sonnenuntergang. Durch das schräg einfallende Abendlicht entstand ein leichter Lichtsaum um Kopf und Hals. Der zweite Vogel im Unschärfebereich wirkt harmonisch und verdeutlicht, dass Krähenscharben keine Einzelgänger, sondern Koloniebrüter sind.

Die blaue Stunde

So nennt man die Zeit eine Stunde vor Sonnenaufgang bzw. eine Stunde nach Sonnenuntergang. Diese Aufnahmen strahlen meist einen besonderen Reiz aus. Die Farben werden viel intensiver. Hohe ISO-Werte sind hier notwendig, was die moderne Digitalfotografie heute möglich macht. Für Naturfotografen ergeben sich in der heutigen Zeit viel mehr Möglichkeiten, auch zu lichtarmen Zeiten gute Bilder zu bekommen.

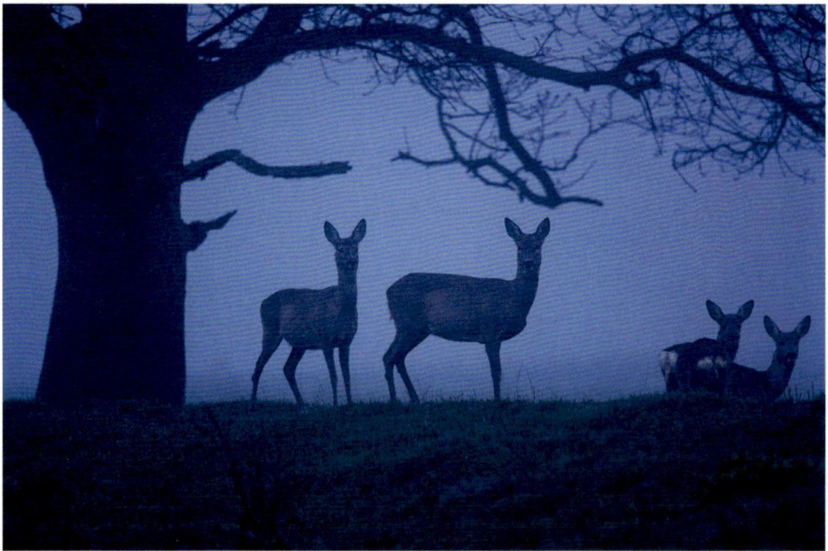

500 mm + 1,4x-Konverter | 1/800 s | f/5.6 | ISO 800 – Etwa eine Stunde vor Sonnenaufgang konnte ich diesen Sprung Rehe, nur zart von Mondlicht beleuchtet, fotografieren

Blitzlicht

Es gibt noch weitere Möglichkeiten, das Licht als Gestaltungsmittel für ein Foto einzusetzen. Ein Aufhellblitz oder künstliche Beleuchtung bieten in sehr dunkler Umgebung die Chance auf spezielle

Bilder. Durch das künstliche Licht bekommen wir Eindrücke von Situationen, die mit bloßem Auge nicht zu sehen wären. Einige Tierfotografen kreieren sehr aufwendige Konstruktionen mit vielen Blitzgeräten, Flugtunneln und externen Lichtquellen. Diese Fotos wirken auf mich oft sehr künstlich. Wie weit du hier gehen möchtest, musst du für dich selbst einschätzen.

Ich persönlich lehne Blitzfotografie bei Wildtieren grundsätzlich ab. Es ist zweifelhaft, ob die Tiere nicht gestört werden. Der Blitz ist für das Tier eine unnatürliche Situation. Es stellt für mich einen zu massiven Eingriff in ihren Lebensbereich und somit eine Störung dar, die zu Beunruhigung und schlimmstenfalls zur Vertreibung der Tiere führt.

Der richtige Zeitpunkt

Einzigartige Momente in der Natur fotografisch festzuhalten, ist der Wunsch vieler Naturfotografen. Fotos von Tieren sind für viele allgegenwärtig. Hältst du Tiere in einmaligen Situationen fest, ziehst du den Blick des Betrachters magisch an, und dein Foto wird sich einprägen. Diese einmaligen Momente können in den verschiedensten Lebenssituationen der Tiere vorkommen. Die Balz, die Fortpflanzung oder auch die Jagd bieten unzählige Chancen, einmalige Aktionen mit der Kamera festzuhalten. Wenn du mit der Technik perfekt umgehen kannst, den richtigen Zeitpunkt erfasst, um die Kamera auszulösen, und vielleicht auch noch das richtige Licht vor Ort hast, stehen die Chancen gut, ein außergewöhnliches Foto zu bekommen.

Der Schlüssel zum Erfolg liegt hier wieder in der Zeit, die du in der Natur zum Fotografieren aufbringst, der Geduld und in der Disziplin, dein Ziel zu verfolgen. Fundamental wichtig für gute Bildergebnisse sind die Kenntnisse zum Verhalten und zur Biologie der Tiere. Wenn dies alles zusammenkommt, benötigst du „nur“ noch das Quäntchen Glück zu deinem perfekten Foto.

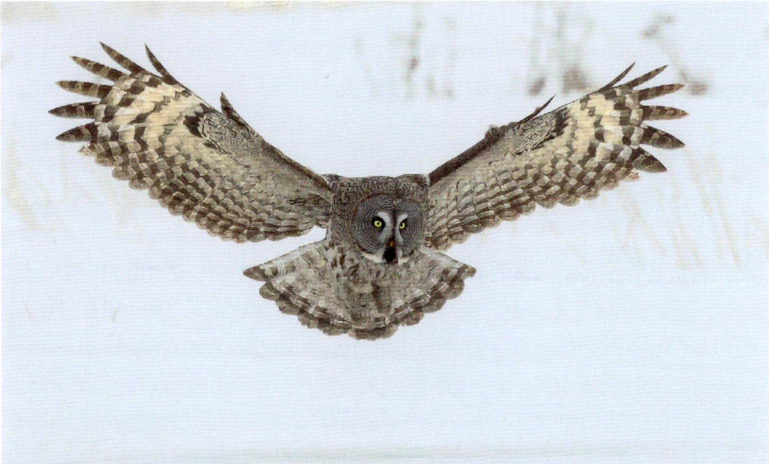

500 mm | f/9 | 1/5000 s | ISO 800 – Nach einer langen Ruhephase startete endlich der Bartkauz zu einem Beuteflug

Ich wollte genau den Moment abpassen, bevor der Kauz die Beute schlägt. Mit dem Autofokus verfolgte ich ihn im Flug. Als er langsamer wurde, wusste ich, dass er unmittelbar zuschlägt. Mit der Serienbildfunktion der Kamera löste ich aus und bekam die gewünschten Aufnahmen vom Bartkauz mit gespreizten Flügeln und von vorn.

Auf diesen Moment musste ich lange warten. Sehr häufig kam der Kauz von der Seite oder jagte in zu großer Entfernung. Ich fokussierte auf die Augen des Kauzes. Die kurze Belichtungszeit ermöglichte die scharfe Darstellung der Flügel. Ein Tarnzelt war hier nicht notwendig. Der Kauz war so intensiv mit der Jagd beschäftigt, dass er sich nicht an mir störte. Letztendlich benötigte ich fünf Tage, um diese Aufnahme zu realisieren. Beim Bildausschnitt beachtete ich, dass der fliegende Kauz über eine beeindruckende Flügelspanne von anderthalb Metern verfügt.

Wenn es um den richtigen Zeitpunkt geht, ist das Licht nicht entscheidend für ein gutes Foto, da die Bewegung des Tieres im Vordergrund steht. Daher nutzt man hier meist eine sehr kurze Belichtungszeit, um die schnelle Aktion scharf darzustellen. Eine Kamera mit einer hohen Bildrate erhöht die Wahrscheinlichkeit, ein scharfes Foto zu bekommen.

Stelle deine Kamera auf maximale Serienbildfunktion und wähle den AF-Modus für bewegte Motive. Dadurch hält deine Kamera das Objekt während der Aktion immer scharf fokussiert. Als Belichtungszeit für scharf fokussierte Actionfotos musst du je nach Tierart und Schnelligkeit 1/800 bis 1/2000 s einplanen. Nutze für schnelle Actionaufnahmen immer die mittleren Autofokusfelder der Kamera. Die richtige Bildaufteilung des Fotos kannst du später in der Nachbearbeitung anpassen.

ÜBEN, ÜBEN, ÜBEN

Zu Beginn des Fotografierens von bewegten Tieren wirst du merken, dass die Bilder überwiegend nicht deinen Erwartungen entsprechen. Entweder die Belichtungszeit war falsch eingestellt oder der Fokus hat das Tier nicht erfasst. Nur mit Geduld, Ausdauer und Übung wirst du zum Meister deines Faches. Im richtigen Moment genau das Richtige mit deiner Kamera zu tun ist ein reelles Ziel. Verbringe so viel Zeit wie möglich in der Natur und übe an einfachen Motiven und häufigen Tierarten. Dann wird dir im entscheidenden Moment auch das perfekte Foto gelingen.

Auch bei bekannten, häufig vorkommenden Tierarten kannst du ungewöhnliche Actionsituationen im Bild festhalten. Aus meiner Tarnhütte heraus fotografiere ich oft Mäusebussarde. Zeitweise kommt es zu Rangeleien am Luder. Auf der folgenden Abbildung sind zwei Mäusebussarde zu sehen. Der hintere Bussard fächerte seine Flügel regelrecht auf und ließ diese nach oben stehen. Aus diesem Grund sind die Flügelspitzen, trotz der relativ langen Belichtungszeit, scharf dargestellt. Kurz darauf war die Situation vorbei und ein Bussard flog davon.

Da ich meine Kamera mit eingestelltem Autofokus auf den Bussard richtete und den Kabelfernauslöser in der Hand hielt, gelangen mir diese speziellen Aufnahmen. Alles war bereit, bevor die eigentliche Aktion begann.

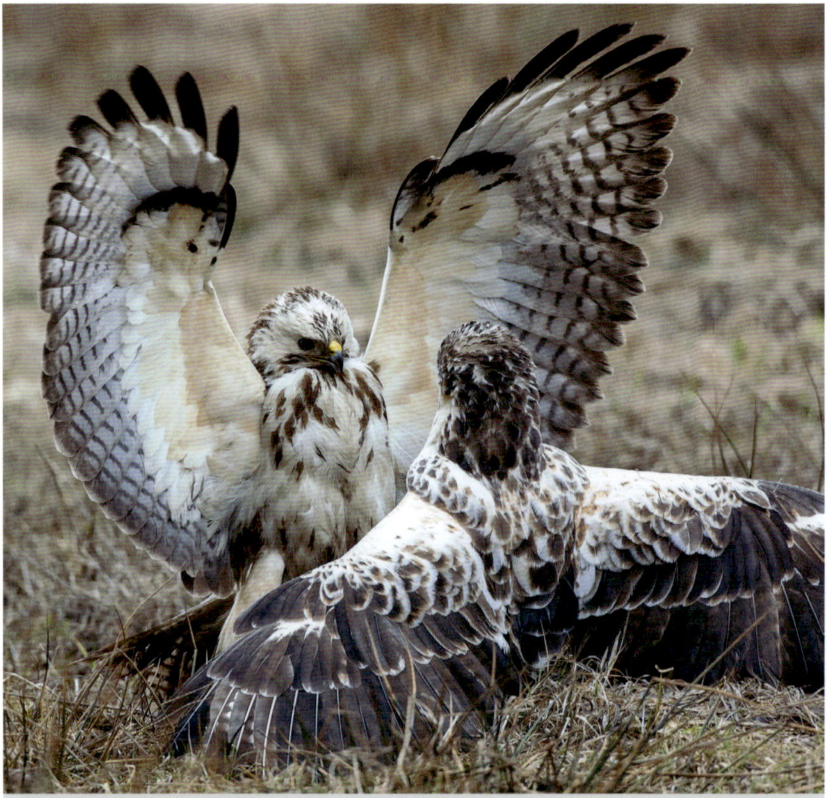

500 mm | f/5.6 | 1/320 s | ISO 400 – Zwei kämpfende Mäusebussarde am Luder

Im Tarnzelt oder in der Tarnhütte wirst du in der Regel mit Stativ arbeiten. Ich nutze hierbei immer einen Kabelfernauslöser, den ich ständig in der Hand halten kann. So bin ich viel schneller in der Lage, in Aktionsmomenten zu reagieren.

Manche Fotos werden Zufallsaufnahmen. Du wirst jedoch sehen, dass bei geplanter Fotografie die Bildausbeute viel größer ist. Sich lediglich in der Natur aufzuhalten oder planlos mit dem Auto seine Motive zu suchen, erweist sich meist als uneffektiv. Suche dir einen gut gewählten Platz, nimm ein Tarnzelt oder einen Tarnüberhang und warte, bis die Tiere sich nähern. Beachte dabei mitunter, dass wechselhaftes Wetter veränderte Einstellungen an der Kamera erfordert. Wird es dunkler, ergibt sich eine längere Belichtungszeit, und der Bereich für scharfe Bilder sinkt. Hier musst du gegebenenfalls mit Blende und ISO-Zahl gegensteuern.

TIERE IN GRUPPEN

Konzentriere dich bei einer Gruppe von Tieren auf einige wenige Exemplare und warte auf eine besondere Situation. Durch das ständige Schwenken der Kamera verpasst du eventuell den richtigen Moment zum Fotografieren. Du wirst zwar manche Situation erleben, in der quasi „nebenan" mehr Aktion passiert. Warte jedoch ab, irgendwann kommt auch der perfekte Moment in deiner fokussierten Gruppe, und dann sind deine Einstellungen an der Kamera ideal und du kannst sofort auslösen.

Bildkomposition

Die Bildkomposition ergibt sich aus dem Licht, den Formen und den Farben, die du im Foto festhalten willst. Für die Bildgestaltung gibt es einige Grundregeln, mit denen du die Wirkung der Bilder steigern kannst. Das Wissen um die Wirkungsweise von Formen, Farben und dem eingefangenen Licht ermöglicht dir, kreativ zu fotografieren und interessante Fotos zu erschaffen.

Farben und Formen werden durch unsere Sinne wahrgenommen. Mit der farblichen Gestaltung eines Fotos lassen sich Stimmungen und Eindrücke erzeugen, die ein Wohlfühlen oder ein Unbehagen in uns auslösen. Ein Foto kann somit eine positive, aber auch eine negative Stimmung in uns erzeugen.

Fotografie ist Kunst, und Kunst ist Kreativität. Beherrschst du einige Grundregeln der Bildgestaltung, darfst du damit spielen und durchaus auch bewusst gegen diese Regeln fotografieren. Ein gutes Naturfoto setzt sich immer zusammen aus einer besonderen Lichtstimmung und einer harmonischen Komposition des Bildes.

An Stellen, wo wir unter kontrollierten Bedingungen fotografieren, wie z. B. an der Winterfütterung für Kleinvögel, in Tierparks, Wildgehegen oder am Luderplatz für Greifvögel, kannst du sorgsam die Bildkomposition planen. An der Winterfütterung suche ich mir oft einen bemoosten Ast, auf dem die Vögel sich präsentieren können. Genauso achte ich bereits beim Aufstellen einer Fotohütte oder des Tarnzeltes auf den Hintergrund, der sich auf dem Foto ergibt. Ich richte mein Versteck so aus, dass der Hintergrund sich perfekt ins Bild einpasst und die richtigen Lichtverhältnisse vorherrschen.

Bildformate

Für welches Format des Fotos du dich entscheidest, hängt in erster Linie vom Motiv und deiner Verwendung ab. Probiere ruhig andere Formate als das 2:3-Format aus! Oft erzielen das Panoramaformat 16:9 oder auch das Quadratformat bessere Bildergebnisse.

Nutzt du die Fotos für Präsentationen, achte darauf, nicht zu häufig die Formate zu wechseln, sonst wirkt die Präsentation zu unruhig. Wenn du einheitliche Formate verwendest, kann der Betrachter sich an das Format gewöhnen und sich auf die Motive konzentrieren.

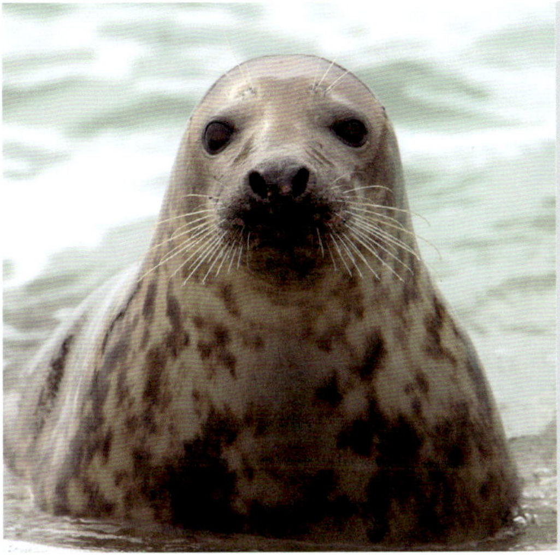

500 mm + 1,4x-Konverter | f/5.6 | 1/800 s | ISO 800 – Für Porträts eignet sich das quadratische Bildformat besonders: Kegelrobbe auf Helgoland

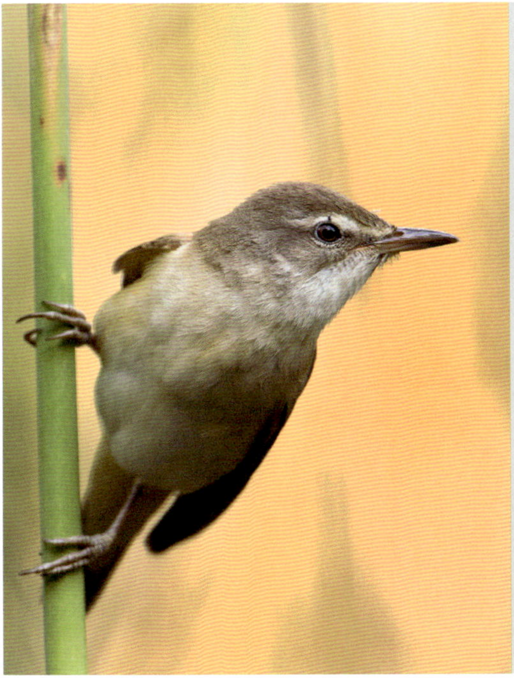

500 mm + 1,4x-Konverter | f/8 | 1/400 s | ISO 1600 – Befinden sich im Foto vertikale Strukturen, bietet sich das Hochformat an: Drosselrohrsänger in seinem Lebensraum

Die Drittelregel

Wenn du dich mit Gestaltungsthemen in der Kunst beschäftigst, kennst du sicher die sogenannte Drittelregel. Möchtest du bei deinen Fotos eine harmonische Bildaufteilung erreichen, solltest du dich immer an dieser Regel orientieren. Sie besagt, dass das Bild vertikal in drei Spalten und horizontal in drei Reihen aufzuteilen ist. Dadurch ergeben sich neun Felder auf der Bildfläche. Dort, wo sich die waagerechten und die senkrechten Linien kreuzen, entstehen vier Schnittpunkte. Auf einem dieser Schnittpunkte sollte dein Fotomotiv im Bild liegen, wenn du einen harmonischen Bildausdruck erzeugen möchtest. Diese Regel stellt eine Vereinfachung des etwas komplizierter zu errechnenden Goldenen Schnitts dar.

Viele Fotografen bringen ihr Motiv genau in der Mitte des Bildes. Diese Fotos wirken meist spannungslos und wenig interessant. Die Ursache ist sicherlich der Autofokus der Kamera. Die meisten Fotografen nutzen die mittleren Fokuspunkte, da hier der Autofokus am schnellsten funktioniert. Nutze auch die äußeren Fokuspunkte, um das Motiv dezentral zu platzieren. Du wirst rasch den Unterschied merken. Vor allem in Blickrichtung sollte das Tier immer genügend Raum vor sich haben.

Bei den Schwänen werden die Flügelunterseiten vom warmen Abendlicht beleuchtet. Die Schwäne habe ich auf der rechten Senkrechten platziert und den oberen rechten Schnittpunkt gewählt, sodass dieser genau zwischen den beiden Motiven liegt. Es entsteht genug Raum vor den Schwänen, und der Betrachter nimmt dies so wahr, als flögen die Schwäne in das Bild hinein. Den oberen Schnittpunkt wählte ich, damit die Schwäne nicht vom Himmel „aus dem Bild gedrückt" werden. So haben sie Raum unter sich und das Bild wirkt harmonisch.

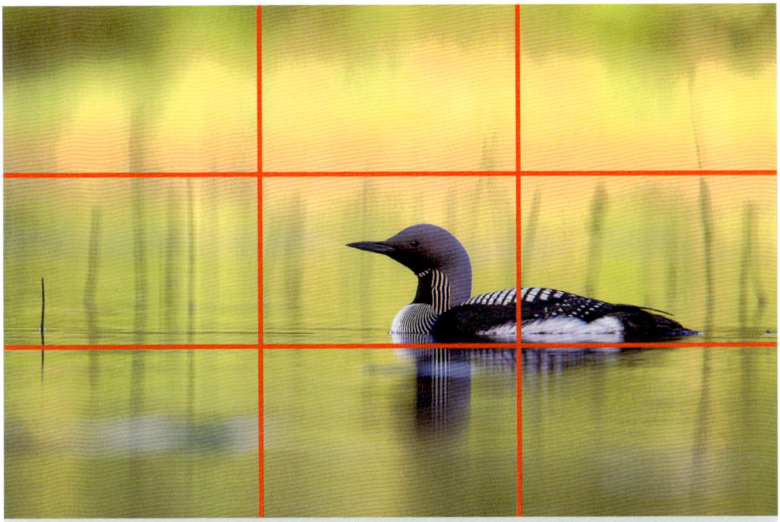

500 mm + 1,4x-Konverter | f/5.6 | 1/400 s | ISO 400 – Prachttaucher in seinem Brutrevier. Das goldgelbe Licht der frühen Morgensonne erzeugt eine besondere Stimmung. Den Taucher platzierte ich auf dem rechten unteren Schnittpunkt. So hat er genug Raum vor sich und „schwimmt in das Bild hinein".

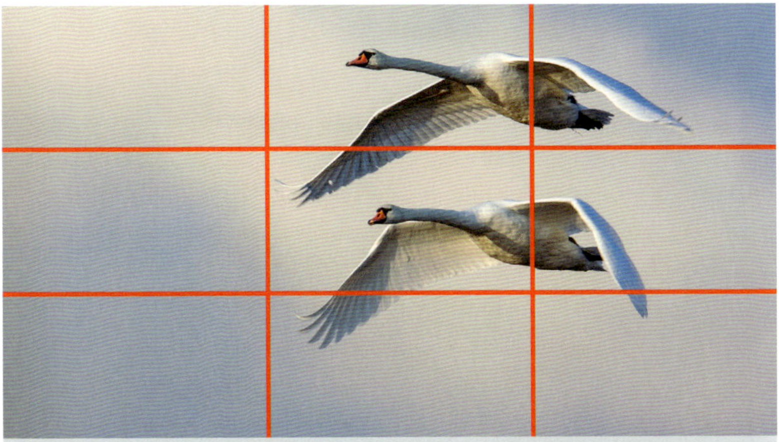

500 mm + 1,4x-Konverter | f/8 | 1/500 s | ISO 200 – Zwei Höckerschwäne fliegen bei tief stehender Abendsonne zu ihrem Schlafgewässer

Wenn du die Drittelregel beherrschst, kannst du auch mit anderen unkonventionellen Bildaufteilungen experimentieren. Es können sich durchaus spannende Kompositionen ergeben, wenn du dich einmal nicht an die Regeln hältst. Ebenso gibt es die Möglichkeit, am Computer ungewöhnliche Bildausschnitte zu kreieren. Sei kreativ und experimentiere mit der Bildaufteilung. Vielleicht findest du dadurch deinen besonderen Stil in der Naturfotografie!

WENIGER IST OFT MEHR

Versuche, auf einem Foto nicht so viel wie möglich, sondern nur so viel wie nötig zu zeigen. Je weniger vom eigentlichen Motiv ablenkt, umso schneller kannst du das Wesentliche erfassen, und dein Blick ist nicht abgelenkt. Versuche bei einer größeren Gruppe von Tieren, einzelne Exemplare freizustellen, und achte darauf, dass das Motiv an den Bildrändern nicht abgeschnitten wird. Das erweist sich oft als sehr schwierig und kann gut durch Beschnitt bei der Bildbearbeitung am Computer realisiert werden.

Diagonalen

Versuche immer, deine Fotos spannend zu gestalten. Das erreichst du, indem du gerade Linien vermeidest und Diagonalen ins Bild bringst. Diese verleihen dem Bild die nötige Dynamik und wirken spannend. Diese Diagonalen müssen nicht unbedingt direkte Linien im Bild sein, sondern können auch gedanklich entstehen.

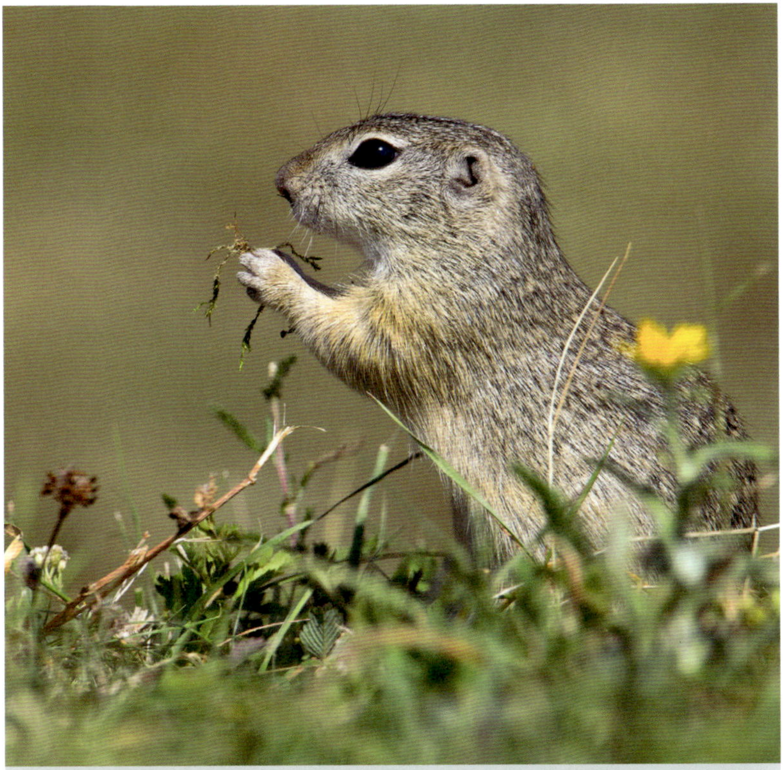

500 mm + 1,4x-Konverter | 1/320 s | f/13 | ISO 200 – Durch das quadratische Format ergibt sich durch die Körperhaltung des Ziesels eine schöne Diagonale: Vom Hinterteil in der rechten unteren Bildecke über die nach vorn gerichteten Arme, mit der das Ziesel die Nahrung hält, zieht sich eine gedachte Diagonale durchs Bild.

DIE BILDKOMPOSITION VORHER ARRANGIEREN

Meistens musst du für die Gestaltung bzw. richtige Bildkomposition das Foto nachträglich am Computer durch Bildbeschnitt optimieren. Trotzdem solltest du bereits unterwegs im Gelände versuchen, die Bildkomposition so gut wie möglich zu arrangieren. Dazu gehört auch, dass du auf einen waagerechten Horizont im Bild achtest.

Grafische Strukturen

Besonders spannend kann es sein, wenn du grafische Strukturen in deine Fotos einbaust. Um zu ihrem Brutplatz zu gelangen, mussten die beiden Kraniche immer dieselbe kleine Landzunge entlanglaufen. Dabei begegneten sie sich regelmäßig. Einmal senkten sie beide gleichzeitig symmetrisch den Kopf, als sie sich gegenüberstanden. Diesen Augenblick passte ich ab und löste genau in dem Moment aus. Dadurch bekommt das Foto eine besondere grafische Struktur und wirkt interessanter.

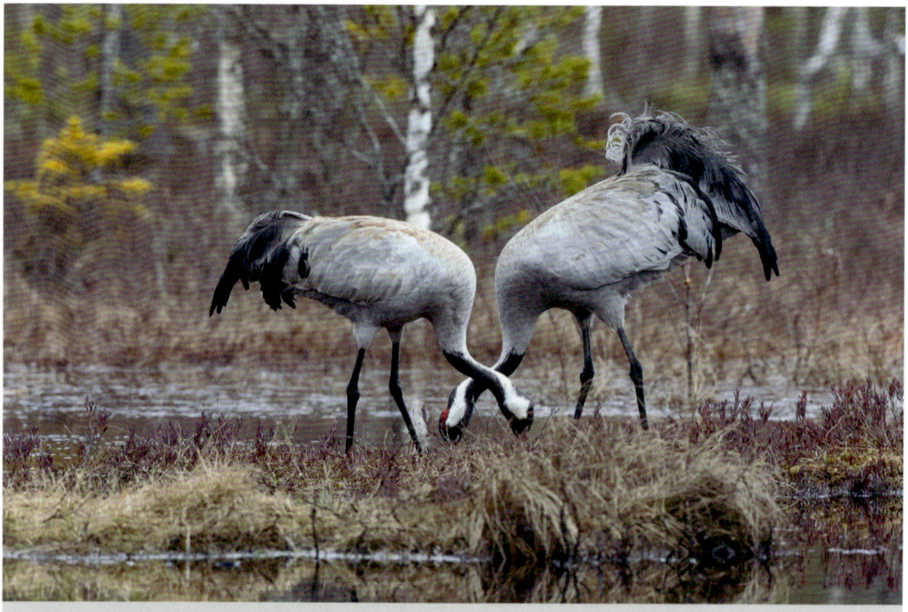

500 mm | f/9 | 1/320 s | ISO 1250 – Kranichpaar auf Nahrungssuche

Tiefe im Bild

Unsere Augen nehmen die Umwelt dreidimensional wahr. Wenn du eine bestimmte Situation fotografierst, nimmst du dies mit allen Sinnen und Stimmungen auf. Diese Wirkung sollte bestenfalls auf ein zweidimensionales Bild übertragen werden. Ein Foto kann nur von Brennweite, Blende, Verschlusszeit und ISO-Zahl beeinflusst werden. Die Tiefe bekommst du z. B. durch das Einbeziehen anderer Motive im Hintergrund.

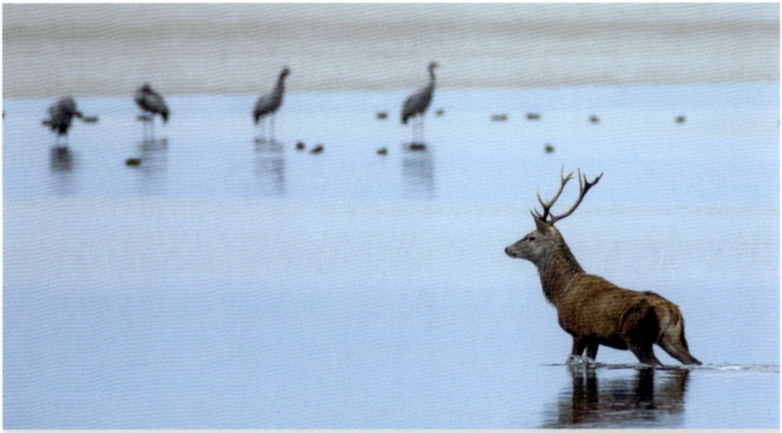

1200 mm | f/8 | 1/320 s | ISO 1600 – Die Kraniche im Hintergrund verleihen dem Bild eine gewisse Tiefe oder Räumlichkeit

Um ein Foto mit einer optimalen Bildkomposition zu erhalten, bieten sich vielfältige Gestaltungselemente an. Von der räumlichen Gestaltung der Motive, Farbgestaltung im Foto bis zu Witterungseinflüssen wie Nebel, Regen und Schnee kannst du viele Möglichkeiten nutzen, um den Blick auf das eigentliche Motiv zu verstärken. Mit „Rahmungen“ um das Motiv oder gedachten Diagonalen kannst du Spannung im Bild erzeugen. Hier kannst du wirklich kreativ sein und immer wieder neue Blickwinkel für ein bekanntes Motiv entwickeln.

Vorder- und Hintergrund

Eine große Herausforderung ist die Gestaltung des Vorder- und Hintergrunds eines Fotos. Gute Beobachtungsgabe und Konzentration während des Fotografierens sind notwendig, um eine perfekte Komposition des Fotos zu kreieren. Für mich ist es erstaunlich, dass viele Naturfotografen dem Vorder- oder Hintergrund wenig Beachtung schenken, obwohl er für die Wirkung eines Fotos von entscheidender Bedeutung ist.

Vorder- und Hintergrund werden in erster Linie durch die natürlichen Gegebenheiten um das Motiv herum bestimmt. Durch die Arbeit mit der Brennweite des Objektivs und der Blende kannst du ihre Darstellung beeinflussen.

Bei der Sumpfohreule konnte ich durch die erhöhte Sitzwarte bequem aus dem Auto heraus fotografieren. Hier lag der Hintergrund zusätzlich im Schatten, und das Motiv bekam Restlicht von der Sonne. So erscheint die Eule relativ hell vor dem dunklen Hintergrund. Das unterstützt die Freistellung zusätzlich.

JE GERINGER DER ABSTAND, DESTO OFFENER DIE BLENDE

Je geringer der Abstand zum Fotomotiv ist, umso mehr musst du abblenden, wenn der Hintergrund verschwimmen soll. Das heißt, du fotografierst mit einer möglichst weit geöffneten Blende, etwa f/2.8 bei einem Teleobjektiv 2.8/300 mm oder f/5.6 bei einem Tele 4.0/500 mm + 1,4-Konverter. Mit weit geöffneter Blende ist die Tiefenschärfe am geringsten.

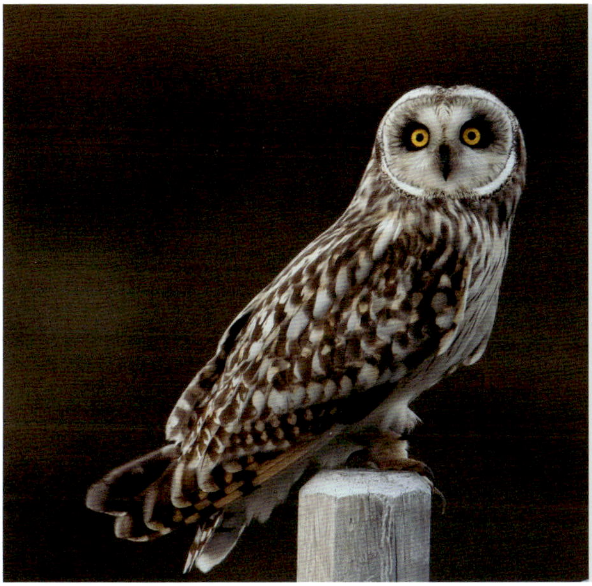

500 mm + 1,4x-Konverter | f/6.3 | 1/1600 s | ISO 800 – Eine Sumpfohreule auf ihrem Spähposten

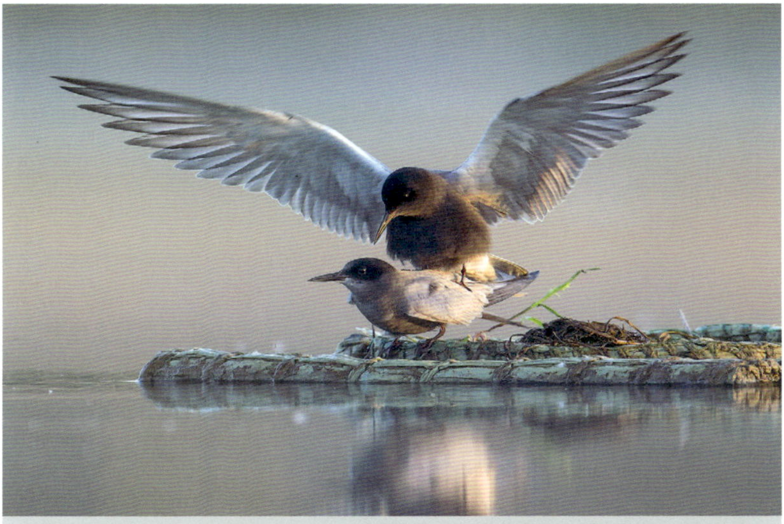

500 mm | f/5 | 1/500 s | ISO 800 – Trauerseeschwalben bei der Paarung auf einer künstlichen Brutinsel

Manchmal ergeben sich durch Wetterereignisse Hintergrundfarben, die perfekt zur Szenerie passen. Die Trauerseeschwalben fotografierte ich aus dem Schwimmversteck, um auf Augenhöhe mit den Vögeln zu sein. Als ich am Morgen im Dunklen mein Schwimmversteck betrat, war der See im nächtlichen Nebel kaum zu sehen. Die Sonne ging langsam auf und stieg höher. Plötzlich durchbrachen einige Sonnenstrahlen die dicke Nebeldecke. Dieser Moment lieferte das perfekte Licht für meine Aufnahme. Hier passte einfach alles.

Durch den Nebel war der Hintergrund nicht zu erkennen, und die Farbgebung der Situation korrespondierte hervorragend mit den Vögeln. Die tief stehende Sonne verlieh den Seeschwalben im Auge einen Lichtreflex, sodass ein sogenannter Eye-Catcher im Foto entstand. Nur einen kurzen Moment riss die Nebeldecke auf, und genau zu dieser Zeit kopulierten die Trauerseeschwalben.

Oftmals ergeben sich durch die örtlichen Gegebenheiten keine Möglichkeiten, die Tiere vom Hintergrund freizustellen. Auf dem Bild mit dem Eisvogel siehst du, wie Äste im Hintergrund störend in einem Foto wirken. Trotz der vielen Standortwechsel konnte ich keine geeignete Position finden, um sie zu vermeiden. Hier stört der unruhige Hintergrund die ganze Szenerie. Ich würde das Foto als nicht

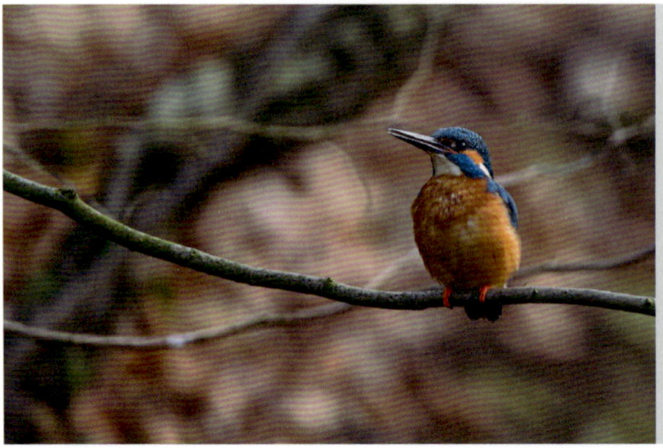

500 mm + 1,4x-Konverter | f/5.6 | 1/100 s | ISO 1600 – Äste stören die Bildwirkung: ein Eisvogel in seinem Brutrevier

gelungen einstufen: Der Blick wird durch die vielen Details vom Hauptmotiv abgelenkt. Das Foto wirkt unruhig und führt den Blick des Betrachters nicht klar.

DIE BLENDENAUTOMATIK RICHTIG NUTZEN

Um den perfekten Vorder- und Hintergrund auf das Foto zu bringen, empfiehlt es sich, mit der Einstellung der Zeitautomatik (A/Av) an der Kamera zu fotografieren. Die richtige Einstellung der Blende ist entscheidend für die Wirkung eines Fotos. Mit geöffneter Blende (je nach Objektiv f/2.8 oder f/4) stellst du das Tier vor dem Hintergrund frei. Mit geschlossener Blende (f/11 bis f/22) kannst du dokumentarische Aufnahmen von Tieren in der Landschaft erstellen.

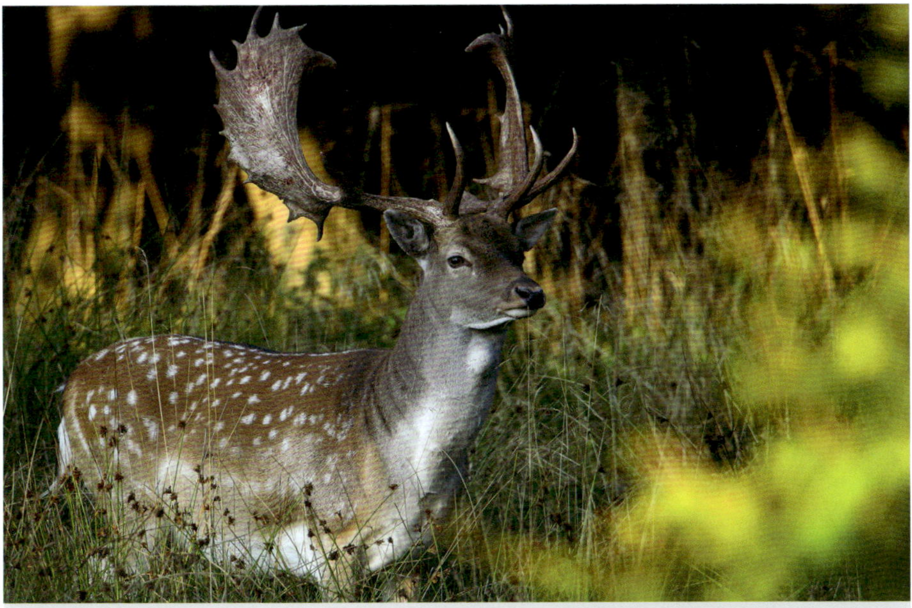

500 mm + 1,4x-Konverter | f/5.6 | 1/500 s | ISO 400 – Damhirsch während der Brunft im Abendlicht. Die offene Blende lässt die Zweige im Vordergrund unscharf erscheinen und erzeugt zusammen mit dem unscharfen Hintergrund noch mehr Tiefe im Bild.

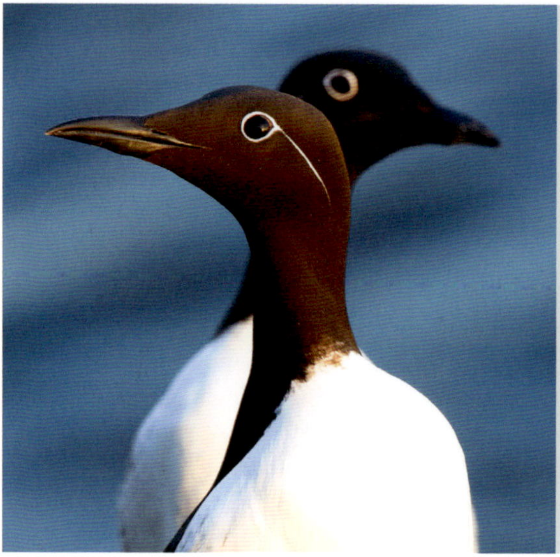

500 mm + 1,4x-Konverter | f/14 | 1/80 s | ISO 1600 – Die Ringellumme ist eine Spielart der Trottellumme und erkennbar an dem weißen Strich hinter dem Auge

Wenn du mit der Unschärfe vor oder hinter dem Motiv experimentierst, versuche für das Motiv farblich passende Umrahmungen zu finden. Bewusst fotografierte ich den Damhirsch auf der vorigen Seite mit den gelben Herbstblättern im Vordergrund. Durch die Nähe zu mir sind die Blätter fast zu einer gelblichen Fläche verschwommen und geben dem Hirsch eine wunderschöne Rahmung, passend zum Monat Oktober, der Brunftzeit der Hirsche.

Auch ein zweites, unscharfes Motiv auf deinem Bild kann Tiefe erzeugen. Räumlichkeit bringst du immer durch eine Dopplung des Motivs ins Foto. Dabei sollte das zweite Tier unscharf dargestellt werden, aber noch als solches zu erkennen sein. Vorteilhaft auf die Gestaltung wirkt sich außerdem ein einfarbiger, monochromer Hintergrund aus, der nicht von den Motiven ablenkt, sondern Ruhe ins Bild bringt.

Bei den Trottellummen wartete ich sehr lange, bis das hintere Exemplar den Kopf genau in die entgegengesetzte Richtung drehte. Dadurch bekommt das Foto eine zusätzliche grafische Wirkung. Die

Abendsonne erzeugt warme Farben beim Motiv und gibt dem Wasser im Hintergrund eine tiefblaue Farbe. Im Auge der Lumme ist ein Glanzpunkt zu sehen, der dem Bild das gewisse Extra verleiht.

Die Perspektive

Der richtige Kamerastandpunkt wird oft unterschätzt. Er ist jedoch von großer Bedeutung für die Aussage eines Bildes. Verbessere deine Fotos, indem du die Tiere auf Augenhöhe fotografierst. Begib dich auf eine Ebene mit dem Motiv. So erzeugst du auf dem Foto ein Gefühl von Nähe, und das Foto wirkt viel spannender.

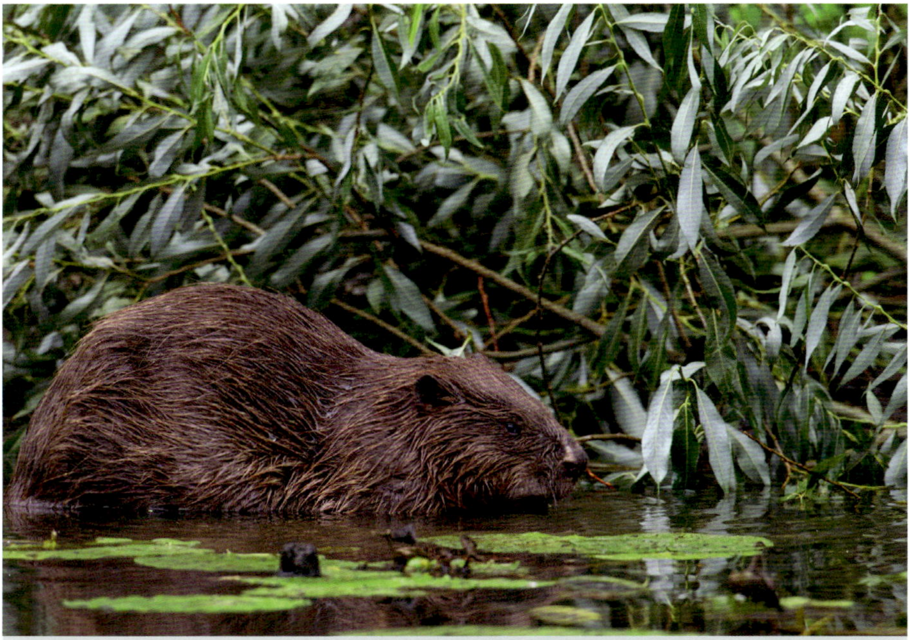

500 mm | f/5.6 | 1/40 s | ISO 1250 – Biber sind hauptsächlich nachtaktive Tiere und daher schwer zu fotografieren. Durch langes, möglichst geräuschloses Ansitzen in der Nähe einer Biberburg sind die Chancen gut, Biber im letzten Licht des Tages zu fotografieren. Dazu lag ich hier mit Tarnplane ca. eine Stunde bewegungslos am Ufer eines Wasserkanals.

FÜR ALLE FÄLLE GERÜSTET

Oft musst du dich auf den Boden begeben, wenn du Kleintiere, Vögel oder auch Insekten lebensnah fotografieren willst. Wichtig hier: die richtige Kleidung auf der Fotopirsch. Eine Folie oder dünne Isomatte für die bodennahe Fotografie sind vorteilhaft. So bist du bestens ausgerüstet und kannst im Bedarfsfall auch auf feuchtem Untergrund flach auf dem Boden fotografieren.

Teste die Fotografie auf Augenhöhe an einfach zu fotografierenden Tieren, beispielsweise Stockenten am Parkteich. Probiere verschiedene Perspektiven aus. Fotografiere zuerst die Tiere aus dem Stand und dann im Liegen auf Augenhöhe. Du wirst sofort den Unterschied der Bildwirkung erkennen!

Fotografierst du die Tiere auf Augenhöhe, kannst du diese auch in verschiedenen Aufnahmewinkeln abbilden. Besonders bei Tieren, die sich am oder auf dem Wasser aufhalten, bietet es sich an, eine Spiegelung mit einzubeziehen. Am Beispiel des Höckerschwans auf der übernächsten Seite ist die vollständige Spiegelung erkennbar. So wirkt das Foto komplett. Durch den dunklen Hintergrund wird der Vogel optimal freigestellt. Der Schwan schwimmt in das Bild hinein, das Auge des Betrachters wird geführt.

Bei Spiegelungen solltest du darauf achten, sie entweder ganz oder gar nicht mit aufs Bild zu nehmen. Abgeschnittene Spiegelbilder solltest du vermeiden. Wenn sich aus rein perspektivischen Gründen keine Möglichkeit ergibt, das komplette Spiegelbild abzubilden, dann bietet es sich an, den nicht sichtbaren Teil im Vordergrund sanft auslaufen zu lassen, wie bei der Uferschnepfe rechts zu sehen.

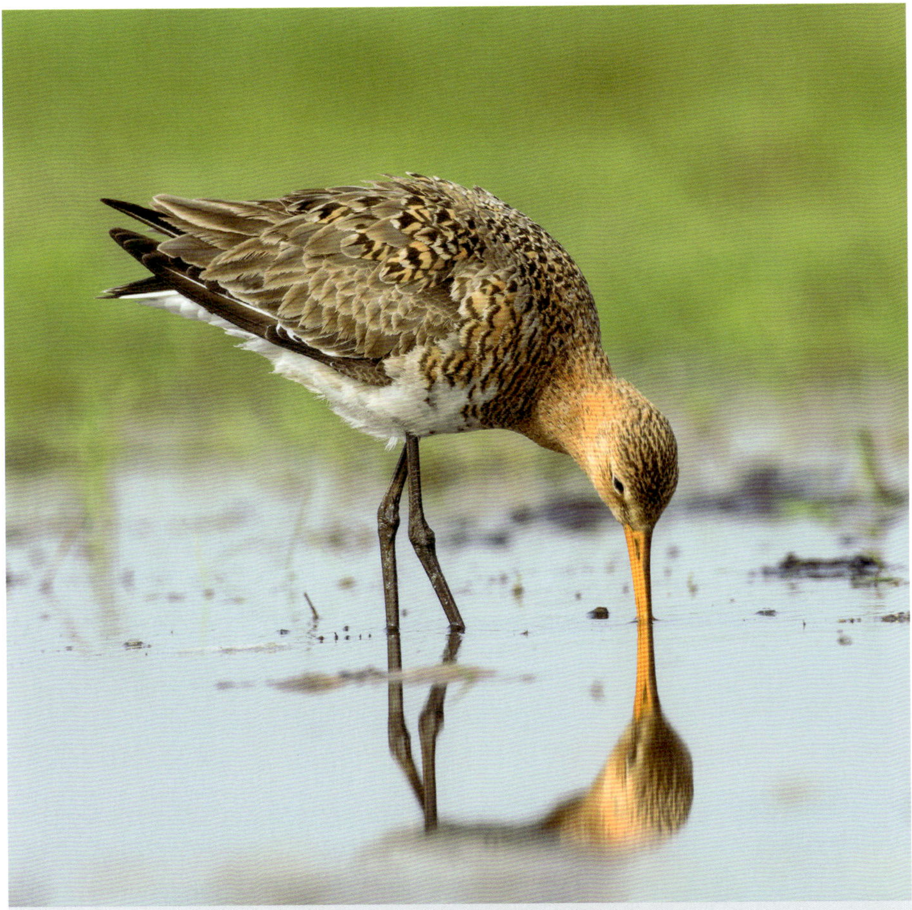

600 mm | f/10 | 1/320 s | ISO 250 – Wenn du das komplette Spiegelbild nicht ins Bild bekommst, kannst du den nicht sichtbaren Teil im Vordergrund in Unschärfe übergehen lassen.

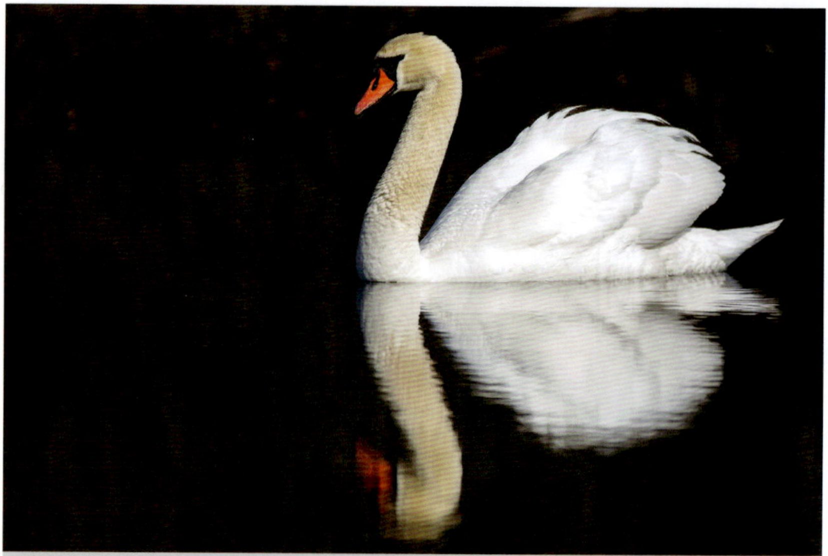

300 mm | f/6.3 | 1/500 s | ISO 100 – Der Höckerschwan doppelt sich durch die Perspektive auf Augenhöhe schön im Wasser. Seine aufgestellten Flügel zeigen an, dass er erregt ist.

WINKELSUCHER UND KLAPPDISPLAY

Wenn du flach auf dem Boden liegst, um Tiere auf Augenhöhe zu fotografieren, ist es von Vorteil, mit einem Winkelsucher an der Kamera zu arbeiten. Wenn deine Kamera ein schwenkbares Klappdisplay besitzt, ist das ebenso gut. Das Fotografieren wird so viel entspannter und du verkrampfst nicht am Sucher der Kamera. Oft nutze ich dabei einen Bohnensack oder Objektivteller, um die Kamera möglichst flach über dem Boden zu positionieren.

Beim Bau von festen Verstecken solltest du im Vorfeld darauf achten, dass die Motive später auf Augenhöhe zu dir zu beobachten sind. Entweder du gräbst das Versteck auf eine bestimmte Höhe in den Untergrund ein oder du nutzt eine Geländeerhebung zur Positionierung der Motive.

Bereits im März beginnt die Balz der Erdkröten. An den Laichgewässern sind sie dann in großer Zahl anzutreffen. Hier suchte ich die Ufer nach einem Paar ab, das sich außerhalb des Wassers befand. Auf einem Stück Treibholz konnte ich dieses Paar ausfindig machen und setzte es in Augenhöhe in Szene. Die orangefarbenen Pupillen der Kröten stechen als Farbtupfer aus dem Foto hervor. Durch die kleine Blendenzahl von f/5.6 verschwimmt der Hintergrund zu einer bräunlichen Fläche, und das Auge kann sich ganz auf die Kröten konzentrieren.

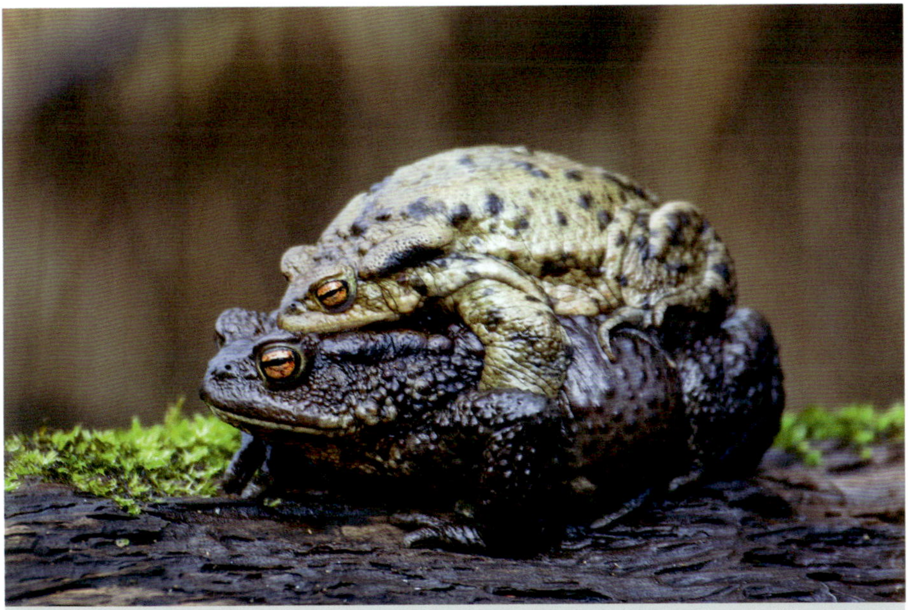

400 mm | f/5.6 | 1/100 s | ISO 200 – Erdkröten bei der Paarung. Das kleinere Männchen klammert sich an das größere Weibchen.

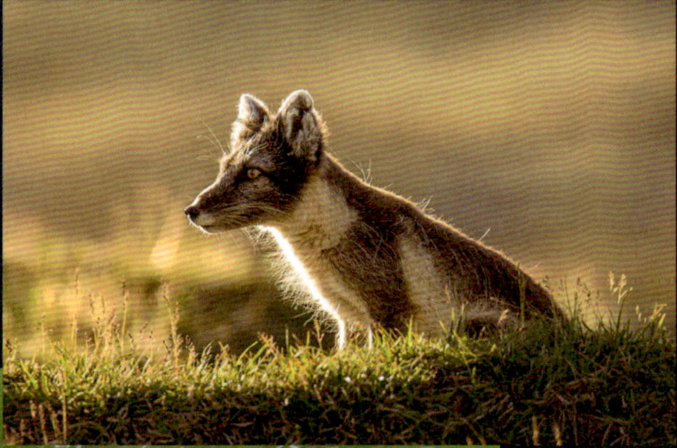
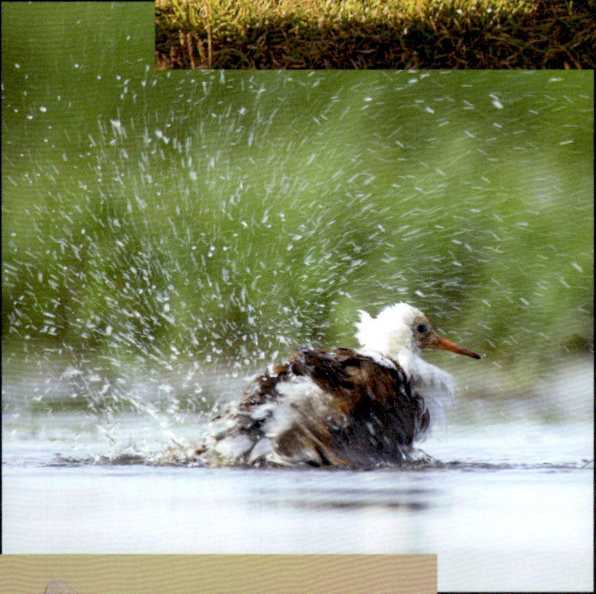
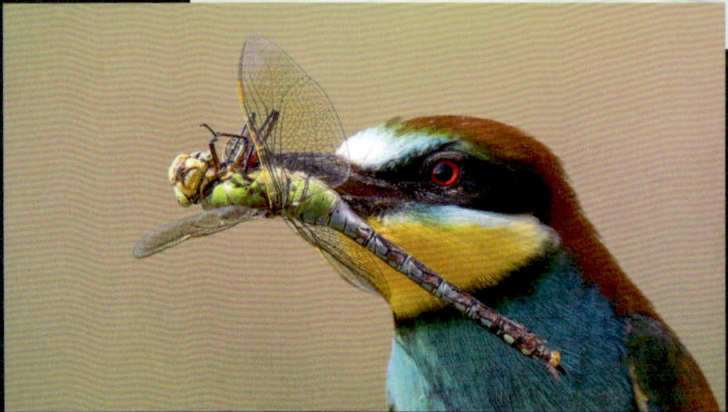

zuprobieren. Auf den folgenden Seiten findest du eine Auswahl an Workshops, mit denen du das Gelernte umsetzen, üben und vertiefen kannst. Mit Geduld und Praxis erwirbst du dir Erfahrung und kannst deiner Kreativität nach und nach freien Lauf lassen.

Du erfährst zu allen Fotos etwas über ihre Entstehungsgeschichte und die optimale Herangehensweise. Technische Kniffs und Details zeigen dir, wie und womit ich die Fotos jeweils umgesetzt habe.

Weil sich Bilder natürlich nie eins zu eins wiederholen lassen, besonders nicht, wenn sie in der freien Natur entstanden sind, sieh die Bilder als Anregung für eigene Ideen und finde deinen eigenen Stil – sei kreativ, probiere aus und lass dich nicht entmutigen. Grundsätzlich gilt wie überall auch bei der Wildtierfotografie: Übung macht den Meister, und *Learning by doing* führt langfristig zum Erfolg. Erfahrung und ein Auge fürs Detail erwirbst du dir nach und nach.

Und jetzt: Viel Spaß draußen!

PS: In den Workshops findest du zu allen Bildern die Exif-Daten, also Informationen zu Brennweite, Blende, Belichtungszeit und ISO (eine eventuelle Belichtungskorrektur nehme ich in der Regel erst bei der Bildbearbeitung in Lightroom vor). Diese Daten sind nicht zwingend, können dir aber gerade am Anfang eine Orientierung bieten, welche Einstellungen sich für eine bestimmte Aufnahme am besten eignen.

Am Strand

Vorbereitung

Außerhalb der Hauptsaison lohnt es sich immer, die Strände nach rastenden Vögeln abzusuchen. Oftmals werden sie zur Nahrungssuche angesteuert, da dort Muscheln und Tang angespült werden.

Versuche immer, die frühen Morgenstunden für diese Fototouren zu nutzen, da um diese Zeit die Strände von weniger Menschen besucht werden. So kannst du ungestörter fotografieren. Viele Limikolen wie Alpenstrandläufer, Meerstrandläufer, Uferschnepfen, Pfuhlschnepfen, Regenpfeifer usw. haben auf dem Zug meist eine geringe Fluchtdistanz, da sie entweder wenig Menschenkontakte hatten oder vom Zug über die Ost- oder Nordsee geschwächt sind.

Umsetzung

Ich legte mich an einen Strandabschnitt mit einer möglichst kleinen Wasserlache flach auf den Boden. Zum Auflegen der Kamera nutzte ich einen Bohnensack (auch ein Tellerstativ ist möglich). Da die Temperaturen im September/Oktober schon recht kühl sein können, benutzte ich eine dünne Isomatte. Dann warf ich mir den Tarnumhang über und wartete, bis die Meerstrandläufer an der Wasserkante auf mich zugelaufen kamen. Als sie dann im Wasser der Strandlache direkt vor mir einschliefen, um sich vom anstrengenden Flug über die Ostsee auszuruhen, war die Freude groß.

Früh am Morgen musste ich hier mit einer ISO-Zahl von 1250 arbeiten. Als Blende wählte ich f/5.6. Das war bei 500 mm + 1,4x-Konverter Brennweite die kleinste Blende, die möglich war: Die Tiefenschärfe ist gering, und das Wasser im Vorder- und Hintergrund wird unscharf dargestellt.

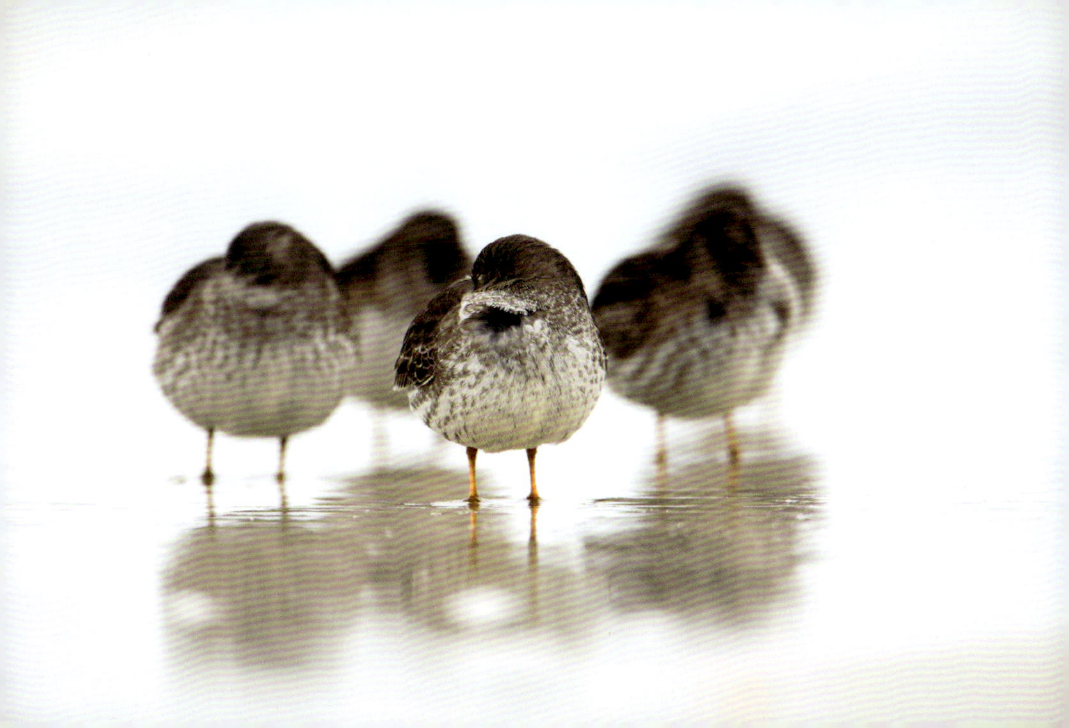

Im Schleichgang

Vorbereitung

Füchse fressen nicht nur lebend gefangene Beute, sondern auch tote Tiere oder Tierreste, die sie in der Landschaft finden. Besonders reizvoll ist es, Füchse im Winter zu fotografieren, da sie dann das dichte Winterfell tragen und dadurch besonders fotogen sind. Am besten kennst du einen Bau, wo Füchse Junge aufziehen. Dort sind sie regelmäßig zu beobachten, und du kannst ihre häufig genutzten Wege erkunden.

Umsetzung

An einem Feldrand hatte ich einen toten Feldhasen entdeckt und bemerkt, dass um den Kadaver herum viele Fuchsspuren zu sehen waren. Um den Fuchs auf Augenhöhe zu fotografieren, nutzte ich ein Tarnzelt, in dem ich liegend fotografieren kann. Ich baute es nachts auf und begab mich, ausgerüstet mit warmer Winterkleidung und Isomatte, hinein. Vor dem Aufbau achtete ich noch auf die Windrichtung: Der Wind darf nicht von dir in Richtung Fuchs wehen, denn die Füchse wittern den menschlichen Geruch und werden misstrauisch.

Die Kamera mit Teleobjektiv schraubte ich auf einen Stativteller, sodass ich mit dem Objektiv ungefähr auf Augenhöhe zu dem sich nähernden Fuchs sein musste.

Durch den Nahrungsmangel in der kalten Jahreszeit und den starken Geruch des toten Feldhasen angelockt kamen die Füchse noch vor Sonnenaufgang zum Kadaver zurück. Die blaue Stunde verleiht dem Foto die bläuliche Färbung und suggeriert dem Betrachter zugleich die kalte Temperatur an diesem Morgen.

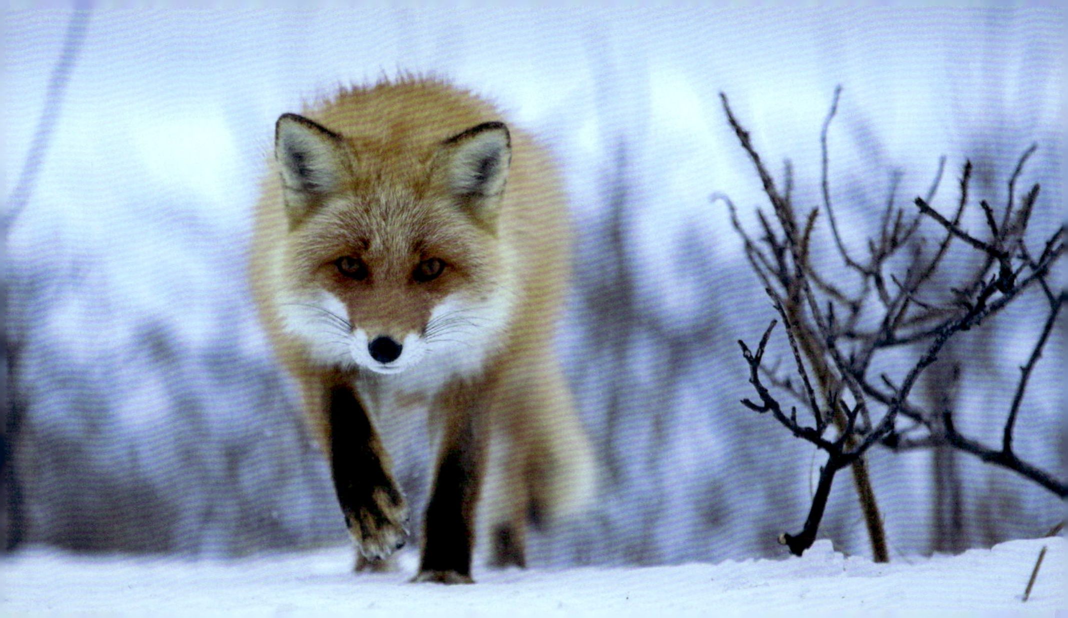

Ansitzfotografie

Vorbereitung

Auf so kurze Distanz Seeadler zu fotografieren ist nur aus dem Ansitzversteck heraus möglich. Entweder du nutzt dazu ein Tarnzelt an einer geeigneten Stelle oder fotografierst aus einer festen Tarnhütte heraus. Derartige Hütten werden im In- und Ausland von mehreren Anbietern für Fotografen zur Verfügung gestellt. Ich selbst betreibe derartige Hütten und habe festgestellt, dass dadurch die Störungen von Fotografen an den Horstplätzen der Adler merklich zurückgegangen sind. Aus der Tarnhütte heraus sind die Bedingungen optimal, um Seeadler zu fotografieren.

Für dieses Foto habe ich etwas mehr Aufwand betrieben. Hinter dem Luder baute ich eine kleine Schneemauer, um den Seeadler vor reinweißem Hintergrund fotografieren zu können. In Wirklichkeit befand sich im Hintergrund braunes Schilf, wodurch der Adler nicht gut freigestellt gewesen wäre.

Umsetzung

Obwohl die Sonne an diesem Tag schon relativ hoch stand, wird der Adler durch die Lichtreflexion des Schnees von unten angestrahlt und die Federstrukturen sind erkennbar. Durch den hellen Schnee konnte ich mit einer ISO-Einstellung von 400 arbeiten. Im Bild wollte ich den Adler bis in die Flügelspitzen scharf abbilden. Deshalb wählte ich 1/2000 s. Durch die Blende f/8 ist der Adler trotz der geringen Distanz von vorn bis hinten scharf.

In der Tarnhütte nutzte ich die Kamera mit Stativ und Videoneiger. So konnte ich die Flugbewegung des Adlers perfekt mitverfolgen.

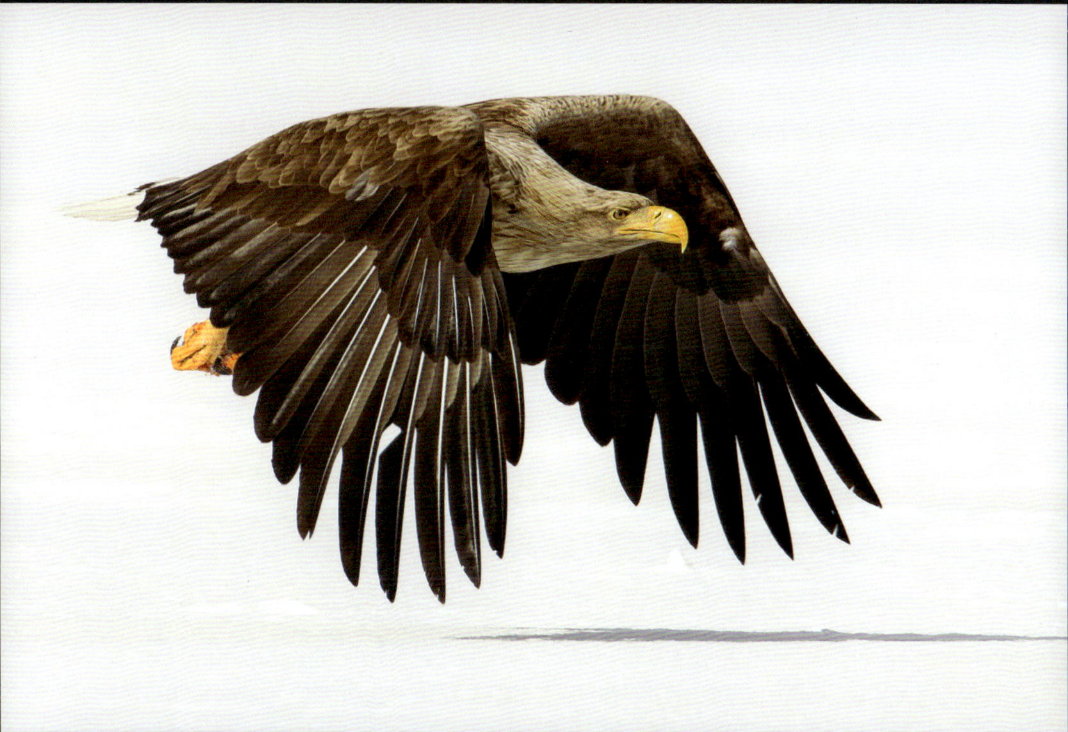

Bewegung

Vorbereitung

Kraniche rasten in Mecklenburg-Vorpommern jährlich zu Tausenden. An den vorpommerschen Boddenküsten ist es möglich, sie im Herbst, aber auch im Frühjahr zu fotografieren. Oft rasten kleinere Trupps im Frühjahr in kleinen Buchten des Boddens. Der Durchzug zu dieser Zeit gestaltet sich weniger zu einem Massenspektakel als im Herbst, da die Kraniche schnellstmöglich in ihre Brutgebiete zurückkehren wollen. Wer zuerst dort ankommt, kann für sich die besten Plätze beanspruchen.

Hier hatte ich schon am Vortag mein Tarnzelt aufgestellt, da ich wusste, dass die Kraniche einfliegen, um in der Bucht zu übernachten. Am frühen Morgen, noch in völliger Dunkelheit, schlich ich mich zum Tarnzelt und baute Stativ und Kamera vorsichtig auf. Ich wollte die Kraniche im ersten Licht und beim Aufbruch zu den Nahrungsflächen fotografieren.

Umsetzung

Als es langsam hell wurde, kam Unruhe bei den Kranichen auf. Der Abflug stand unmittelbar bevor. Weil ich Bewegung in meinem Bild haben wollte, wählte ich eine lange Belichtungszeit von einer Viertelsekunde und hatte Glück, dass nicht alle Kraniche gleichzeitig starteten, denn so wurden die verbliebenen im Wasser stehenden Kraniche scharf abgebildet.

Die ISO-Zahl musste ich aufgrund des wenigen Lichts am Morgen auf 1600 erhöhen. So entstand ein Bild genau nach meinen Vorstellungen. Das Versteck verließ ich erst, nachdem der letzte Kranich zu den Nahrungsflächen aufgebrochen war.

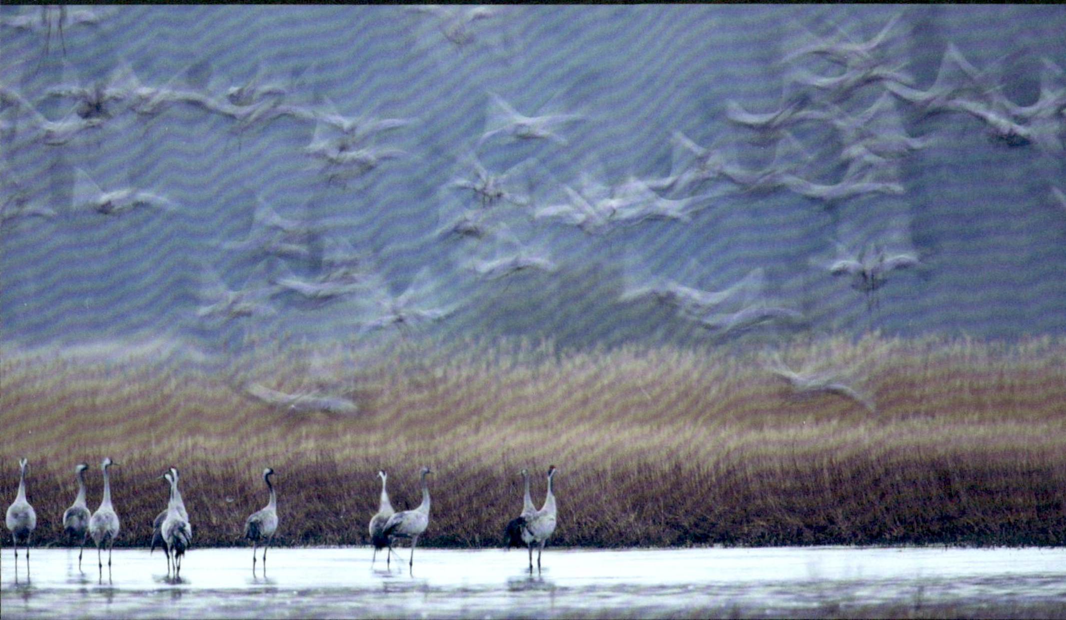

Bei jedem Wetter

Vorbereitung

Für Naturfotografen gibt es kein schlechtes Wetter. Gerade wenn ungewöhnliche Wettersituationen herrschen, solltest du dich für Fototouren bereit machen. Durch wechselhaftes Wetter mit Sonne, Wolken, Sturm, Regen und Schnee ergeben sich interessante Bildkompositionen, die sonst nicht möglich sind.

In diesen Situationen zieht es mich förmlich in die Natur. Habe ich ein Motiv entdeckt, versuche ich meistens, mit dem vorhandenen Licht eine Gegenlichtsituation zu kreieren. So entsteht ein Lichtsaum um die Tiere, und die feuchte Umgebung liefert schöne Reflexionen.

Umsetzung

Es regnete leicht. Für einen kurzen Moment kam die Sonne durch einen winzigen Wolkenspalt. Die Sonne stand dabei auf „14 Uhr“, ideal für eine Gegenlichtaufnahme: Um die Uferschnepfe zeichnete sich ein zarter Lichtsaum.

Mit 1/500 s sind die Regentropfen noch als kurze Striche erkennbar. Die Wiese war durch den Regen feucht, und es bildeten sich im Gegenlicht die typischen runden Reflexionen. Da ich Blende f/5.6 bei 500 mm + 1,4x-Konverter Brennweite wählte, sind die Lichtreflexe nahezu kreisrund auf dem Foto zu sehen.

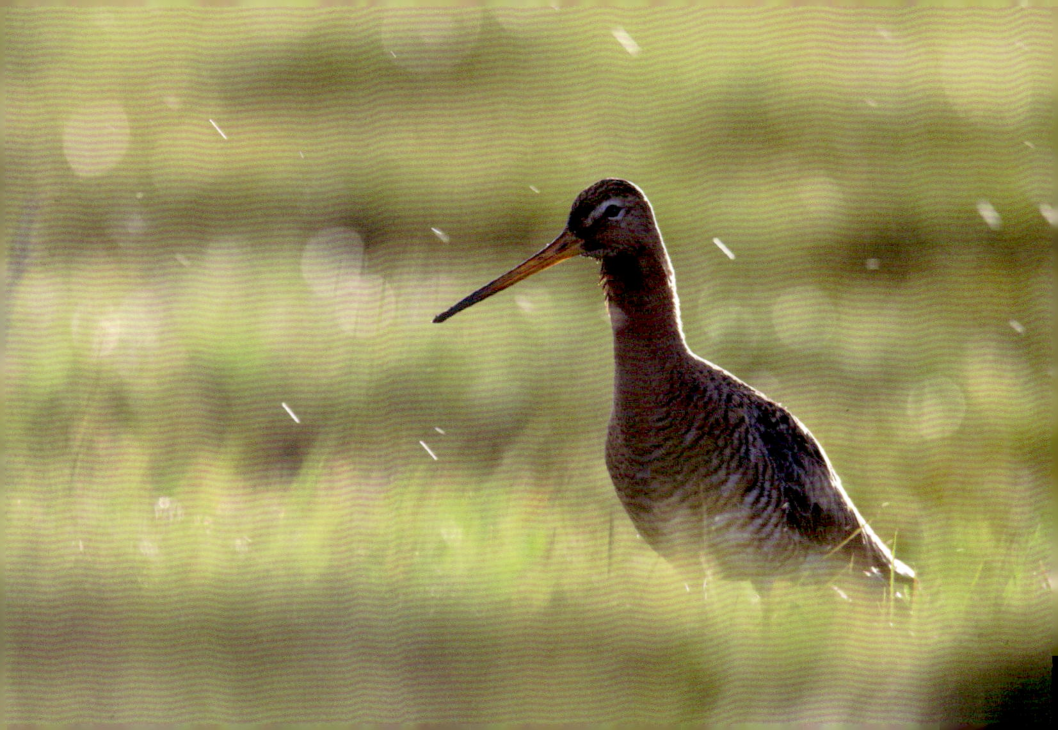

Lichtsaum

Vorbereitung

Einen besonderen Reiz stellt für mich die Fotografie mit dem seitlichen Gegenlicht dar. Je nachdem wie stark der Lichteinfall ist, kann ich mein Motiv so weit gestalten, dass nur noch einzelne Details sichtbar bleiben. Bei sehr starkem Gegenlicht verschwinden alle Strukturen des Tieres und es bleibt nur noch die Silhouette mit dem Lichtsaum erhalten. So kommen die feinen äußeren Details der Tiere besonders gut zur Geltung.

Das Foto entstand im Februar. Da ich eine Weile im kalten Sand abwarten musste, waren Isomatte und warme Kleidung von großem Vorteil. Bei solchen Vorhaben empfehle ich immer, ein Bodenstativ oder einen Bohnensack dabeizuhaben – außerdem natürlich die passende Kleidung!

Umsetzung

Wieder begab ich mich auf Augenhöhe zum Tier und legte mich auf den Sand. Der gesamte Strandabschnitt lag vor Sonnenaufgang völlig im Dunklen. Ich wartete, bis die ersten Sonnenstrahlen es über die Düne schafften und die Robbe in dieses Licht setzten. Das Warten und die Geduld zahlten sich auch hier wieder aus: Die Barthaare und sogar die Wimpern der Kegelrobbe sind im Gegenlicht deutlich sichtbar.

Mit 500 mm + 1,4x-Konverter Brennweite und einer ISO-Zahl von 100 konnte ich bei 1/60 s noch mit Blende f/5.6 fotografieren.

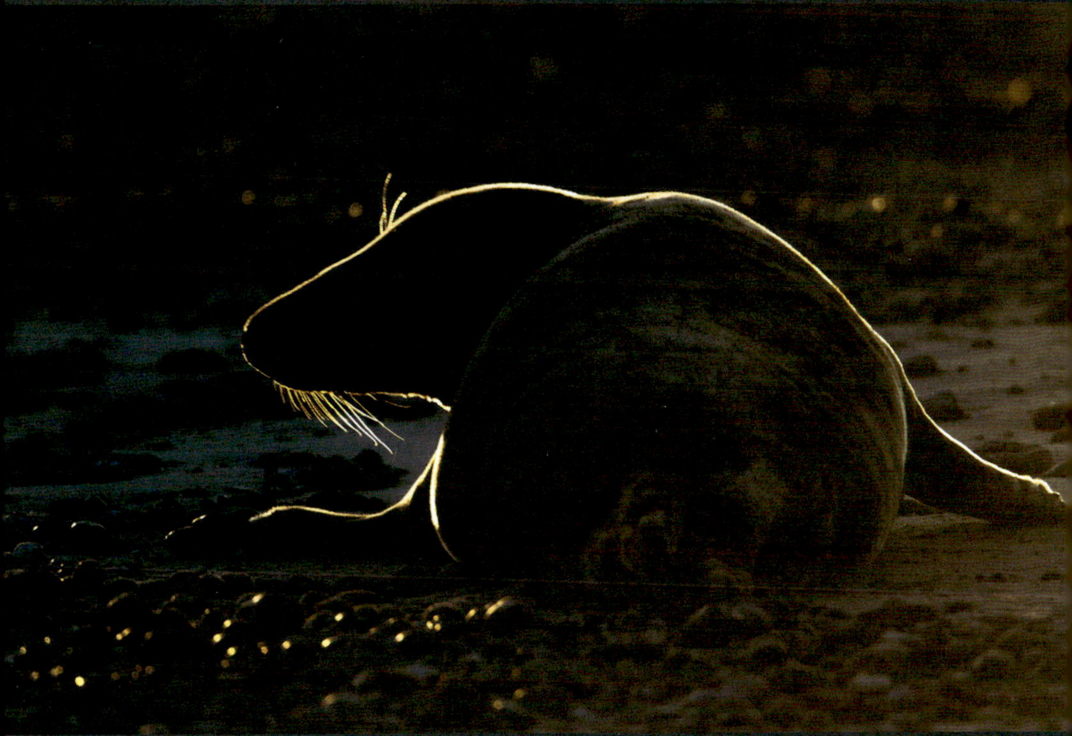

500 mm + 1,4x-Konverter | f/5.6 | 1/60 s | ISO 100

Niedlichkeitsfaktor

Vorbereitung

Die Fotografie von Jungtieren gehört sicherlich zu den Lieblingsmotiven vieler Tierfotografen. Meist lösen diese Bilder beim Betrachter spontan entzücktes Seufzen aus und zaubern ein Lächeln ins Gesicht. Ebenso wie die Fotografie von Kindern vermittelt die Fotografie von Jungtieren den ewig währenden Kreislauf der Natur, der immer wieder neues Leben erzeugt.

Die Schönheit und Zerbrechlichkeit unseres Planeten zu illustrieren, gelingt mit Fotos von Jungtieren besonders gut, da diese zeigen, was wir verlieren oder in vielen Bereichen schon verloren haben, wenn wir ihren Lebensraum zerstören.

Umsetzung

Das Foto der jungen Höckerschwäne gelang mir aus dem Schwimmversteck. Am frühen Morgen führten die Altvögel die Jungen auf den See zur Nahrungssuche. In einem Moment kamen sie direkt auf mich zugeschwommen. Jetzt musste ich nur noch warten, bis die vier gemeinsam ungefähr in einer Ebene schwammen, um sie alle scharf abzubilden.

Zur Anwendung kamen 500 mm + 1,4x-Konverter Brennweite, 1/320 s bei Blende f/5.6 und ISO 800. Durch die kleine Blendenzahl ist der Vorder- und Hintergrund unscharf und die jungen Schwäne sind im Bild freigestellt.

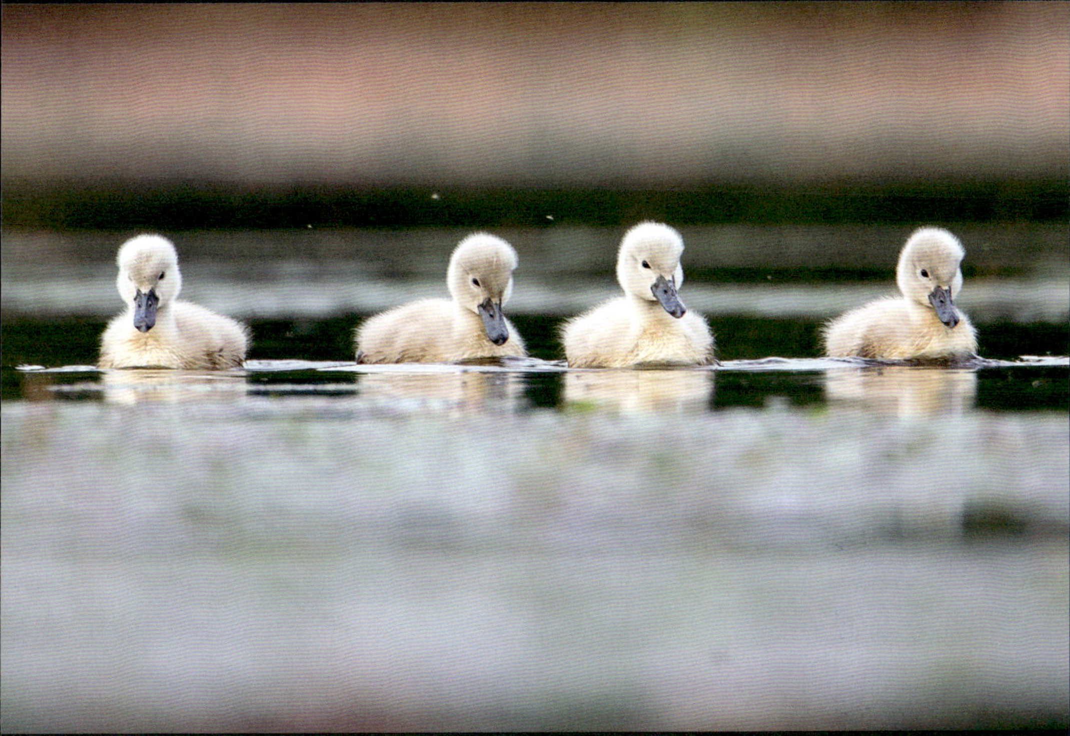

500 mm + 1,4x-Konverter | f/5.6 | 1/320 s | ISO 800

Morgengesang

Vorbereitung

Tiere müssen nicht immer bildfüllend abgebildet werden. Ein Spruch besagt zwar: „Wenn deine Bilder nicht gut genug sind, warst du nicht nah genug dran“, das stimmt meiner Meinung nach aber nur bedingt. Gerade in der Tierfotografie ist es interessant, Motive in ihrem Umfeld zu fotografieren. So kannst du den Betrachter in den Lebensraum und die Lebensweise einer Tierart mitnehmen. Dabei spielt es keine Rolle, wie groß das Tier abgebildet ist. Es können Tiere in einer weiten Landschaft sein oder einfach nur ein kleiner Singvogel auf der Singwarte in der Nähe des Brutplatzes.

Auf dem Foto siehst du ein singendes Blaukehlchen. Diese farbenprächtige Vogelart ist in den letzten Jahren vermehrt nach Norddeutschland eingewandert und zählt mittlerweile vielerorts zu den regelmäßigen Brutvögeln. Hier hatte es sich einen Sanddornbusch als Singwarte ausgesucht, den es laufend anflog. Der April ist die beste Jahreszeit, um Blaukehlchen in den Revieren anzutreffen. Dann sind die Männchen am singfreudigsten und weniger scheu.

Umsetzung

Ich wartete am Morgen, bis das Blaukehlchen mit dem Gesang begann. Dadurch erhielt der Hintergrund einen schönen warmen Farbton, und die Schnabelinnenseiten des Blaukehlchens leuchteten durch die flachen Sonnenstrahlen in einem satten Orangegelb.

Ich verwendete Blende f/5.6 bei 500 mm + 1,4x-Konverter Brennweite, um Vorder- sowie Hintergrund verschwimmen zu lassen. Da ein leichter Wind wehte und das Blaukehlchen sich auf dem dünnen Zweig bewegte, war 1/640 s notwendig, um den Vogel scharf abzubilden.

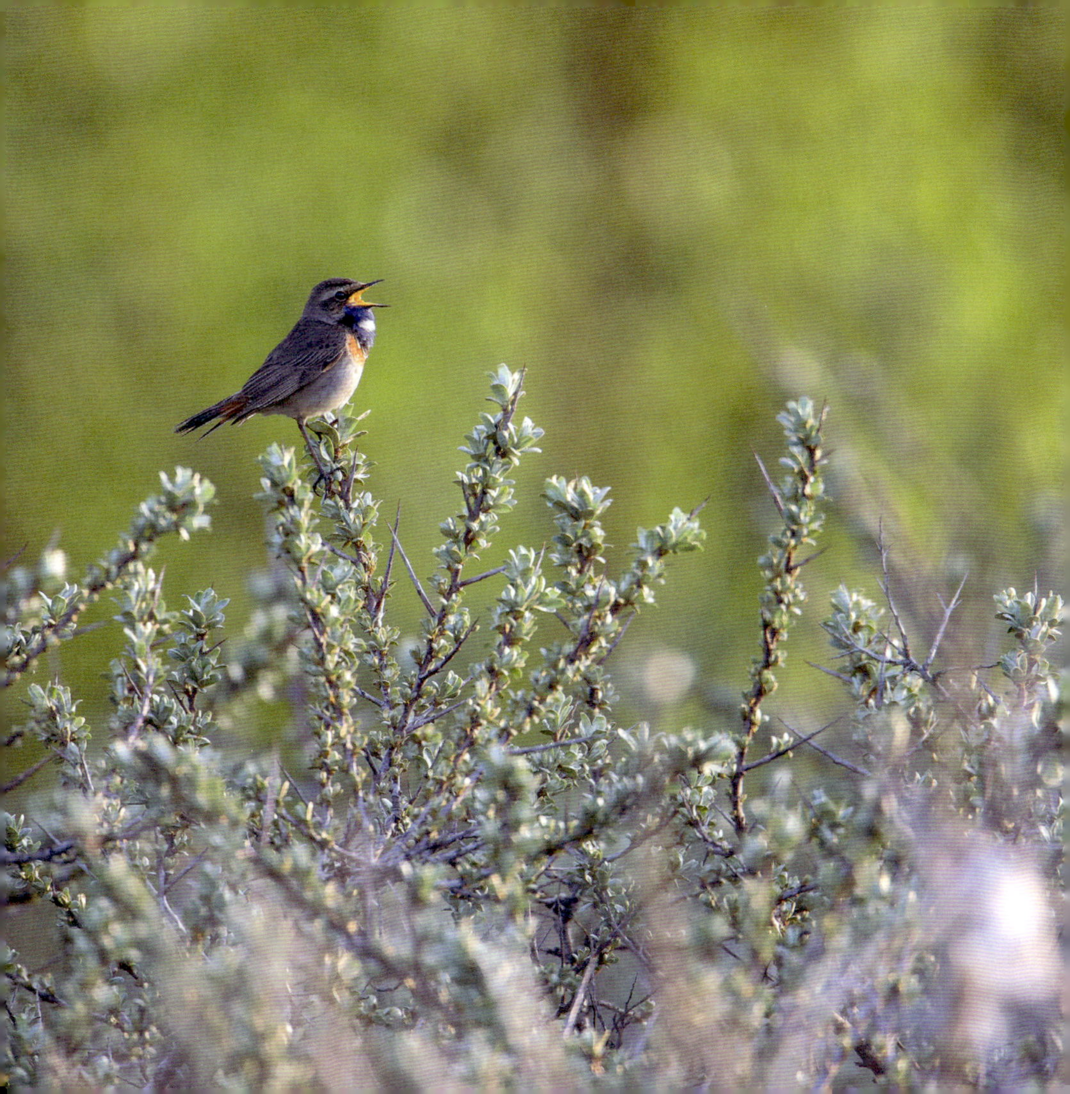

Porträt

Vorbereitung

Bei einem Porträt sollte sich bewusst ein großer Teil des Tieres nicht im Bild befinden. Wichtig sind auch hier die Bildaufteilung und die Lichtführung. Besonders attraktiv wirkt ein Porträt, wenn das abgebildete Tier gerade in einer Aktion zu sehen ist. Am besten gelingt das während der Nahrungsaufnahme oder bei gegenseitigen Interaktionen.

Hier ist ein Bienenfresser zu sehen, der gerade Beute gemacht hat. Bienenfresser ernähren sich hauptsächlich von Großinsekten. Libellen, Bienen, Käfer und Schmetterlinge stehen ganz oben auf der Speisekarte dieser tropisch anmutenden Vögel. Der Bienenfresser hat sein Brutgebiet in den letzten Jahren weit nach Norden ausgebreitet. Meist legt er seine Bruthöhlen in Steilwänden von Kiesabbaugebieten an. Dort lässt er sich an den Brutröhren mit Tarnversteck sehr gut fotografieren.

Umsetzung

Ich achtete darauf, dass der Vogel in Blickrichtung noch genug Raum zur Verfügung hat. Ich fokussierte auf das Auge des Vogels, wobei die Libelle ebenfalls im Schärfebereich lag. Durch die Beute im Schnabel wirkt das Bild interessant und macht den Betrachter neugierig, das Foto zu erkunden.

Da sich weit entfernt im Hintergrund eine bräunliche Böschung befand, konnte ich mit Blende f/8 arbeiten. Der Hintergrund verschwamm genügend, und die Schärfentiefe reichte aus, um den Bienenfresser und seine Beute scharf darzustellen.

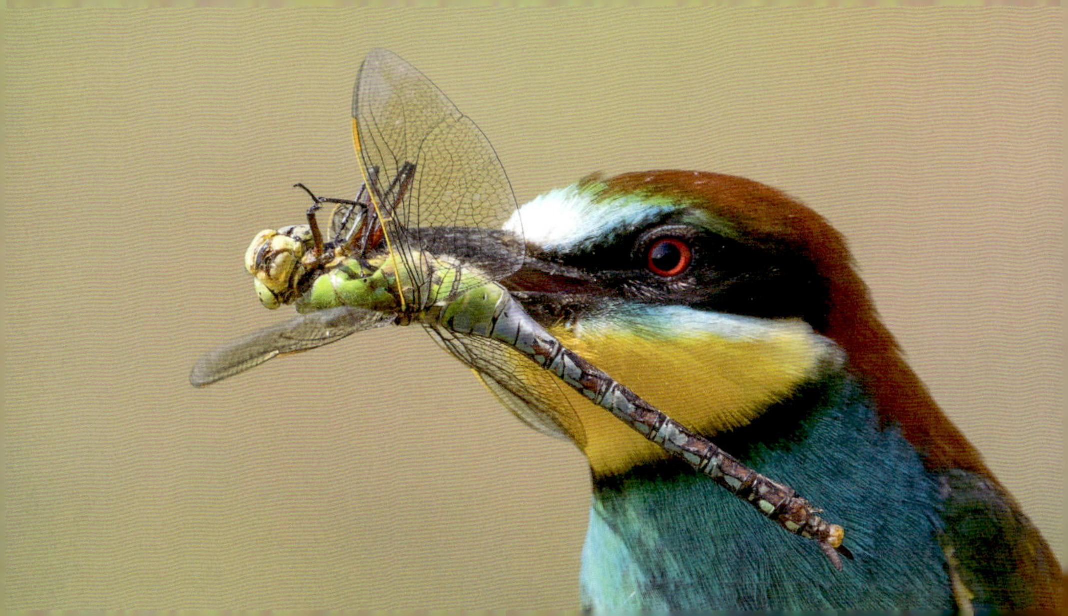

Pastelltöne

Vorbereitung

Hirschkühe treten meist in Rudeln auf, und es ist schwierig, einzelne Exemplare freizustellen. Zudem ist Rotwild äußerst scheu, da es fast überall bejagt wird. Am effektivsten ist es, du fragst ortsansässige Jäger, wo du es am besten fotografieren kannst. Sie kennen sich meist aus und werden dir unter Umständen die besten Beobachtungsplätze zeigen.

Nicht alle Jäger sind gut auf Fotografen zu sprechen. Wenn du im Vorfeld offen dein Anliegen darlegst, wirst du auf Verständnis treffen. Meist wird dir der Jäger die Fotografie vom Hochsitz aus anbieten. Das ist für unsere Zwecke aber recht ungeeignet, da dir von dort nur Bilder „von oben nach unten“ gelingen. Lege dar, dass du die Tiere lieber auf Augenhöhe fotografieren möchtest, und bitte ihn, dein Tarnzelt direkt unter dem Hochsitz platzieren zu dürfen. So bist du mit deinem Zelt kein zusätzlicher Störfaktor im Gelände und hast das Wild auf Augenhöhe vor dir. Meist kannst du das Tarnzelt direkt in die Ständer des Hochsitzes integrieren.

Umsetzung

Die Hirschkuh bekam noch keinen Wind von mir und näherte sich meinem Tarnzelt sehr langsam. Ich konnte in aller Ruhe meine Einstellungen an der Kamera vornehmen. Dann platzierte ich das Tier auf der rechten Drittellinie des Fotos und wartete, bis es wieder nach links sah. Dann drückte ich den Auslöser und hatte mein perfektes, harmonisches Foto: Das Tier schaut in den Raum des Bildes hinein, und das erste Licht des Tages zaubert die pastellenen Farben der gerade beleuchteten Waldlichtung auf den Sensor.

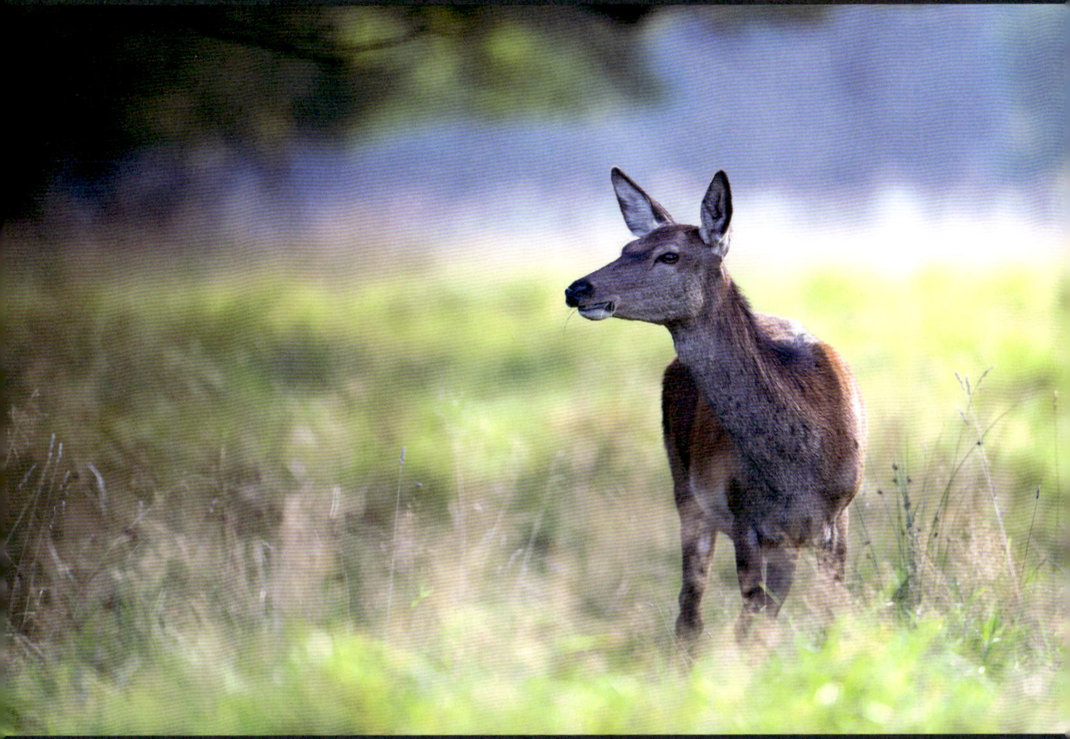

500 mm | f/4 | 1/640 s | ISO 400

Nebelnde Nebelkrähe

Vorbereitung

Manchmal ergeben sich auch bei sorgfältig geplanten fotografischen Vorhaben unvorhergesehene Momente, die dir besondere Motive bieten. Je öfter du dich in der Natur aufhältst und dich mit den Tieren beschäftigst, umso größer ist die Wahrscheinlichkeit, ungeplante und außergewöhnliche Szenen im Bild festzuhalten.

An einem Herbsttag wollte ich wieder einmal Seeadler am Luder fotografieren. Ich bereitete Tage vorher den Platz vor. Auch ein sehr heller Mäusebussard kam in letzter Zeit an diese Luderstelle, und ich hoffte, ihn in einer Interaktion mit einem anderen Bussard fotografieren zu können.

Umsetzung

Noch vor Sonnenaufgang war ich in der Fotohütte und hatte meine Ausrüstung aufgebaut. In der Ferne hörte ich schon Seeadler rufen. Vor die aufgehende Sonne hatten sich Nebelschleier gelegt, sodass sich keine grellen Sonnenstrahlen bis zum Boden durchsetzten. Die Fotohütte stand so, dass das frühe Morgenlicht von ca. „14 Uhr" auf die Motive schien, und ich hatte am Vortag einen dicken Ast in der Hoffnung platziert, dass sich die Adler darauf niederließen.

Noch vor den Adlern kamen andere, um das Luder zu inspizieren. Dabei setzte sich eine Nebelkrähe direkt auf den platzierten Ast und krächzte laut. Durch die Kälte des Morgens hauchte sie dabei dem Sonnenlicht entgegen. Was für ein Zufall! Weder von dem Mäusebussard noch von Seeadlern gelangen mir an diesem Tag Bilder. Trotzdem war der Tag für mich perfekt, hatte ich doch ein Foto, mit dem ich nicht gerechnet hatte.

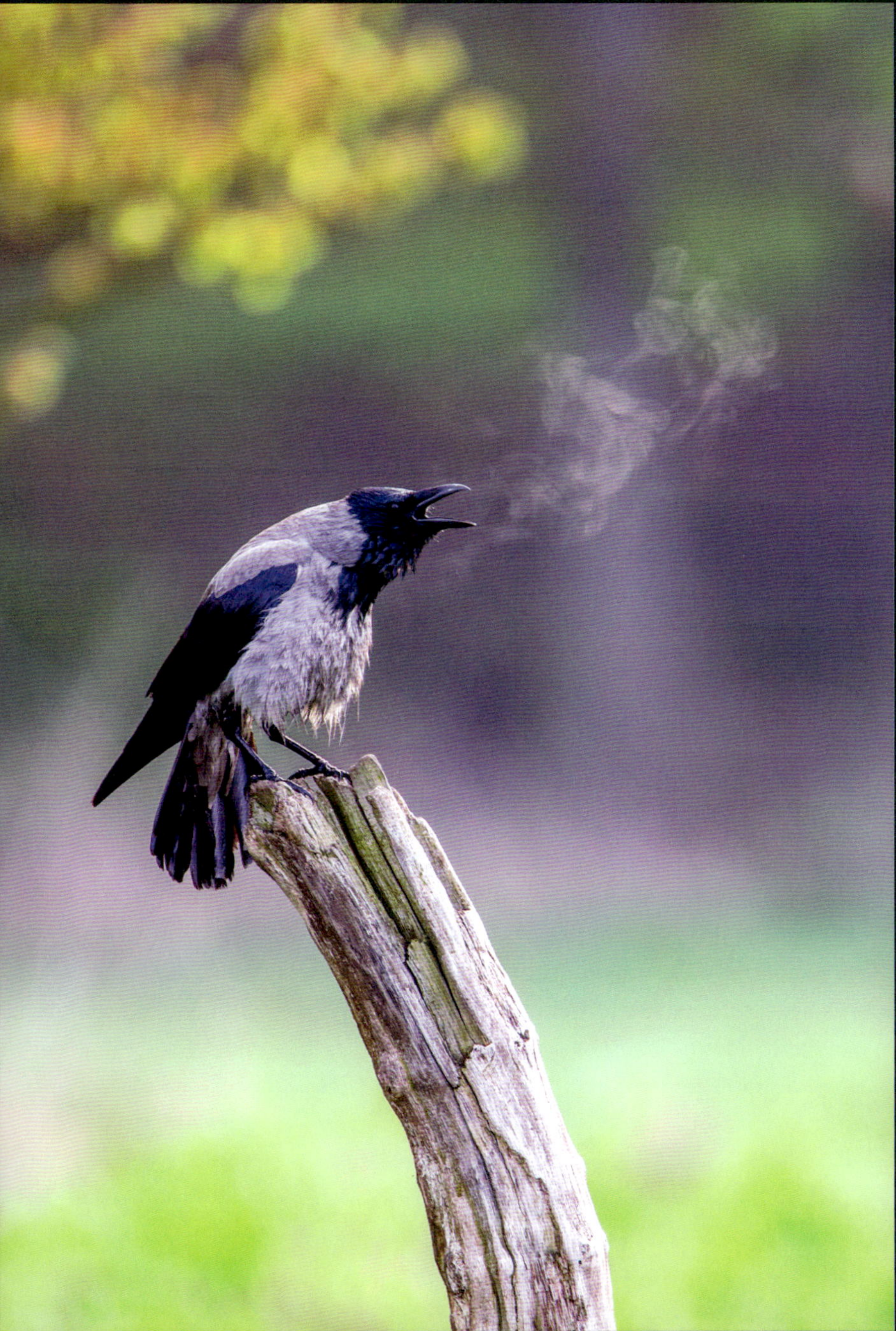

500 mm + 1,4x-Konverter | f/5.6 | 160 s | ISO 1000

Schnabelleuchten

Vorbereitung

Fotografierst du mit seitlichem Gegenlicht, entstehen reizvolle Lichtsäume um dein Motiv herum. So werden die Konturen der Tiere betont bzw. überhaupt erst sichtbar. Dafür eignet sich am besten die gerade aufgehende Sonne oder das Licht vor Sonnenuntergang.

Achte immer darauf, dass die strahlende Sonne nicht direkt im Bild ist, sondern seitlich außerhalb oder direkt hinter dem Motiv. Die Sonne selbst wird meist nur als weißer Fleck dargestellt und ist in den Lichtern zu grell.

Umsetzung

In Vogelkolonien kommst du oft besonders dicht an die Vögel heran und kannst experimentieren. Beim Foto des Papageitauchers habe ich darauf geachtet, dass der Hintergrund homogen ist und keine störenden Details ins Bild ragen. So kommen auch hier die Lichtsäume am besten zur Geltung und umleuchten den Vogel.

Hier wird ein Papageitaucher seitlich von der Mitternachtssonne angestrahlt. Auf der rechten Körperseite bildet sich dadurch ein feiner Lichtsaum. Zusätzlich wird der Schnabel von schräg hinten angeleuchtet, sodass sich dort ebenfalls ein leuchtender Rand bildet, der als Blickfang dient. Besonders gut kommen die Lichtsäume bei homogenem Hintergrund zur Geltung. Bewusst „versteckte“ ich einen hinteren Papageitaucher, damit er nicht vom Hauptmotiv ablenkt.

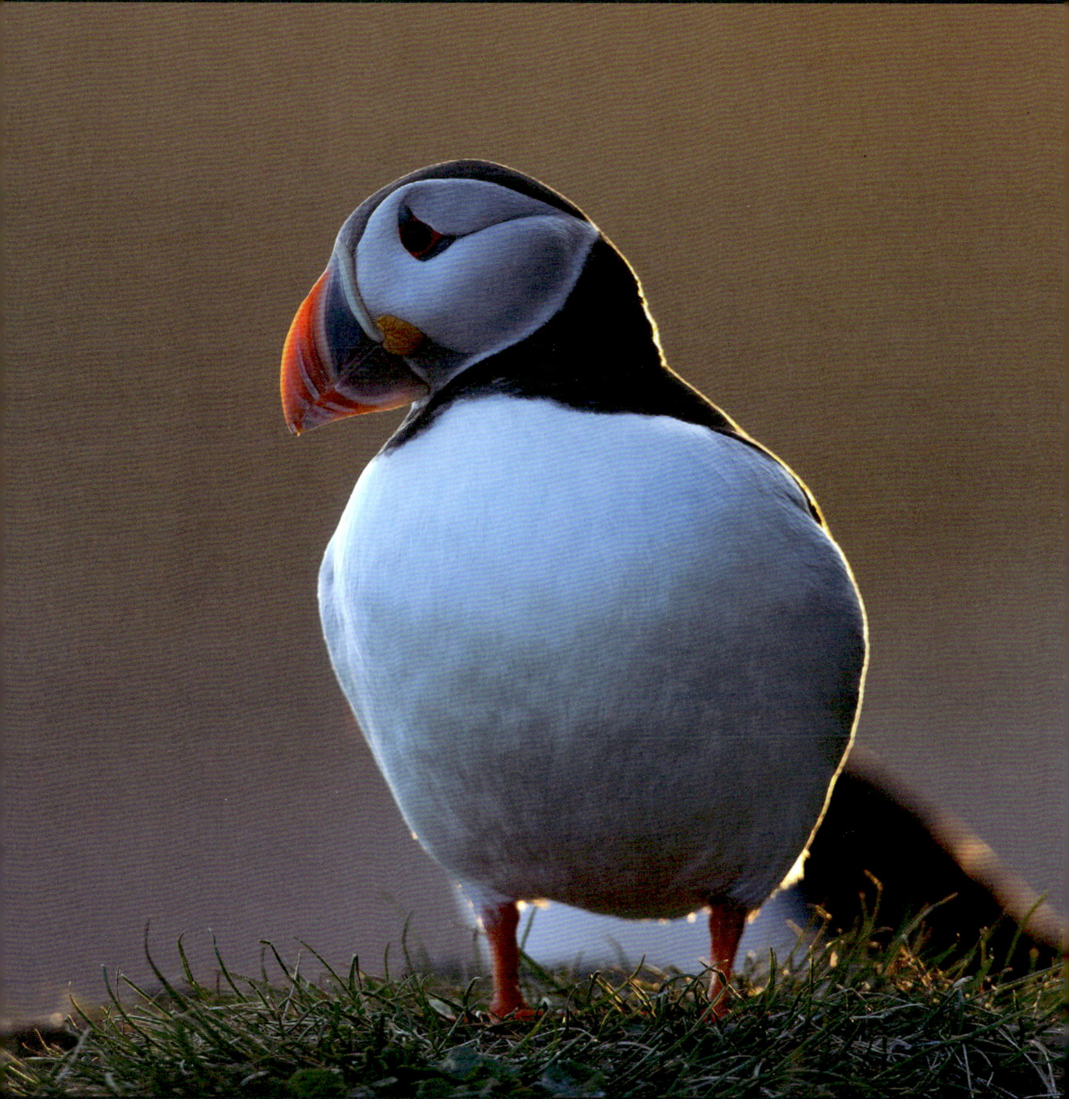

500 mm | f/6.3 | 1/250 s | ISO 800

Beim Bade

Vorbereitung

Um gute Plätze zum Fotografieren zu finden, solltest du im Vorfeld aufmerksam die Gewohnheiten der Tiere beobachten. Oft werden Tätigkeiten und Verhaltensweisen an gleichen Orten und zu mehreren Zeiten wiederholt. Ruheplätze der Tiere, Nahrungsquellen oder Aussichtswarten werden immer wieder benutzt. Kennst du solche Plätze, kannst du dir das zunutze machen, indem du versuchst, dort dein Tarnzelt aufzubauen oder anzusitzen.

Umsetzung

Ein Paar Mantelmöwen suchte jeden Morgen denselben Platz auf, um von dort aus ein Bad zu nehmen. An diesem Morgen hatte ich mich dort positioniert, um die Möwen dabei zu fotografieren. Leider klappte dies nicht besonders gut, da immer wieder zu viele Möwen in meinen Fokus kamen und ich keine Vögel freistellen konnte.

Dann flog das Möwenpaar zurück zu seinem Einstandshügel, um über sein frisches Brutrevier zu wachen. Dabei schüttelte sich eine Möwe das restliche Badewasser aus dem Gefieder. Ich hatte den richtigen Standort gewählt, da jetzt die abspritzenden Wassertropfen vom seitlichen Gegenlicht durchflutet wurden.

Der dunkle Hintergrund, den ich vorher bewusst in die Einstellung integriert hatte, verstärkt die Wirkung der Wassertropfen. Vor einem hellen Hintergrund und ohne Gegenlicht wären diese so nicht zu sehen gewesen.

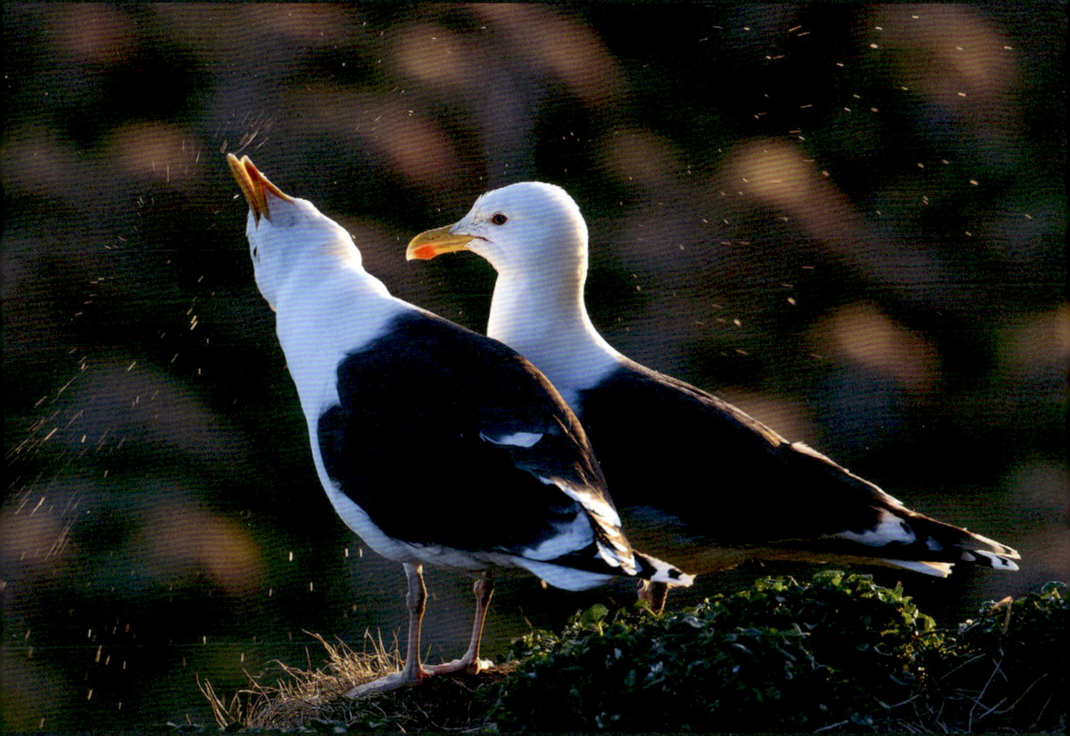

500 mm | f/6.3 | 1/320 s | ISO 1600

Auf der Lichtung

Vorbereitung

Hochwild – dazu gehört Rot-, Dam- und Rehwild – ist bei uns sehr scheu und lässt sich durch Anpirschen nur schwer fotografieren. Meist sind solche Fotos Zufallsprodukte, wenn das Wild dich zu spät entdeckt hat und du schon auf Fotodistanz bist. Willst du solche Fotos gezielt erstellen, geht das nur mit Tarnung und Ansitz.

In unseren Wäldern lebt das Wild am Tag meist zurückgezogen im Dickicht und kommt erst abends auf die Freiflächen zum Äsen. Solche Plätze zu kennen, ist von Vorteil, da du dich bereits vor dem Abend platzieren kannst und dann einfach nur auf das Wild wartest, bis es den dichten Wald verlässt.

Umsetzung

Hier baute ich mein Tarnzelt in Absprache mit dem Jagdausübungsberechtigten am Nachmittag an einer Lichtung auf. Achte hier wieder auf die Windrichtung, damit das Wild nicht deinen Geruch in die Nase bekommt.

Ich wartete bis zum Abend. Der Wald im Hintergrund war schon in der Dunkelheit verschwunden, als das Damwild die Lichtung betrat. Da das Objektiv aus dem Tarnzelt herausragte, achtete ich darauf, die Linse nur ganz vorsichtig zu bewegen und keine ruckartigen Bewegungen zu machen. So nimmt mich das Wild nicht als Störung wahr und es gelingen die gewünschten Bilder.

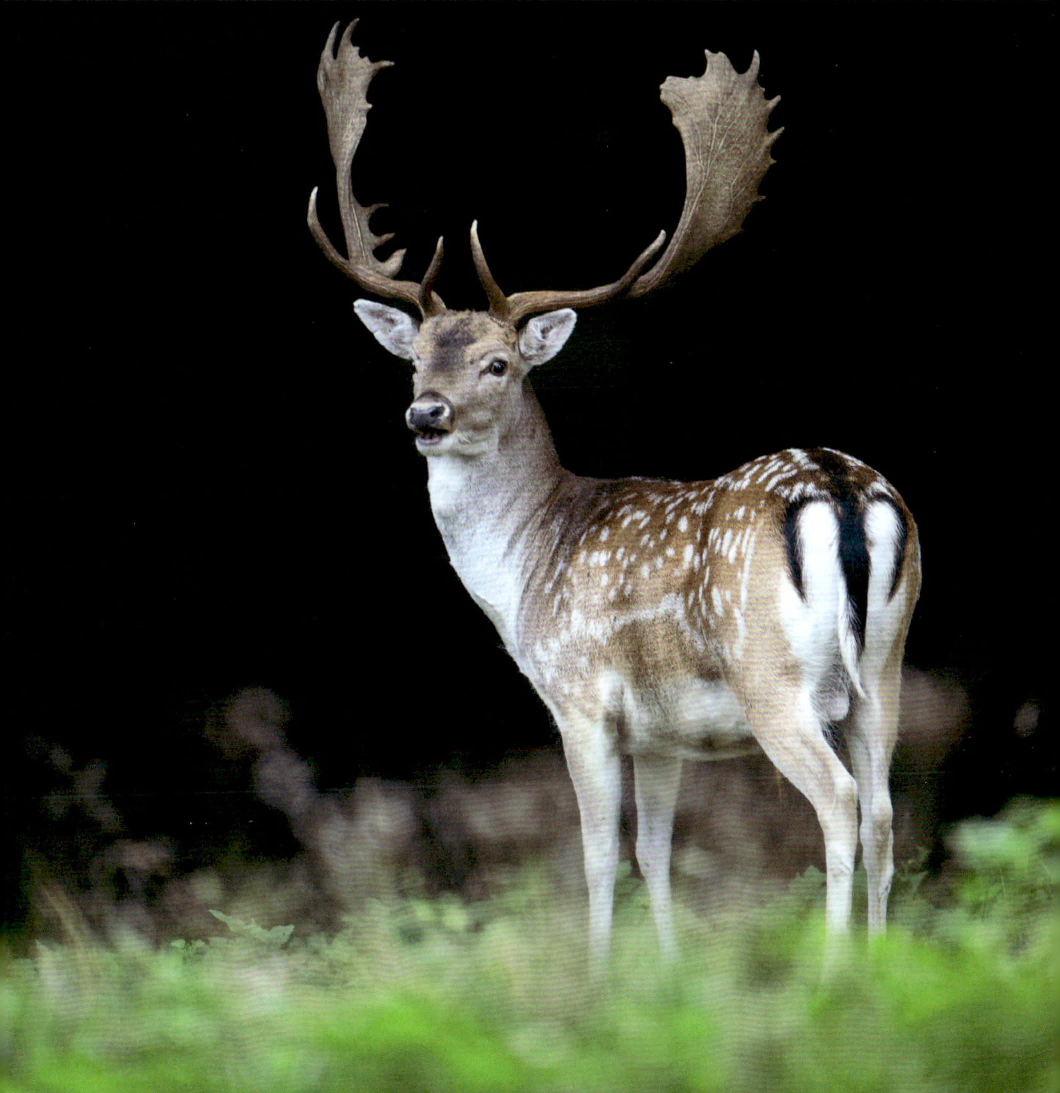

500 mm | f/4 | 1/50 s | ISO 1000

Wintergast

Vorbereitung

Seidenschwänze sind in Norddeutschland regelmäßige Wintergäste und kommen oft in großen Schwärmen aus Skandinavien zu uns. An einer Landstraße entdeckte ich einen Trupp dieser attraktiven Vogelart in Mehlbeerbäumen, die oft im Winter noch Beeren tragen und von den Seidenschwänzen gern gefressen werden.

Umsetzung

Hier suchte ich mir einen passenden Standort, um die letzten warmen Sonnenstrahlen des Tages mit auf das Bild zu nehmen. Die rötlich-orangefarbenen Lichtreflexe im Hintergrund wurden durch ein rotes Ziegeldach eines Wohnhauses erzeugt und liefern ein weiches Bokeh.

In solchen Fällen fotografiere ich mit dem Einbeinstativ, um flexibel zu sein. So kann ich schnell meine Position ändern, was mit Tarnzelt kaum möglich wäre. Dabei achte ich immer genau darauf, wie sich der Hintergrund zum Vogel verhält.

Das Tier sollte möglichst freigestellt sein oder in schönen Lichtstimmungen abgebildet werden. In dieser Situation kannst du gut mit dem seitlichen Gegenlicht arbeiten, wenn es die örtlichen Gegebenheiten zulassen. Einige Vögel sind mehr an Menschen gewöhnt und haben eine viel kürzere Fluchtdistanz, als das bei Wild der Fall ist.

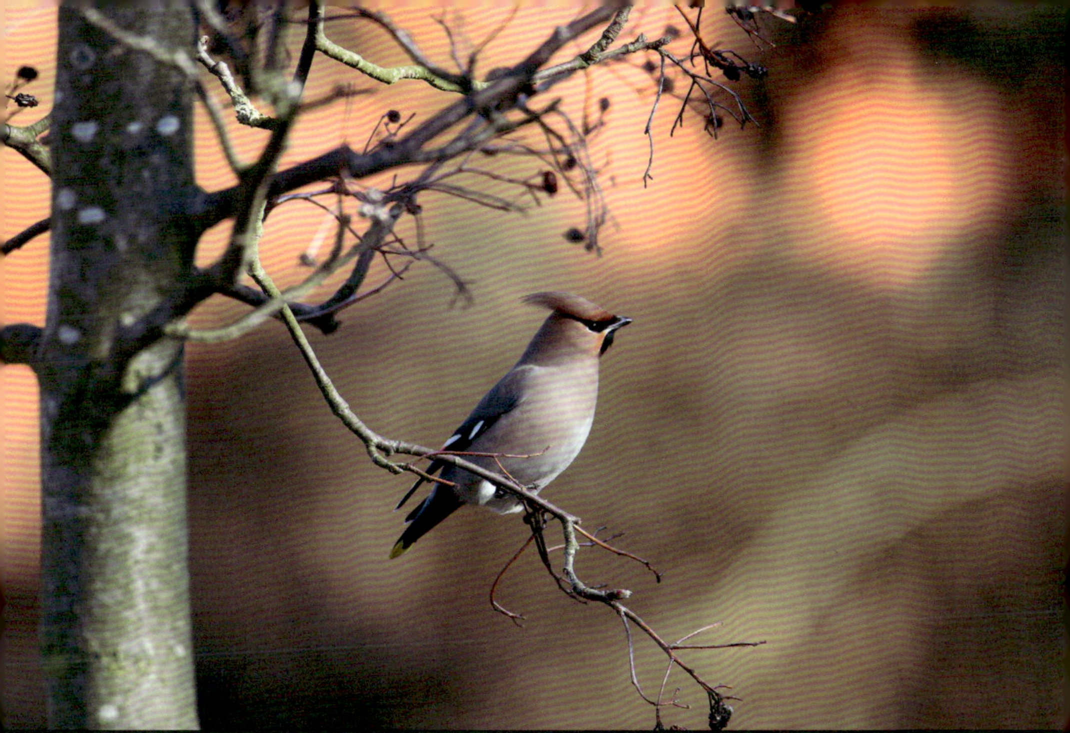

500 mm + 1,4x-Konverter | f/5,6 | 1/200 s | ISO 200

Ertappt

Vorbereitung

Wenn du das Verhalten von Greifvögeln kennst, kannst du dich auf bestimmte Situationen optimal vorbereiten und diese fotografieren.

Das Koten selbst ist ein Vorgang von einem Bruchteil einer Sekunde. Der Vogel kündigt dies aber durch sein Verhalten vorher an. Das erkennst du daran, dass er sein gesamtes Körpergewicht nach vorn verlagert und die Kloakenpartie nach oben verlagert. Das passiert meist sehr langsam, sodass du darauf reagieren kannst. So hast du im entscheidenden Moment den Finger am Auslöser und erwischst diesen kurzen Moment.

Umsetzung

An den Luderplätzen für Seeadler erscheinen mitunter auch andere Greifvögel und versuchen an der ausgelegten Nahrung zu partizipieren. Rotmilane sind ebenfalls Aasfresser, deshalb wirst du diese Art oft als Gast vor der Fotohütte fotografieren können. Mit Mäusebussarden, Milanen und Seeadlern kannst du an solchen Plätzen immer rechnen, da alle gemeinsam Aasfresser sind. Falken, Fischadler und Weihen hingegen wirst du dort nicht finden, da diese nur Lebendnahrung aufnehmen.

Ein paar schöne Sitzwarten an diesen Plätzen bieten gute Möglichkeiten, die Greifvögel gezielt zu platzieren. Hier kannst du Äste oder Baumstämme so legen, dass sich ein schöner Hintergrund für das Foto ergibt.

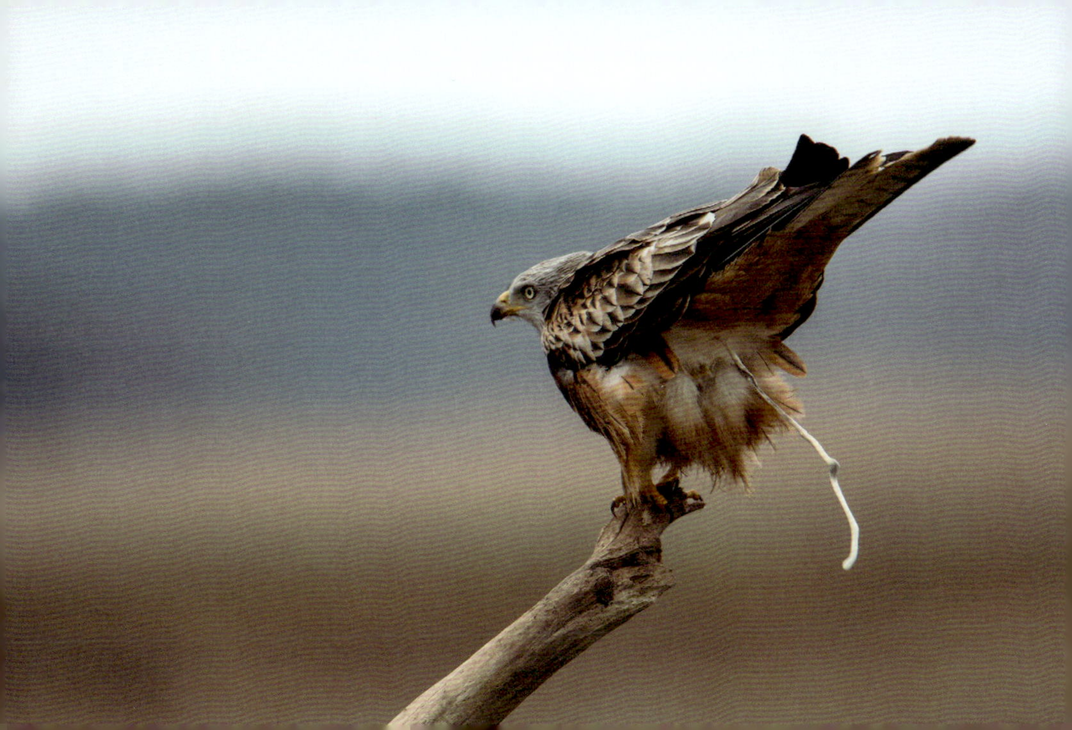

Schnappschuss

Vorbereitung

Seltene oder vom Aussterben stehende Tiere in Deutschland solltest du nicht an den letzten Plätzen ihres Vorkommens fotografieren. Die Gefahr eine Störung ist zu groß, und du gefährdest die letzten Bestände einer Art in Deutschland. Birk- und Auerhühner brüten in Deutschland nur noch an wenigen Stellen. Willst du diese fotografieren, lohnt sich eine Reise nach Skandinavien oder Finnland, wo diese Vögel noch häufig anzutreffen sind und die Gefahr einer Störung äußerst gering ist.

In manchen Situationen ergeben sich zufällig interessante Kompositionen. Im Falle des Birkhahns auf einem Balzplatz in Schweden hatte ich das 500-mm-Teleobjektiv an der Kamera, und der Hahn kam sehr dicht an die Tarnhütte heran.

Umsetzung

Die Balz der Rauhfußhühner ist ein beeindruckendes Schauspiel, das du nie wieder vergisst. Ein Hahn balzte die ganze Zeit direkt vor der Fotohütte und näherte sich immer mehr meiner Position.

Er kam letztendlich so nah heran, dass ihn mein 500-mm-Teleobjektiv nicht mehr komplett ins Bild bekam. Die Luke für das Objektiv in der Tarnhütte war so klein, dass ich das Objektiv nicht weiter senken konnte. So entstand das Foto mit dem „abgeschnittenen“ Birkhahn rein zufällig. Später am Bildschirm war ich äußerst positiv überrascht, dass mir dieses Foto im perfekten Morgenlicht gelungen war.

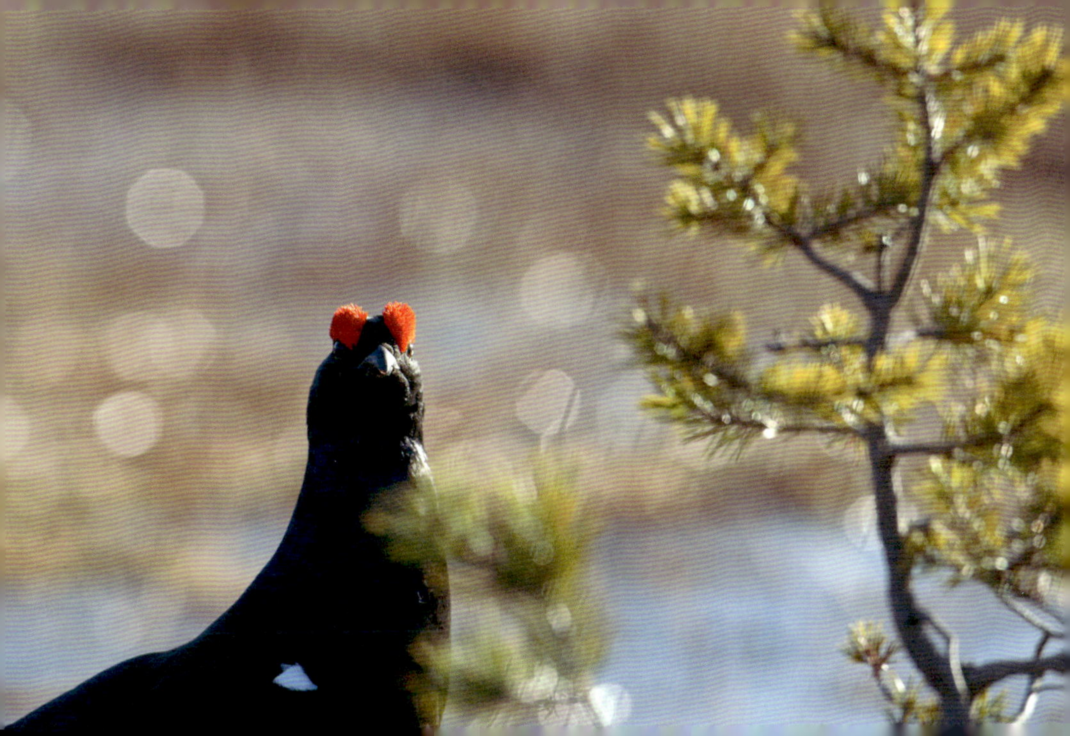

Auf Augenhöhe

Vorbereitung

Trau dich, einfach mal die eigene Augenhöhe zu verlassen! Auch bei kleineren Tieren versuche ich stets, sie auf deren Augenhöhe zu fotografieren. Die Fotos bekommen dadurch mehr Authentizität und sind spannender anzusehen.

Hier fotografierte ich an einem kleinen Tümpel Ende März die Balz der Moorfrösche. Ich hatte eine Isomatte dabei, um vom Ufer aus zu fotografieren. Das ist vorteilhafter, als mit Wathosen in die Laichgewässer der Amphibien einzudringen. Außerdem können dadurch Krankheiten, z. B. der gefährliche Chytridpilz, auf die Amphibien übertragen werden. Er ist mit ein Hauptverursacher des Amphibiensterbens bei uns, da er die Haut der Tiere angreift.

Umsetzung

Ich hatte mir eine kleine Gruppe von Moorfröschen ausgesucht und näherte mich ihnen ganz vorsichtig, breitete die Isomatte aus und brachte die Kamera auf dem Bohnensack in Position. Die Frösche waren aber sehr scheu und tauchten rasch ab. Es dauerte ungefähr eine Viertelstunde, bis sie wieder auftauchten. Plötzlich zeigte sich direkt hinter einem umgebrochenen Schilfhalm ein Frosch und lugte durch die entstandene Öffnung hindurch. Es war windstill und das Wasser ruhig und glatt. So ergab sich ein perfektes Spiegelbild für mein Foto – aus der stehenden Position hätte ich dieses Motiv nie wahrgenommen.

Da ich die Kamera auf einem Bohnensack lagerte, reichte 1/100 s, um ein scharfes Bild zu bekommen. Die hellen Spiegelungen im Vordergrund ergaben sich durch kleine feuchte Wasserpflanzen.

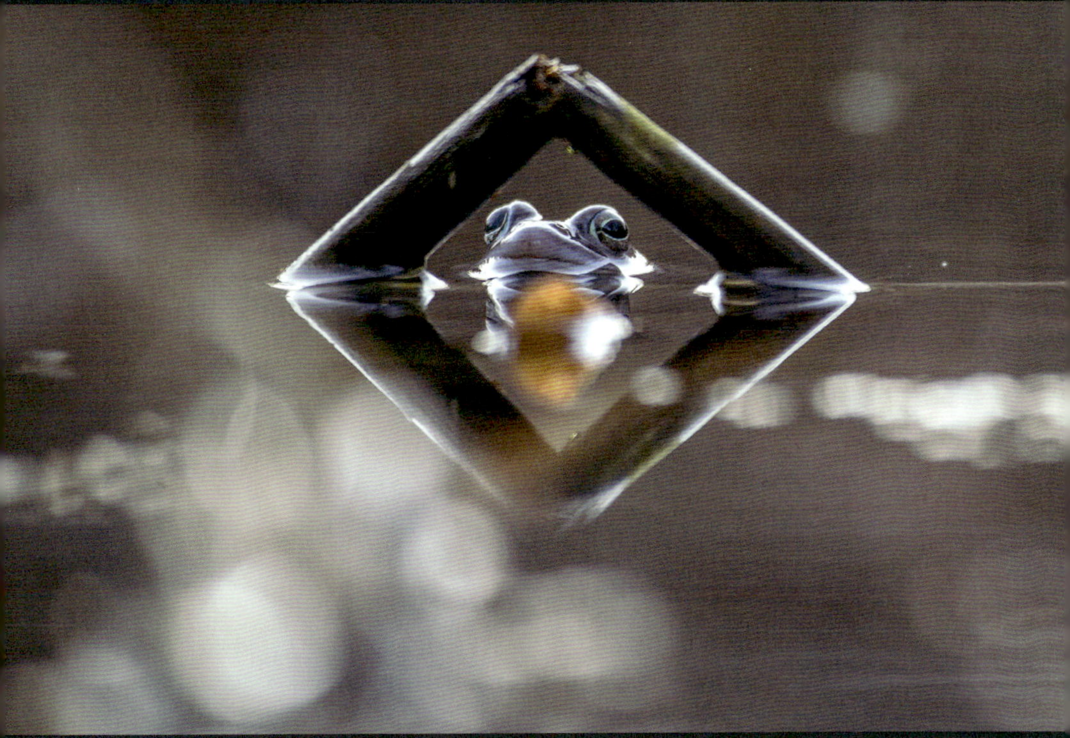

400 mm | f/5.6 | 1/100 s | ISO 1250

Schärfentiefespiel

Vorbereitung

Um Wasservögel in ihrer natürlichen Umwelt zu fotografieren, nutze ich oft das Wasserversteck. Damit ist es möglich, sich den Vögeln auf kurze Distanz zu nähern, ohne sie zu stören. Durch das Versteck bin ich als Mensch nicht mehr zu identifizieren und stelle für die Vögel keine Gefahr dar. Durch die niedrige Position der Kamera ergeben sich wunderbare Gestaltungsmöglichkeiten.

Indem du mit der Schärfentiefe arbeitest, kannst du innovative und kreative Bilder gestalten. Die Blumen und Wasserpflanzen im Vordergrund verschwimmen hier zu einer pastellfarbenen Farbpalette und geben dem Foto des Zwergtauchers die entsprechende Räumlichkeit.

Umsetzung

Um einen tiefen Kamerastandpunkt zu erreichen, nutzte ich hier das Wasserversteck. So war ich mit dem Objektiv direkt auf Wasser- und Augenhöhe des kleinen Tauchers. Durch die tief stehende Morgensonne ergaben sich im Hintergrund farblich harmonisierende Lichreflexionen.

Das Wasserversteck setzte ich schon am Abend vor dem Ansitz ins Wasser, damit die sich dort aufhaltenden Vögel an den Anblick gewöhnen konnten. Zum Ansitz begebe ich mich mindestens eine Stunde vor Sonnenaufgang in das Versteck und gleite vorsichtig und langsam an die Stelle, von der aus ich fotografieren möchte.

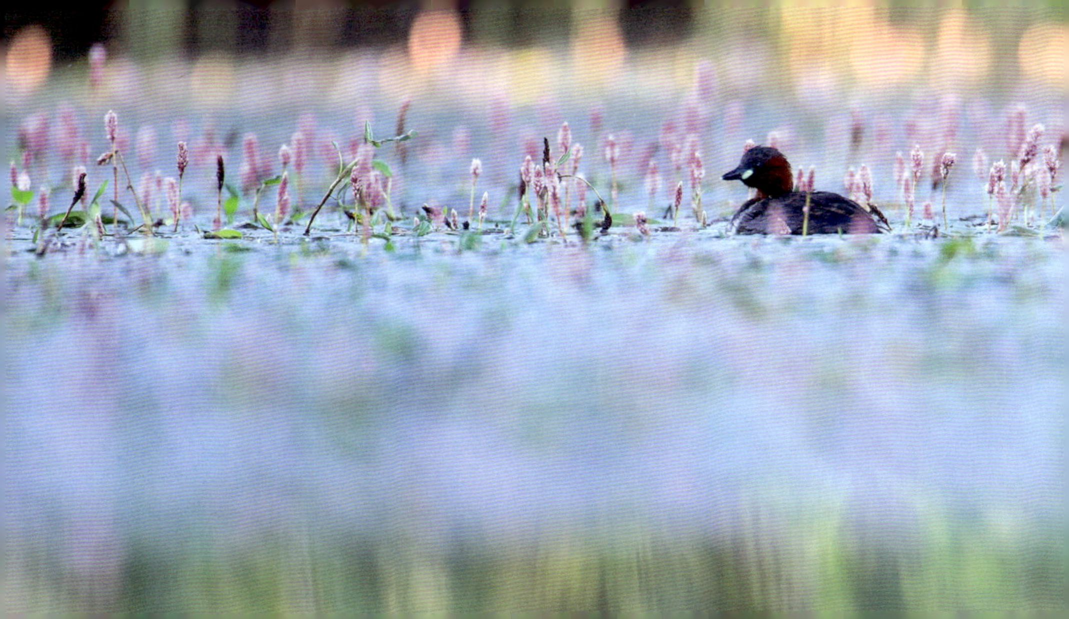

Diagonale

Vorbereitung

Auf dem Vogelzug sind besonders viele Vögel in unseren Landschaften anzutreffen, und oft ist es schwer, sich für einen Ort zu entscheiden. Uferzonen von Gewässern, der Strand oder andere Plätze bieten sich an, die bevorzugt von den Vögeln angeflogen werden.

Umsetzung

Hier legte ich mich mit meiner Tarnplane an einer geeigneten Stelle am Strand auf die Lauer, um Watvögel zu fotografieren. Ich wartete, bis die Vögel am Meeressaum auf mich zuliefen. Mit der nötigen Geduld und auf einer Isomatte liegend hält man es so eine Weile aus. Es ist immer besser, die Vögel auf dich zukommen zu lassen, als sich selbst ihnen zu nähern.

Bald näherten sich mehrere Knutts, und ich bekam meine gewünschten Bilder. Bewusst platzierte ich den vorderen Vogel auf dem rechten Bilddrittel. Der hintere Vogel ist unscharf dargestellt und vermittelt eine gewisse Tiefe im Bild. Beide Vögel haben die gleiche Körperhaltung und sogar das gleiche Bein angewinkelt. So wirken die Knutts wie eine Dopplung. Durch die beiden versetzt angeordneten Knutts entsteht eine gedachte Diagonale im Bild. Das warme Abendlicht rundet die Szenerie ab.

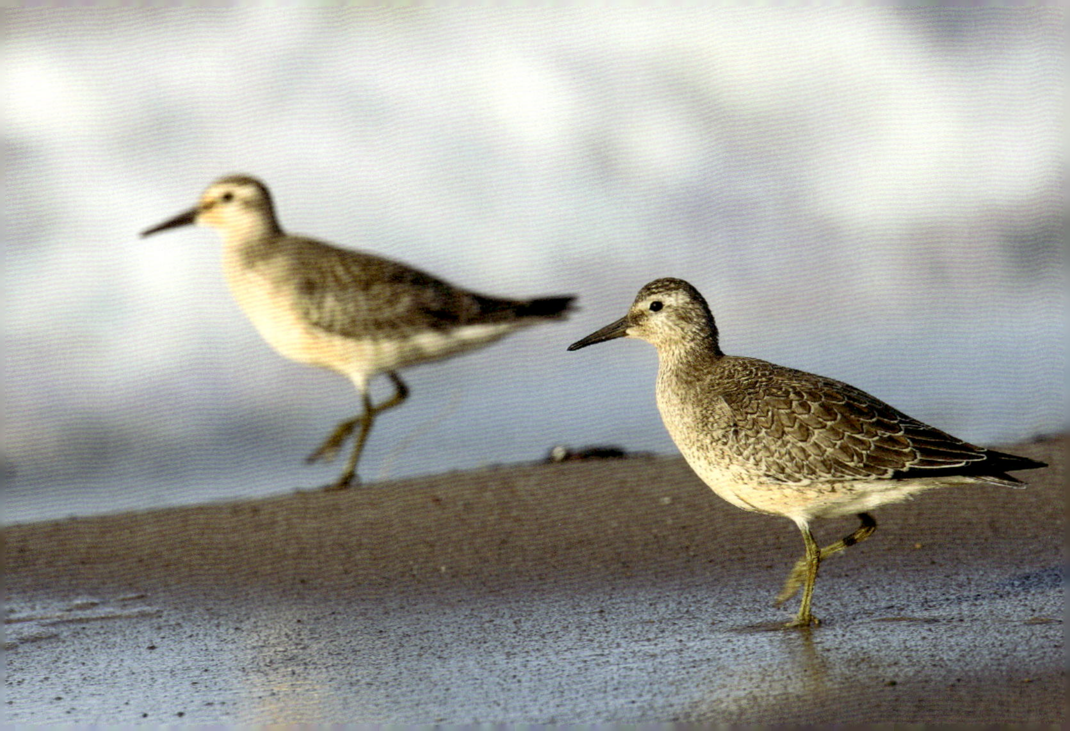

Schneetreiben

Vorbereitung

Singschwäne im Winterquartier nutzen fast täglich die gleichen Schlafgewässer. Am Tag fliegen sie auf die umliegenden Felder, um Nahrung aufzunehmen. Kurz vor Anbruch der Dunkelheit kehren sie zu den Schlafgewässern zurück. Wenn du diese kennst, kannst du dich dort richtig platzieren. Du musst dann nur noch warten, bis sie wieder von der Nahrungssuche zurückkehren, und bist schon vor Ort.

Fotografierst du bei extremen Wettersituationen wie Regen oder Schneefall, so versuche, einen dunklen Hintergrund für dein Motiv zu finden. Vor einem dunklen Hintergrund sind Regentropfen oder Schneeflocken viel besser zu sehen als vor einem hellen.

Umsetzung

Bei den Singschwänen wählte ich eine lange Belichtungszeit, um die Kamera in Flugrichtung der Schwäne mitzuziehen. Dadurch erhielt ich einen verwischten Hintergrund. Verwischte oder „gezogene" Hintergründe sind ein interessantes Gestaltungsmittel, das dir heute immer häufiger bei internationalen Fotowettbewerben und in Fachzeitschriften begegnet. Dazu bedarf es einiger Übung und Versuche.

Am besten gelingen diese Aufnahmen mit einem Drei-Wege-Neiger auf dem Stativ. So lässt sich die Kamera am besten in Flugrichtung mitziehen. Ich empfehle eine Einstellung von 1/30 s bis zu 1/60 s Belichtungszeit. Die konkrete Einstellung ist abhängig von der Geschwindigkeit deines sich bewegenden Motivs.

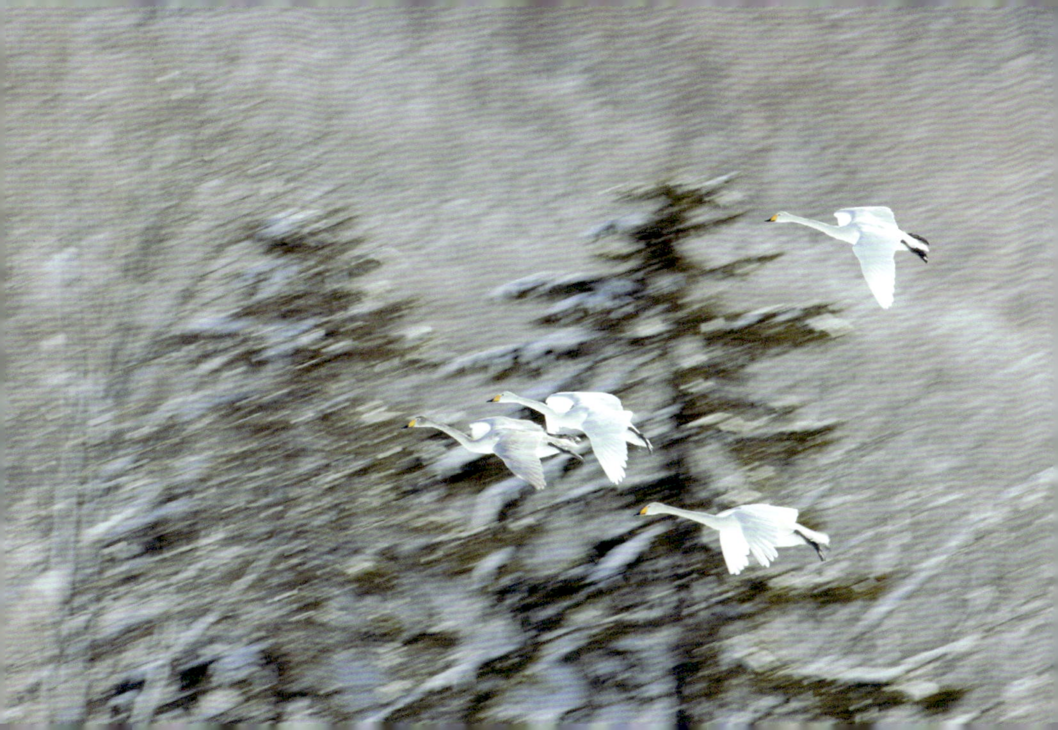

Auf dem Sprung

Vorbereitung

Bei spontanen Fototouren in deine nähere Umgebung ist es sinnvoll, die Kamera stets „schussbereit“ bei dir zu haben. Oft ergeben sich Situationen, bei denen du keine Zeit hast, deine Kamera auszupacken, das Stativ aufzubauen und die Kamera einzustellen. Geh immer davon aus, dass die Tiere dich zuerst sehen und eine gewisse Fluchtdistanz zu dir einhalten.

Eichhörnchen kommen in Deutschland und Europa in fast allen Gegenden vor. Der Bauch der Hörnchen ist immer weiß gefärbt, die restliche Fellfärbung variiert sehr stark von hellem Rot bis zu fast Schwarz. Eichhörnchen sind flinke Baumkletterer, was das Fotografieren nicht einfacher macht.

Umsetzung

Sobald ich mein Fotoziel erreiche, montiere ich die Kamera mit dem Teleobjektiv auf dem Einbeinstativ. Bevor ich loslaufe, prüfe ich die Einstellungen der Kamera. ISO-Zahl, Belichtungszeit und Blende passe ich den Lichtverhältnissen des Tages an, die Kamera ist im Zeitautomatikmodus (A/Av) bei weit geöffneter Blende (f/4 oder f/5.6).

Diese Kamera-Objektiv-Stativ-Kombination lege ich mir so auf die Schulter, dass Objektiv und Kamera auf dem Fotorucksack aufliegen. So werden meine Schultern bei längeren Fußwegen entlastet. Ergibt sich eine Situation zum Fotografieren, kann ich blitzschnell die Kamera von der Schulter nehmen und losfotografieren.

So ist auch das Bild des Eichhörnchens entstanden. Durch die weit geöffnete Blende ergibt sich im Hintergrund ein schönes Bokeh.

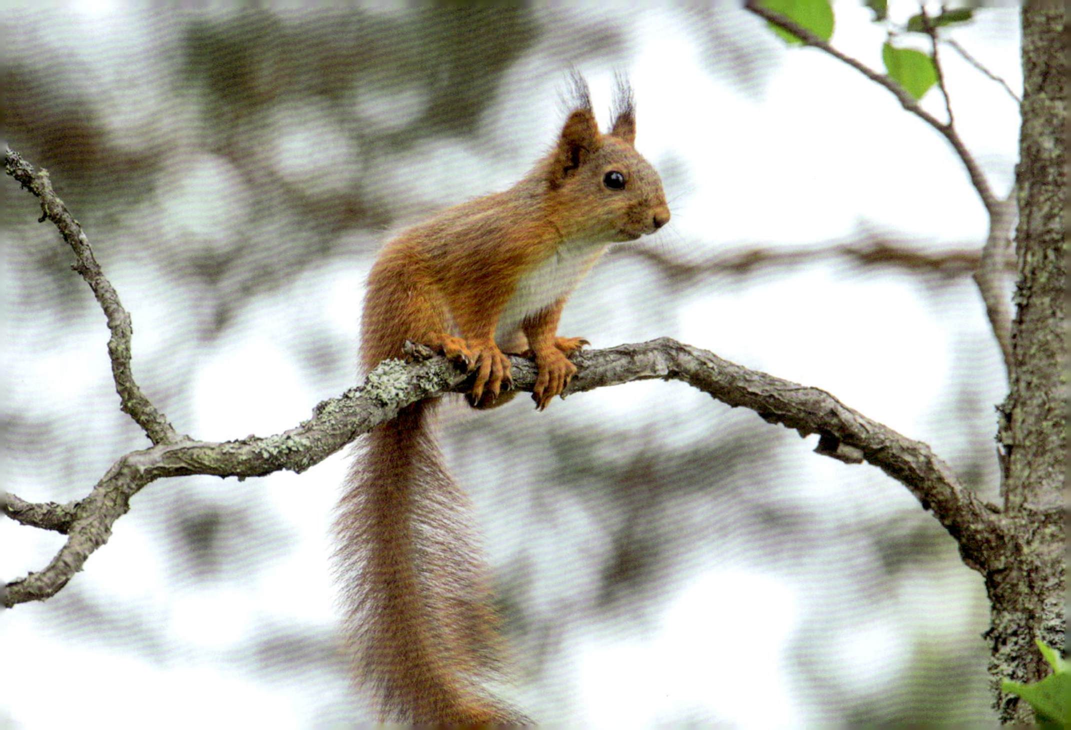

Zweisamkeit

Vorbereitung

Hier spielt die Intuition des Naturfotografen die Hauptrolle. Sich einzulassen und sich mit dem Moment und dem Tier zu verbinden, trägt maßgeblich dazu bei, ein Foto zu bekommen, das dich, aber auch andere berührt und inspiriert.

Sturmmöwen kommen an fast allen Küsten häufig vor, trotzdem sind sie ein lohnendes Motiv. Im Internet finden sich wahrscheinlich mehr Fotos von Eisvögeln als von Haussperlingen, denn häufige Tierarten lösen nicht den Reiz aus, sie zu fotografieren. Aber gerade hier ergeben sich gute Möglichkeiten, besondere Bilder zu machen, da viele häufige Arten eine geringere Fluchtdistanz zu uns Menschen entwickelt haben.

Stehen Tiere dicht beieinander, ist die Wahrscheinlichkeit groß, dass sich Interaktionen zwischen ihnen entwickeln. Du musst nur Geduld haben und warten.

Umsetzung

Obwohl in diesem Foto keine direkte Aktion zu sehen ist, entstand es genau im richtigen Moment. Beide Altvögel ruhten fast bewegungslos auf einem Felsvorsprung. Trotzdem richtete ich meine Kamera samt Teleobjektiv auf die beiden und wartete ab. Aus meiner Erfahrung heraus spürte ich, dass sich diese Situation noch entwickeln sollte. Dass ein Flügel der Möwe über der anderen liegt, ergab sich zufällig und suggeriert eine Umarmung.

Das Foto drückt sehr gut die intensive Bindung der Möwen während der Brutzeit aus. Der Hintergrund und das Licht passen perfekt zum Motiv. Es bestätigte sich wieder einmal, dass Abwarten und Sich-in-Geduld-Üben zum Erfolg führen.

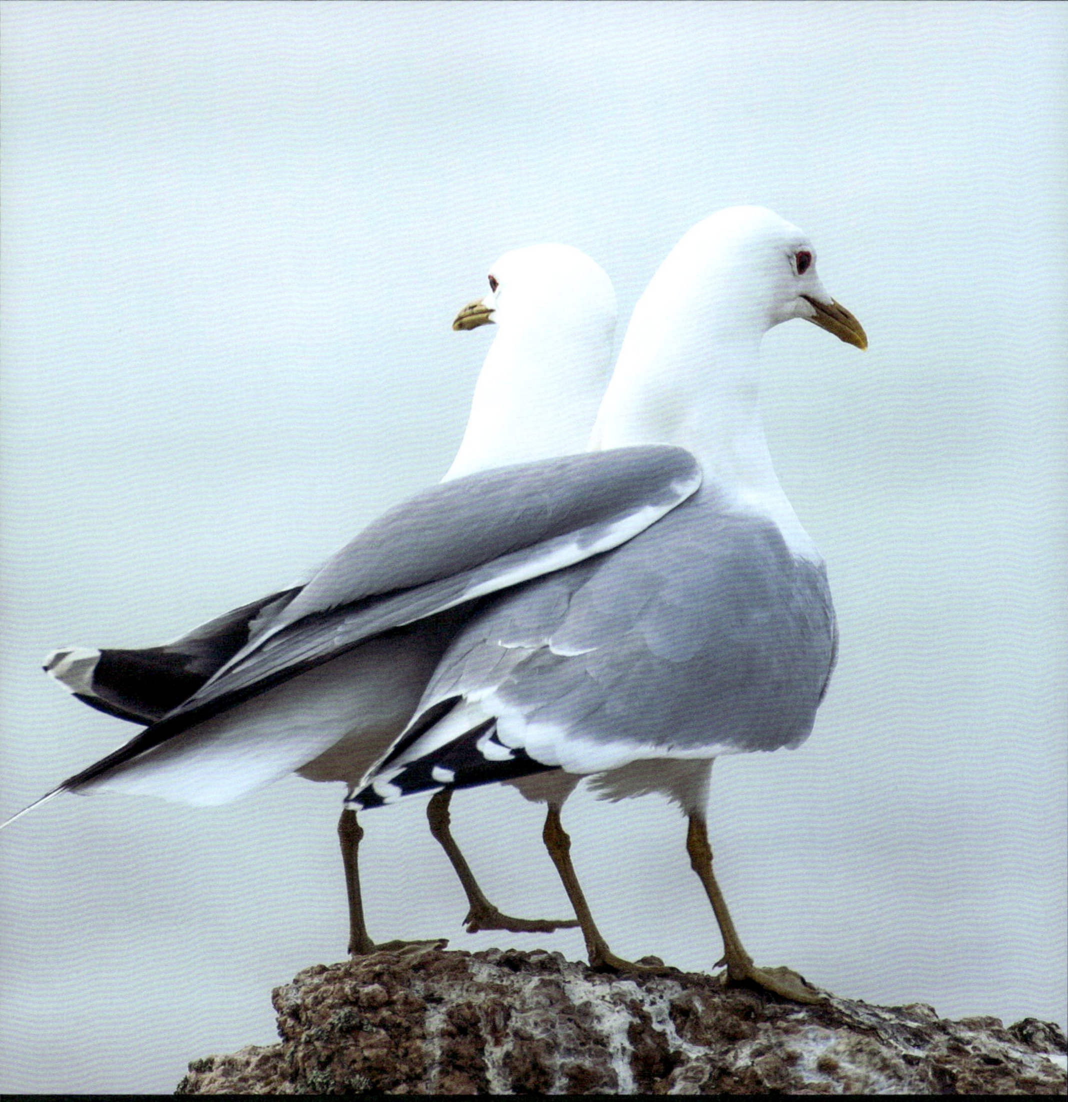

Im Morgenlicht

Vorbereitung

Höckerschwäne sind sehr brutortstreu und brüten jährlich an fast denselben Stellen. Kennst du Brutreviere, ist es relativ einfach, sie zu fotografieren. Während ein Partner immer am Nest bleibt und brütet, ist der andere mit der Nahrungsaufnahme beschäftigt. Dazu fliegen die Schwäne auch auf die am Brutrevier angrenzenden Wiesen. Wartest du lang genug und in entsprechender Entfernung, wird irgendwann die Situation eintreten, dass der Schwan startet. Diesen Moment musst du abpassen.

Umsetzung

Ich fotografierte hier aus dem Schwimmversteck. Nur so war dieser tiefe Kamerastandpunkt möglich. Es war bereits der dritte Morgen, an dem ich ansaß. Die Tage davor flog der Schwan erst zur Vormittagszeit ab, wo das Licht schon zu hart war und ich keine guten Bilder erhielt. Ich wollte gern ein Foto im ersten Licht des Tages, um diese Situation einzufangen.

Am dritten Tag erreichten die ersten Sonnenstrahlen die Wasseroberfläche des Sees, während der Wald im Hintergrund noch völlig im Dunklen verborgen war. Die gerade aufgehende Sonne lieferte das optimale Licht. Während der Wald im Hintergrund im Dunklen liegt, werden der Schwan und Teile des Sees bereits von den ersten Sonnenstrahlen erleuchtet.

Durch die Windstille am Morgen ergab sich auf dem Wasser zudem ein Spiegelbild. Die kurze Belichtungszeit ermöglichte eine brilliante Abbildung der aufspritzenden Wassertropfen.

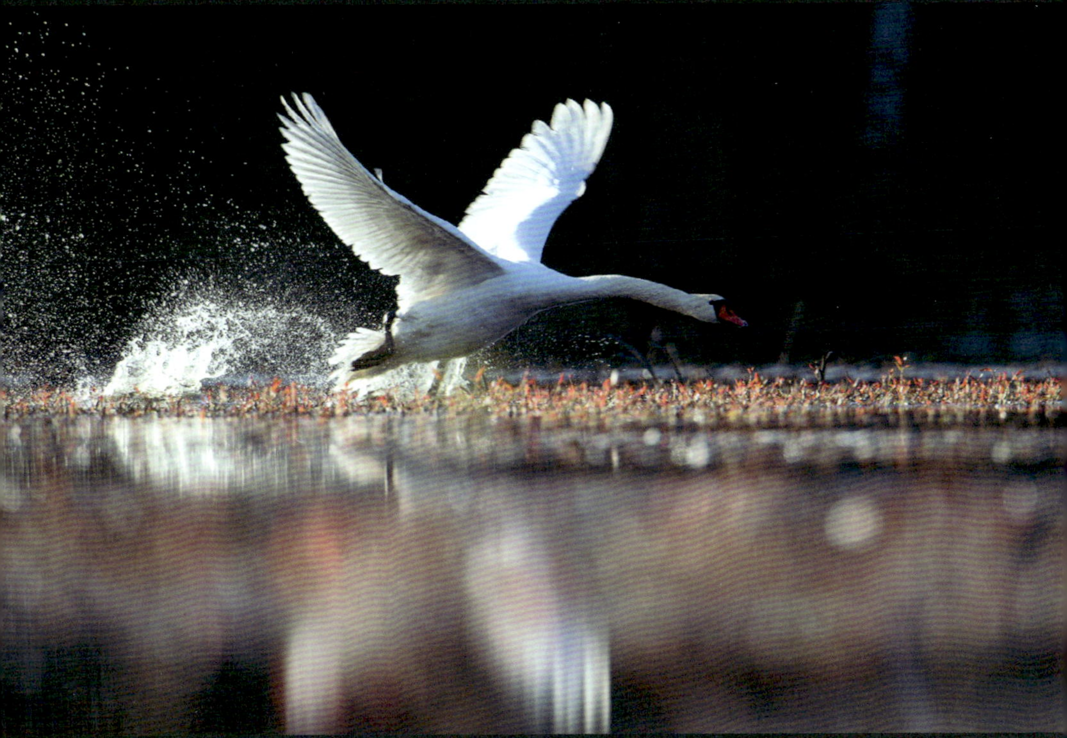

500 mm + 1,4x-Konverter | f/5.6 | 1/800 s | ISO 400

Kurze Pause

Vorbereitung

Feldhasen sind weit verbreitet. Sie bewohnen offene und halboffene Landschaften. Durch die starke Intensivierung der Landwirtschaft ist der Bestand heute jedoch in vielen Regionen Europas rückläufig. Deshalb wurde der Feldhase von der Schutzgemeinschaft Deutsches Wild zum Wildtier des Jahres 2015 gewählt.

Durch die jahrzehntelange Bejagung sind Feldhasen oft sehr scheu und lassen sich nicht leicht fotografieren. Sie sind in der Regel dämmerungs- und nachtaktiv, außer in der Fortpflanzungszeit im Spätwinter bzw. im Frühjahr. Dann beginnt die sogenannte Rammelzeit, und die Männchen kämpfen um die Weibchen. Das ist auch die beste Zeit, um sie zu fotografieren. Zwischen den Rangeleien der Hasen müssen die Männchen immer wieder ihr Fell pflegen.

Umsetzung

Feldhasen lassen sich gut aus dem Auto heraus fotografieren. Die Fluchtdistanz der Hasen ist dabei viel geringer, als wenn du dich ihnen zu Fuß nähern würdest.

Ich legte die Kamera mit Teleobjektiv auf den Beifahrersitz und fuhr ganz langsam und mit heruntergelassener Fahrerscheibe, die mit einer längs aufgeschnittenen Heizungsrohrisolation aus Kunststoff geschützt ist, die Feldwege entlang. So habe ich eine gute Auflage für das Teleobjektiv und bin schnell fotobereit.

Der Abstand zwischen mir und dem Tier ist ausreichend groß, damit das Tier nicht „von oben nach unten“ fotografiert wird. Mit entsprechender Entfernung wird der Winkel zum Tier so klein, dass ansprechende Fotos möglich sind.

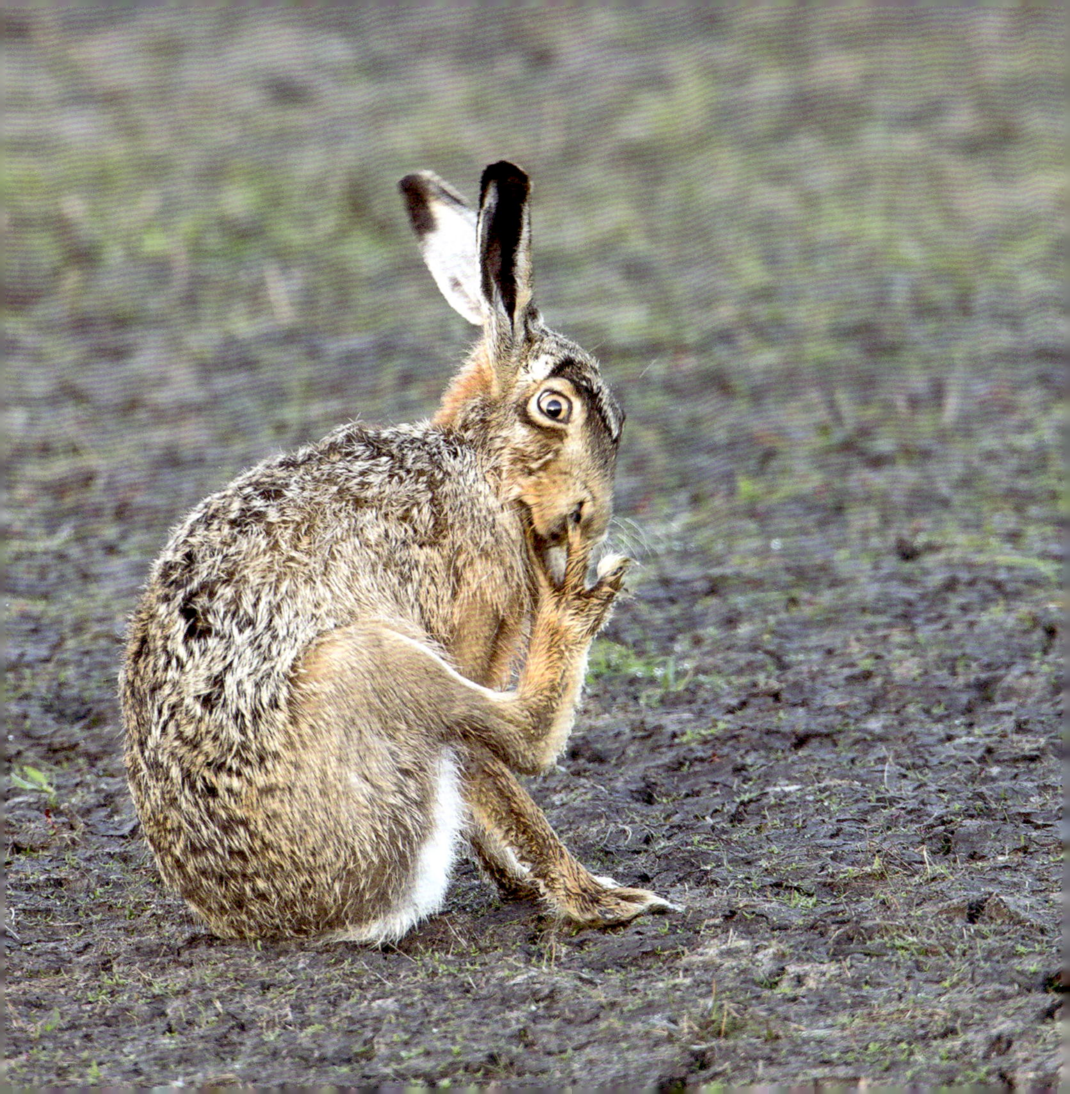

Formationsflug

Vorbereitung

Meerstrandläufer rasten oft in größeren Verbänden. Du findest diese Vögel an Stränden, die mit Tang und vielen Muscheln belegt sind, um nach Nahrung zu suchen. Dort solltest du ansitzen und warten.

Die Trupps bewegen sich meist sehr rasant und starten und landen an den Stränden oft ununterbrochen aus von uns nicht nachvollziehbaren Gründen. An geeignete Nahrungsstellen kehren sie aber regelmäßig zurück.

Solch große Ansammlungen von Meerstrandläufern sind bei uns selten zu sehen. Sie kommen fast ausschließlich an der Ost- und Nordseeküste zu den Zugzeiten vor. Zum Brüten fliegen sie ins nördliche Skandinavien und in die Arktis. Im Winter sind sie auf Rügen oder Helgoland gut zu fotografieren.

Umsetzung

Diesen Limikolenschwarm fotografierte ich an einem trüben Dezembertag, von der Ostsee kam Seenebel. Das Meer im Hintergrund ist kaum erkennbar, und die Vögel sind nur als Silhouetten dargestellt.

In ihrem Formationsflug ändern diese Vögel wie auf Kommando blitzschnell die Flugrichtung. Ich fotografierte mit hoher Serienbildgeschwindigkeit, um ein Foto zu bekommen, auf dem die Meerstrandläufer gerade ihre Richtung ändern und alle gleichzeitig mit den Flügeln quer zur Flugrichtung stehen. Der durch den Seenebel monochrome Hintergrund steht perfekt im Kontrast zu den dunklen Vögeln.

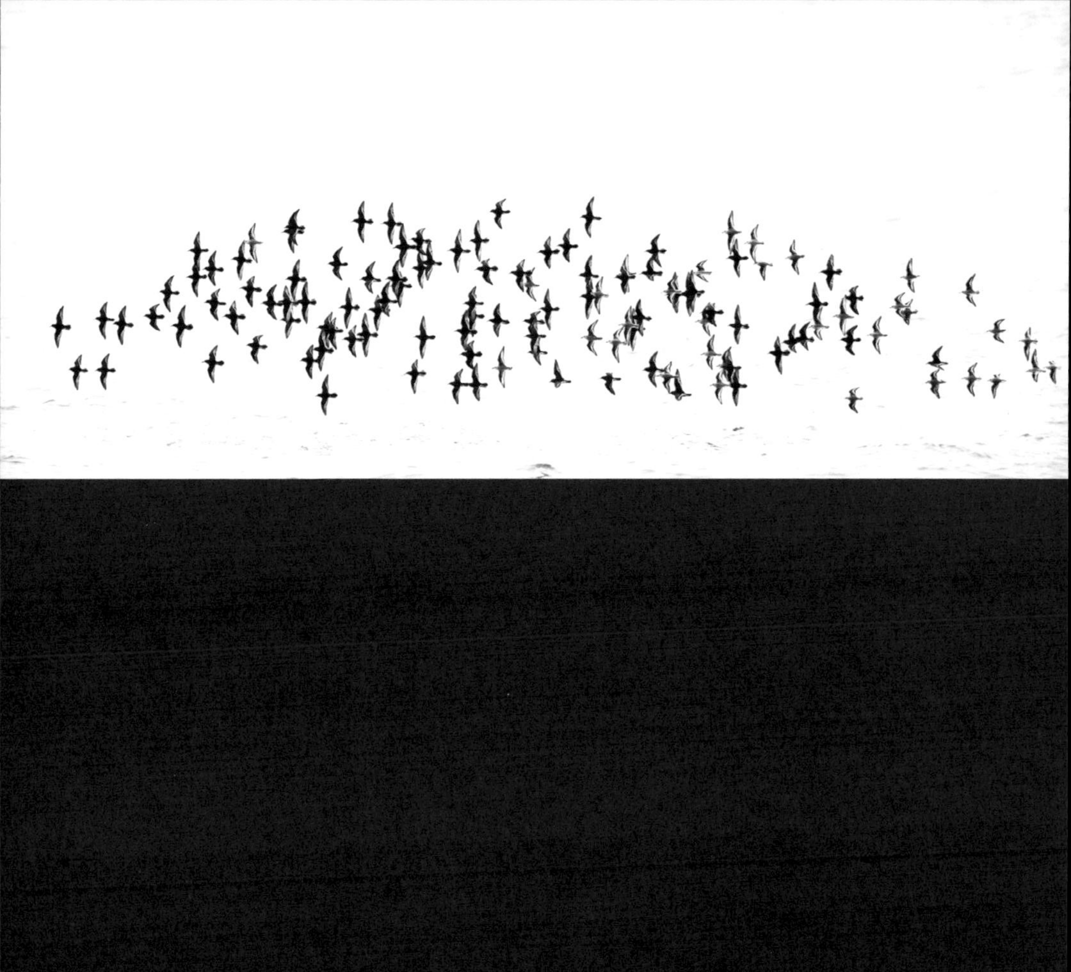

Entdeckt

Vorbereitung

Eulen sind bevorzugte Fotomotive vieler Tierfotografen. Waldohreulen werden meist im Winter fotografiert, da sie sich dann in größeren Schlafgemeinschaften jeden Abend im gleichen Baum einfinden. Kennst du solche Schlafbäume, kannst du oft mehrere Exemplare zusammen fotografieren.

Zur Brutzeit geben sie ihren Brutort nicht so offen kund. Sie nutzen zur Brut oft alte Nester von Krähen, Bussarden oder anderen Vögeln. Tagsüber sitzen die Eulen meist reglos in den Bäumen und sind kaum auszumachen. Ihr Tarngefieder ist so gut, dass sie schwer zu entdecken sind. Da Eulen auch Vogeljäger sind, werden sie am Tage oft von Kleinvögeln gehasst, wodurch du auf sie aufmerksam werden kannst.

Umsetzung

Hier hatte ich ein Nest der Waldohreule in der näheren Umgebung entdeckt. Leider konnte ich die Eulen nur von unten nach oben im Baum fotografieren, was keine schönen Fotos ergab. So wartete ich, bis die Jungeulen flügge wurden und das Nest verließen. Sie halten sich dann noch eine ganze Weile in der Nähe des Brutplatzes auf.

Eines Tages saßen die Jungeulen weit unten in einem Gebüsch und wurden dort von den Altvögeln gefüttert. Danach setzten sich die Altvögel in die Nähe der Jungeulen, um den Tag über dort auszuharren. Das war ein guter Moment für mich, die Eule auf Augenhöhe zu fotografieren. Ganz ruhig und gut getarnt sitzt sie an ihrem Tageseinstand. Das dichte Gebüsch gibt ihr genügend Deckung und rundet das Foto mit einem Bokeh ab.

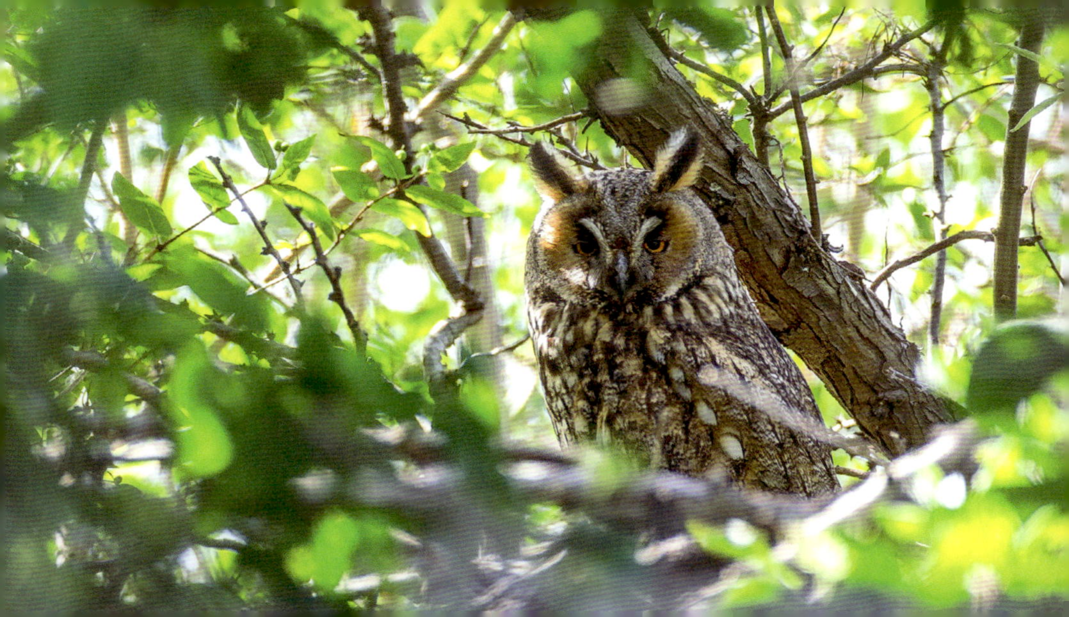

Schwarz-Weiß

Vorbereitung

Kolkraben finden sich oft an den Luderplätzen für Greifvögel ein, da sie ebenfalls Aasfresser sind. Es sind sehr streitbare Vögel, und du kannst oft erleben, wie sie den anderen Vögeln die Nahrung streitig machen.

Umsetzung

So war es auch an diesem Tag. Ich hatte Mühe, ein Foto von Bussarden oder Seeadlern zu machen, auf dem kein Kolkrabe zu sehen war, weil sie immer im Bild standen. Den ganzen Tag saß ich am Luderplatz und hatte kein gutes Foto bekommen. Zum Ende des Tages, die Sonne war bereits untergegangen, setzte sich dieser Kolkrabe noch einmal direkt vor meine Tarnhütte und mir gelang dieses Bild.

Durch das helle Gegenlicht des bewölkten Himmels ergab sich eine schöne Silhouette des Vogels. Um die Wahrnehmung besonderer Details zu verstärken, bot sich hier das Konvertieren in Schwarz-Weiß an. Am Computer wandelte ich das Foto in eine Schwarz-Weiß-Aufnahme um, da die Aufnahme fast farblos war.

Der helle Himmel und der schwarz gefärbte Rabe ergeben einen schönen Kontrast. Den Raben setzte ich auf das linke Drittel des Bildes und ließ ihn in das Bild hineinschauen. So erhielt ich an diesem eigentlich erfolglosen Fototag doch noch ein schönes Bild.

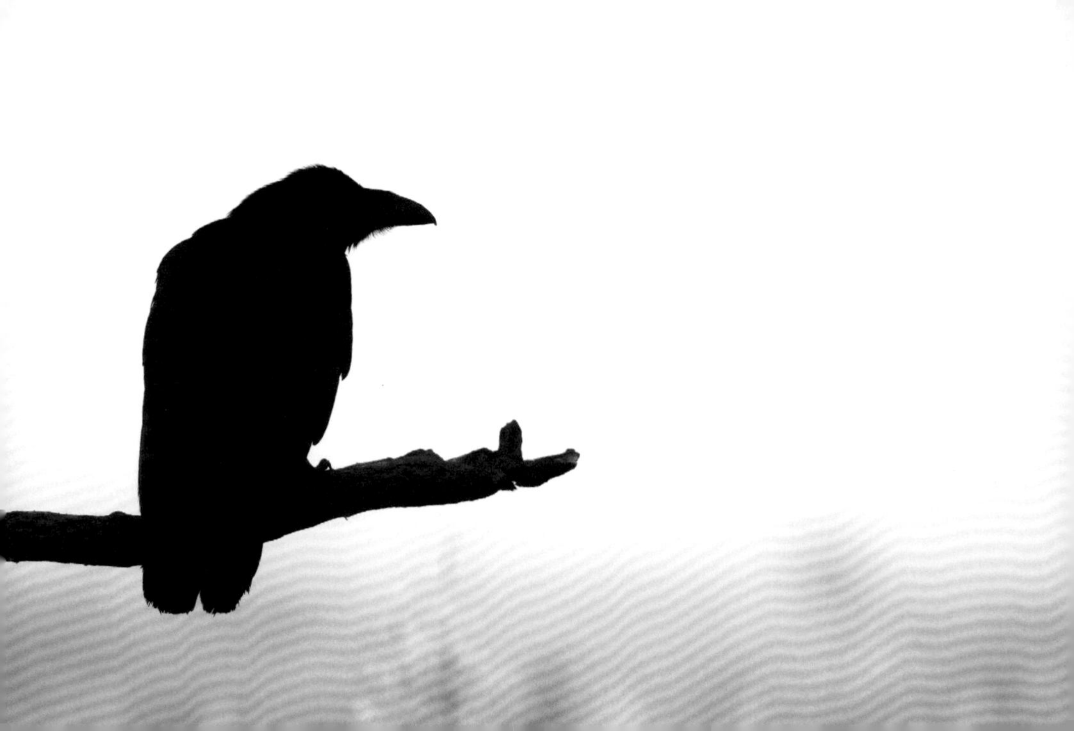

Im Sand

Vorbereitung

Seehunde sind an der gesamten Nordseeküste verbreitet, während sie an der Ostsee eine Seltenheit sind. Die Kegelrobbe findest du hingegen an Nord- und Ostsee. Möchtest du Seehunde fotografieren, empfehle ich die Düneninsel von Helgoland. Dort liegen in den Wintermonaten viele Seehunde und Kegelrobben an den Stränden und gebären von Dezember bis Februar ihre Jungen. Auf der Düne lassen sie sich sehr gut fotografieren.

Du solltest auf jeden Fall genügend Abstand zu den Tieren einhalten und nie die ausgewiesenen Wege verlassen. In den Wintermonaten sind täglich Robben-Ranger an den Strandabschnitten unterwegs und müssen immer wieder Fotografen, die sich nicht an das Wegegebot und die Beschilderung halten, in die Schranken weisen.

Umsetzung

Der Sicherheitsabstand zu den Robben und Seehunden auf Helgoland beträgt 30 Meter. Diesen solltest du unter keinen Umständen unterschreiten. Kommt ein Seehund oder eine Robbe auf dich zu, ziehe dich langsam zurück.

Um diese Tiere auf Augenhöhe zu fotografieren, muss man sich gleichfalls wie eine Robbe bewegen. Dazu lege ich mich warm und wasserdicht gekleidet auf einer Isomatte in den Sand, um mit dem Tellerstativ oder von einer kleinen Geländeerhebung aus zu fotografieren.

Von der Hauptinsel nehme ich immer die erste Fähre zur Düne, um das schöne pastellfarbene Morgenlicht abzupassen. Auf 30 Meter Entfernung lassen sich die Seehunde mit entsprechender Brennweite sehr gut fotografieren. Dazu benötigst du keine Tarnung, da die Tiere an Menschen gewöhnt sind.

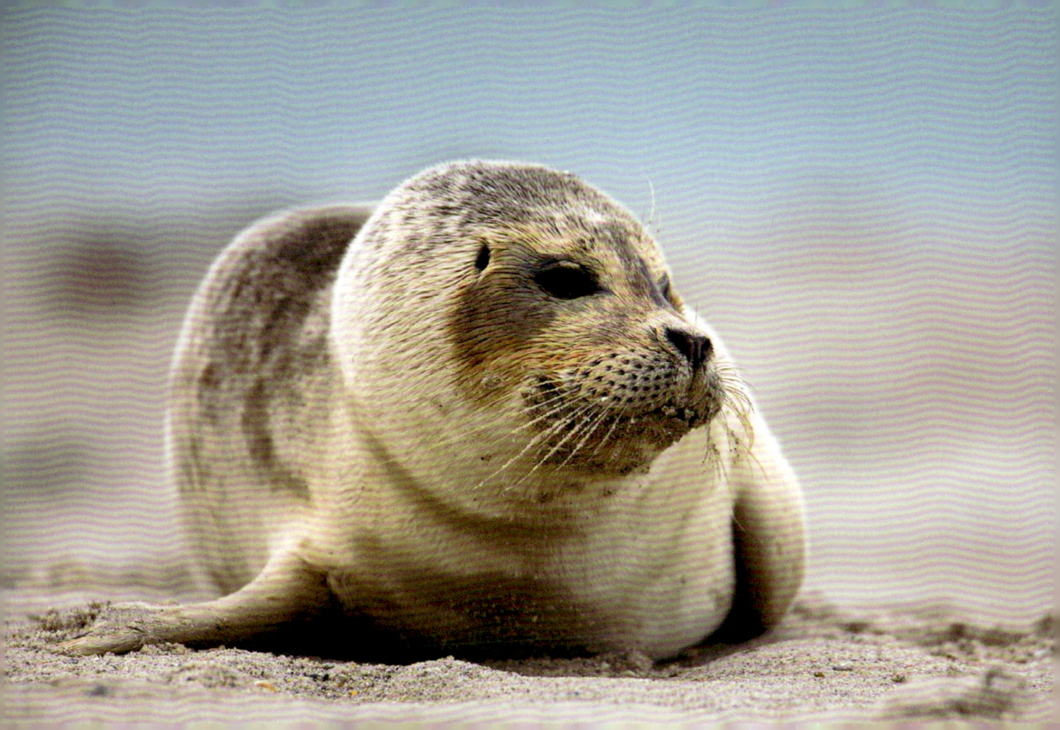

Balz

Vorbereitung

Diese Aufnahme gelang mir aus dem Auto. Die Fluchtdistanz der Kraniche ist so viel geringer als bei einer Annäherung zu Fuß.

Kraniche führen eine lebenslange Ehe. Kehren die Paare im Frühjahr aus dem Winterquartier zurück, wird schon auf dem Zugweg gebalzt. Die Paare trennen sich dann von den vorjährigen Jungtieren und beginnen eine neue Brutsaison. Die Balzrufe der Kraniche sind schon von Weitem zu hören.

Umsetzung

Mit dem Auto konnte ich eine Position einnehmen, bei der der Hintergrund homogen erschien und farblich zur Szenerie passte. Das Licht war eine halbe Stunde vor Sonnenuntergang perfekt.

Ich entschied mich für eine Gruppe Kraniche und beobachtete diese durch den Sucher. Dann wartete ich auf außergewöhnliche Situationen. So konnte ich im entscheidenden Moment auslösen, ohne die Kamera zu schwenken. Durch die gewählte Blende f/10 war genug Schärfentiefe vorhanden, um alle drei Kraniche deutlich abzubilden.

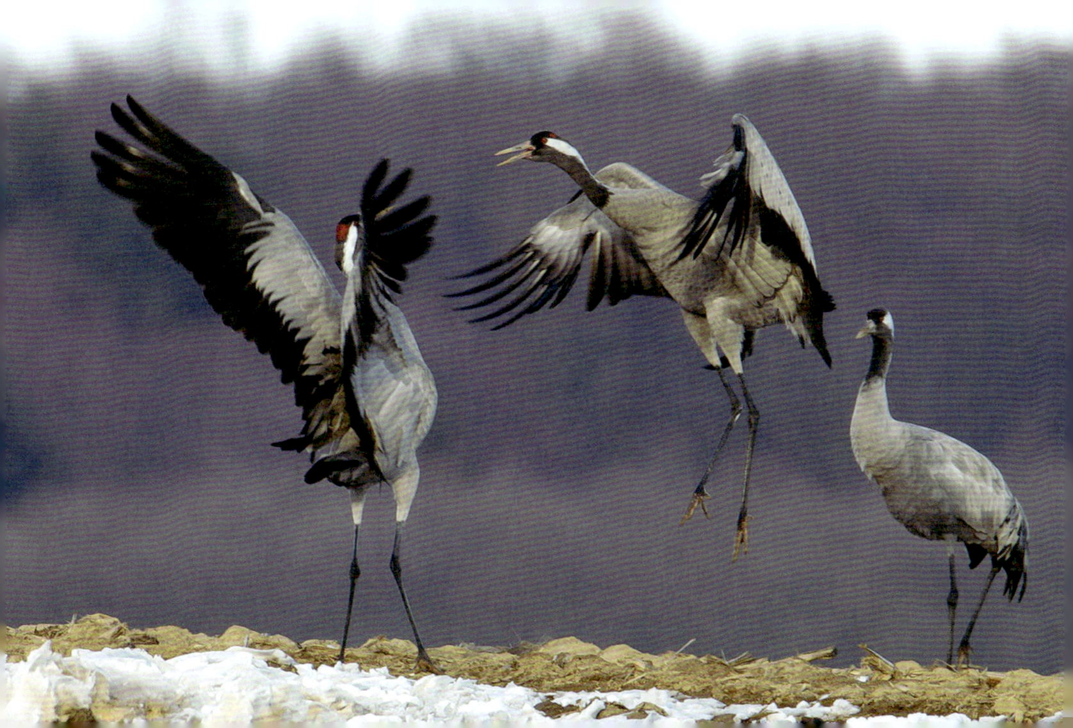

Verteidigung

Vorbereitung

Actionfotos von Seeadlern gelingen fast ausschließlich aus Fotohütten. Es gehört etwas Glück dazu, dass mehrere Seeadler das Luder annehmen. Im Winter ist die Chance auf Actionfotos größer, da das Nahrungsangebot in der freien Natur geringer ist und die Adler gern tote Fische oder andere tote Tiere als Nahrung annehmen.

Die Altadler beginnen bereits im Januar zu balzen und die neue Brutsaison vorzubereiten. Da Seeadler eine lebenslange Partnerschaft eingehen, wird in der Regel auch der gleiche Horst zum Brüten wiederbenutzt. Jetzt werden auch die Jungvögel des Vorjahres aus dem Revier vertrieben. Die Monate Dezember bis März sind die ergiebigsten Ansitzmonate für die Seeadlerfotografie.

Umsetzung

Das Foto entstand aus einer Tarnhütte, die etwas tiefer lag als der Luderplatz. So war ich auf Augenhöhe mit den Adlern. Etwa eine Stunde vor Sonnenaufgang hatte ich darin mein Equipment aufgebaut. Es schaute nur das lange Objektiv nach draußen. Dieses darf nur ganz vorsichtig bewegt werden, ruckartige Bewegungen sind unbedingt zu vermeiden. Verhältst du dich so in der Fotohütte, werden die Adler nicht misstrauisch und kommen schnell an das Luder heran.

Die Kamera hatte ich bereits in der Dunkelheit auf hohe Serienbildgeschwindigkeit eingestellt und das Objektiv auf das Luder fokussiert. Jetzt wartete ich nur noch ab, bis die Adler am Luder landeten und ein junger Seeadler seine Beute gegen einen anfliegenden alten verteidigte. Zum Auslösen benutze ich einen Kabelauslöser, um nicht ständig den Finger am Auslöser halten zu müssen.

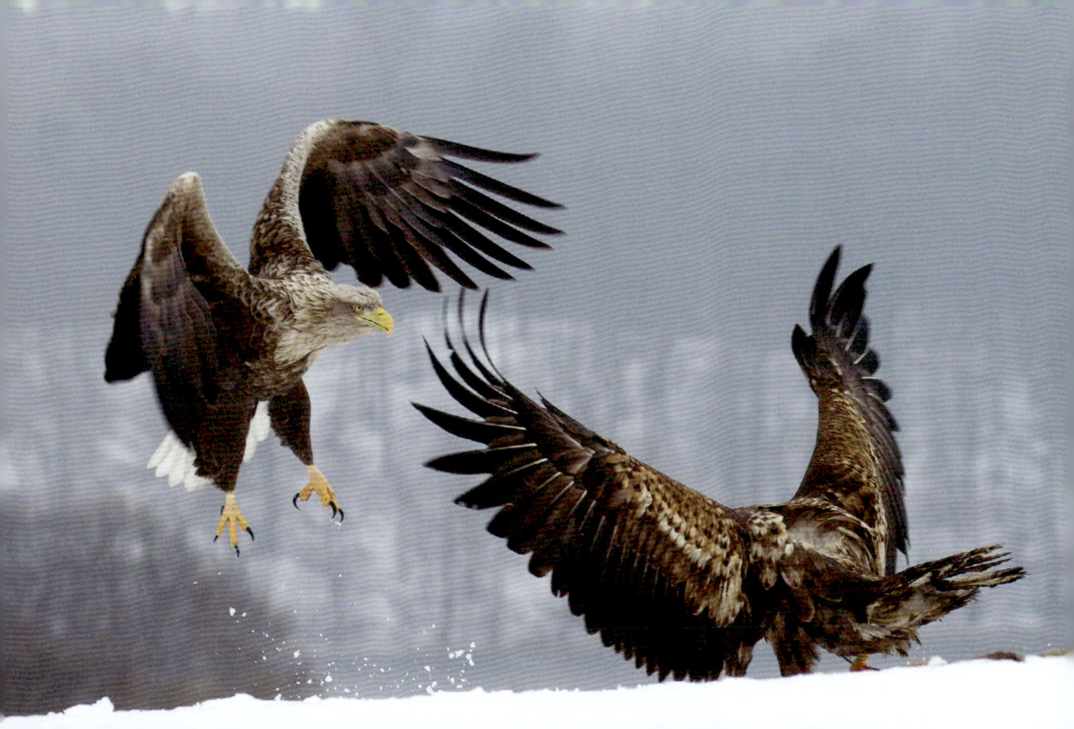

Komplementär

Vorbereitung

Karmingimpel sind in Deutschland selten und ihr Vorkommen ist auf den nördlichen Teil Deutschland beschränkt. Karmingimpelmännchen färben erst im dritten Jahr in das karminrote Federkleid. Im zweiten Jahr brüten sie zwar bereits, sind aber olivbraun gefärbt wie die Weibchen. Fotografiere niemals an den Nestern!

Wenn die Karmingimpel aus ihrem Winterquartier Mitte Mai zurückkehren, werden die Reviere abgesteckt, und die Männchen sind sehr gesangsfreudig. Diese Zeit ist ideal, um die farbenprächtigen älteren Männchen auf ihrer Singwarte zu fotografieren, denn die Vögel zeigen keine große Scheu.

Umsetzung

Warte auf deine Chance, etwa wenn die Tiere weiter unten in der Vegetation nach Nahrung suchen oder ihre tiefer gelegenen Singwarten aufsuchen. Hier befand sich der Vogel genau auf Augenhöhe zu mir. Auch am Futterhaus sind solche Aufnahmen in Augenhöhe zu realisieren, indem du das Futter auf Höhe deiner positionierten Kamera anbietest und dort Anflugäste für die Vögel bereithältst.

Das Bild habe ich ohne Tarnung, nur mit Kamera und Einbeinstativ ausgerüstet, fotografiert. So war ich flexibel und konnte meinen Standort immer wieder anpassen. Das warme Licht der Morgensonne und die Komplementärfarben Rot – Grün verleihen dem Foto diese Farbbrillanz.

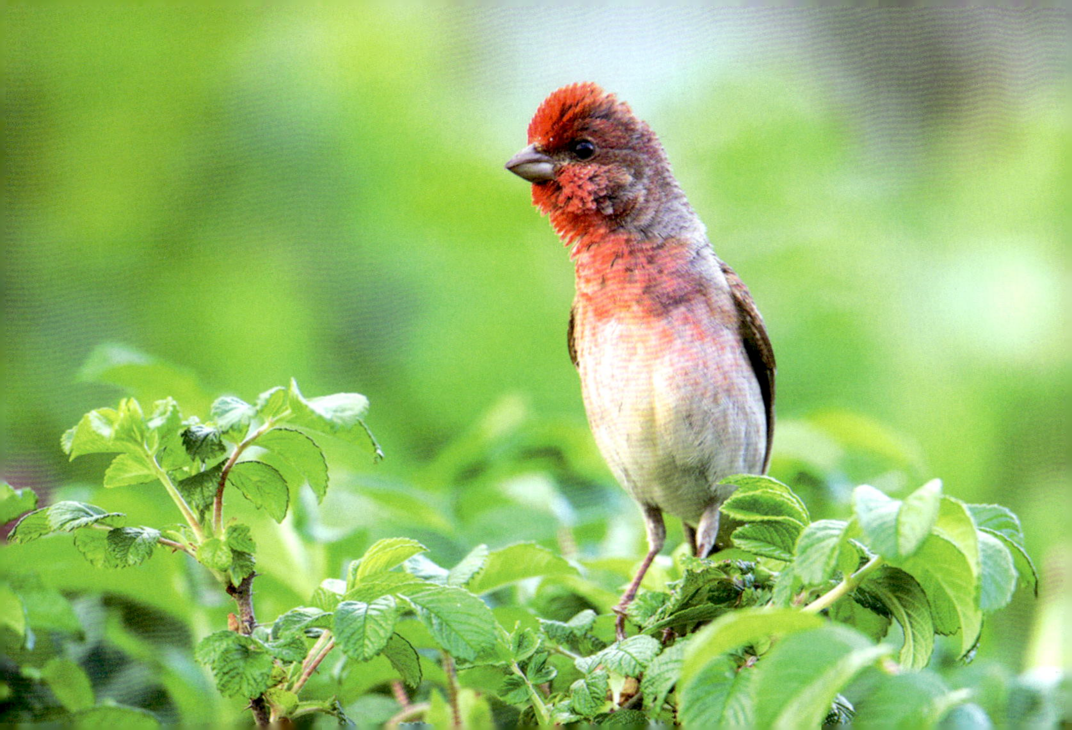

Trio

Vorbereitung

Rehwild ist sehr scheu und findet gerade bei hoher Schneelage im Winter wenig Nahrung. Bist du zu dieser Zeit zu Fuß im Gelände unterwegs, wird das Wild unnötig aufgeschreckt, flüchtet und verbraucht wertvolle Energie. In solchen Situationen nutze ich lieber mein rollendes Tarnversteck, das Auto, und versuche, die Tiere vom Weg aus zu fotografieren.

Umsetzung

In den Wintermonaten lohnt es sich, mit dem Auto auf Fotopirsch zu gehen. So sind mir schon viele schöne Bilder vom Rehwild, Fuchs & Co. gelungen. Dabei fahre ich ganz langsam mit offener Fahrerscheibe die Feldflur entlang. Hier und da lohnt es sich, auch mal anzuhalten und einfach zu warten. Du solltest dich bei solchen Fahrten immer warm anziehen, da die Fenster die meiste Zeit offen sind.

Achte bei Schneelage immer darauf, mit dem Belichtungsausgleich der Kamera zu arbeiten. Korrigiere die Belichtung ein bis zwei Blendenstufen nach oben, damit deine Fotos nicht unterbelichtet werden. Dies kannst du während des Fotografierens ständig am Histogramm überprüfen. Dabei sollten sich die Kurven des Histogramms möglichst weit nach den hellen Tonwerten, also dem rechten Rand des Histogramms, verschieben.

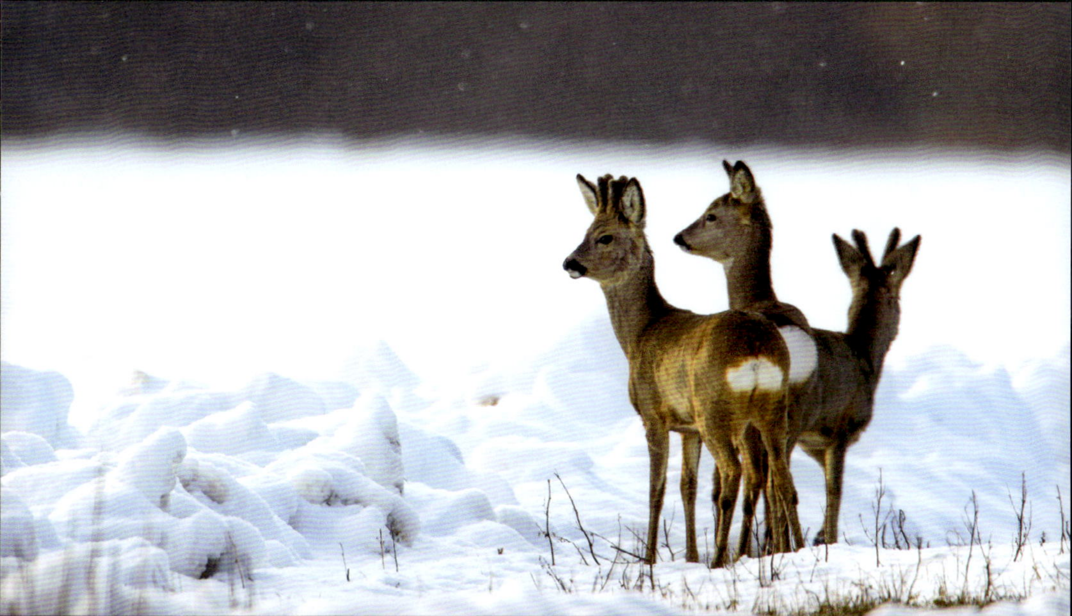

Spiegelbild

Vorbereitung

Besonders harmonisch wirken Spiegelbildfotos, wenn der Hintergrund verschwimmt bzw. einfarbig ist. Die geometrischen Figuren, die sich dann ergeben, faszinieren. Grundvoraussetzung ist absolute Windstille. Nur so kann das Wasser eine spiegelglatte Oberfläche bilden.

Stelzenläufer brüten nur sehr selten in Deutschland und an wenigen Stellen. Hier musst du das Fotografieren unbedingt unterlassen! Zu groß ist das Risiko, diese Vögel zu vertreiben. Im schlechtesten Fall brechen die Vögel sogar die Brut ab. Wenn du diese Vögel fotografieren möchtest, suche dir Orte, wo diese Art noch häufig und im besten Fall an Menschen gewöhnt ist.

Stelzenläufer kommen im Süden Europas häufiger vor als in unseren Breiten. Du solltest aber auch im Ausland darauf achten, ob du dich in einem Schutzgebiet befindest und wie es sich dort mit dem Wegegebot verhält.

Umsetzung

Stelzenläufer kannst du z. B. problemlos auf Mallorca fotografieren. Im Schutzgebiet Parc natural de s'Albufera sind Wege und Schutzhütten vorhanden, aus denen du diese Vögel ohne Störung fotografieren kannst. Oft brüten die Stelzenläufer in unmittelbarer Nähe davon, sodass du das Brutgeschehen hautnah miterleben kannst.

So ist auch das nebenstehende Foto entstanden. In der Hütte ist es möglich, Stative aufzubauen und den ganzen Tag über anzusitzen. Der April ist ein geeigneter Monat, da dann die Brut der Stelzenläufer beginnt.

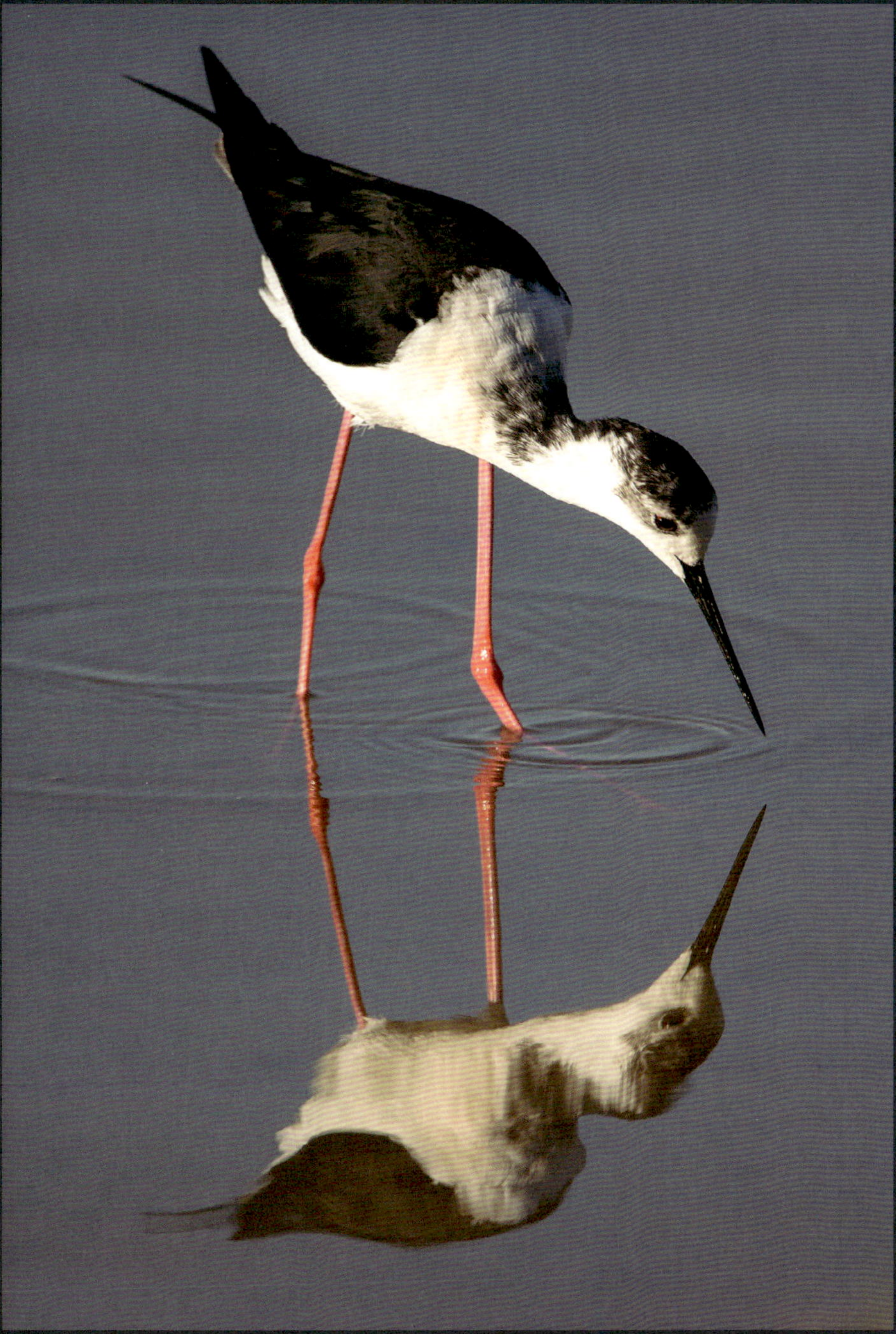

500 mm + 1,4x-Konverter | f/5.6 | 1/640 s | ISO 100

Punktlandung

Vorbereitung

Graugänse sind auf dem Zug in großer Zahl an den Rastplätzen anzutreffen. Oft sind sie mit Kranichen vergesellschaftet auf den Feldern zur Nahrungssuche unterwegs. Zum Schlafen fliegen die Gänse am Abend auf ein Schlafgewässer in der Nähe der Nahrungsflächen. Meist noch vor Sonnenaufgang fliegen sie wieder zu den Äsungsflächen, um reichlich Reserven für den Weiterflug zu speichern.

Kennst du solche Äsungsflächen, kannst du dich bereits vor Sonnenaufgang an geeigneter Stelle positionieren und warten, bis die Gänse eintreffen. Das funktioniert am besten mit einem Tarnzelt oder einem Tarnumhang.

Umsetzung

Hier bestand die Herausforderung darin, den Kopf der Graugans scharf abzubilden und trotzdem die Bewegung in den Flügeln zu zeigen. Mehrere Versuche waren notwendig, um zu diesem Ergebnis zu kommen. Zum Glück flogen mehrere Gänse diesen Rastplatz an, sodass ich verschiedene Individuen als Motiv verwenden konnte.

Kurz vor der Landung schlägt die Graugans heftig mit den Flügeln. Erst bei der Kombination von ISO 800 und 1/250 s Belichtungszeit erreichte ich dieses zufriedenstellende Foto.

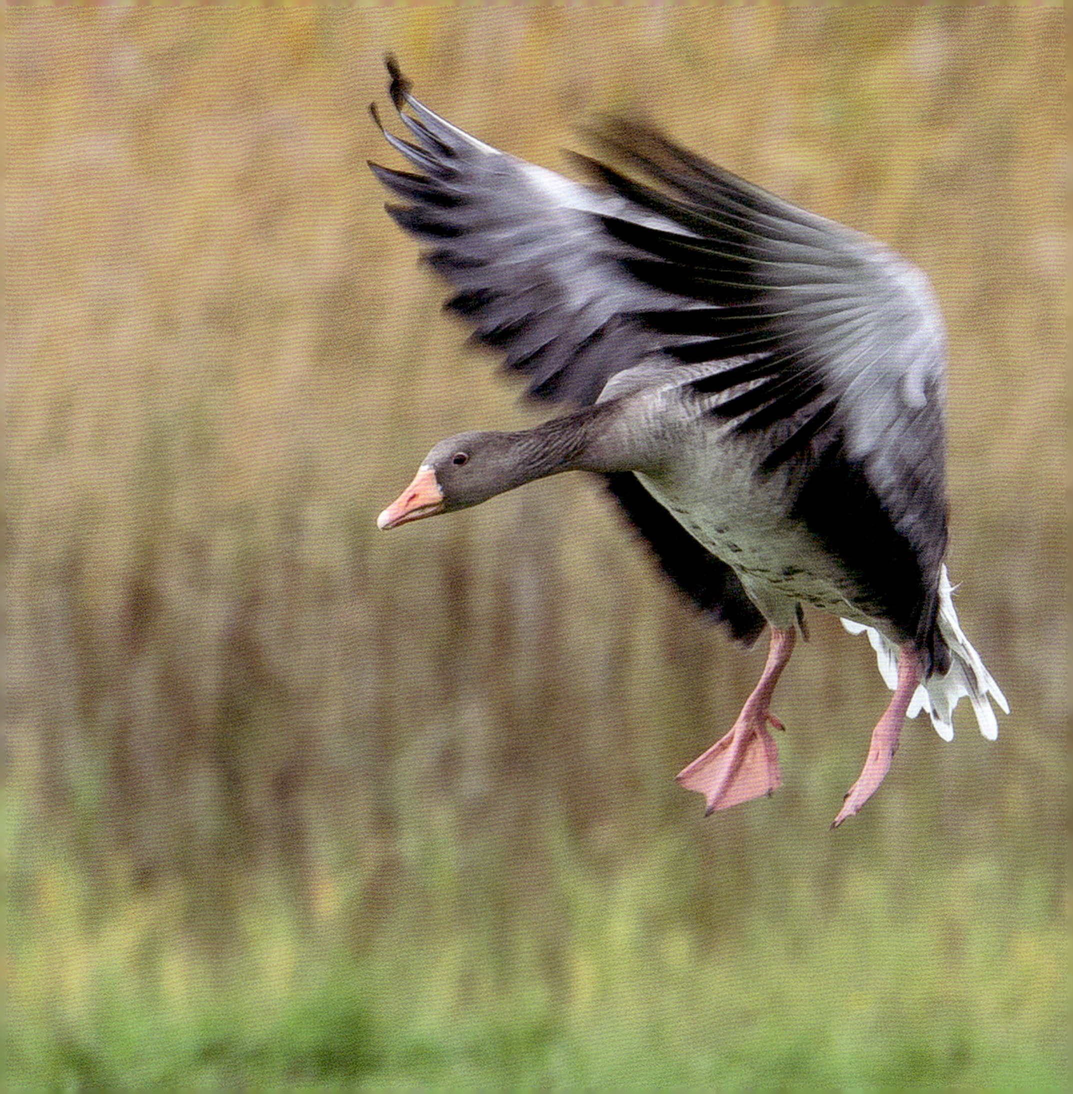

Wassertropfen

Vorbereitung

Bewegungen der Vögel lassen sich nicht nur im Flug fotografieren. Auch bei anderen Aktivitäten wie der Balz, dem Revierkampf oder beim Baden kannst du sie ins Bild bringen. Besonders badende Vögel stellen ein gutes Motiv dar.

Umsetzung

Um auf Augenhöhe zu dem badenden Kampfläufermännchen in einer Wiesensenke zu gelangen, legte ich mich auf meine Isomatte und warf den Tarnumhang über mich. Zahlreiche Kampfläufer rasteten an diesem Apriltag auf der feuchten Wiese. Es befand sich nur diese eine Wasserstelle im weiten Umkreis.

Da ich wusste, dass die Vögel morgens gern ein Bad nehmen, platzierte ich mich genau davor. Es dauerte nicht lange, bis einige der Kampfläufer zu dieser Wasserstelle liefen und mit einem ausgiebigen Morgenbad begannen.

Hier habe ich das Wasser mit ins Bild einbezogen. Wassertropfen oder -spritzer sind ein gern genutztes fotografisches Stilmittel. Kurz nach dem Bad schütteln sich die Vögel meist, um das Wasser aus dem Gefieder zu bekommen. Diese Schüttelbewegung ist hier gut zu sehen.

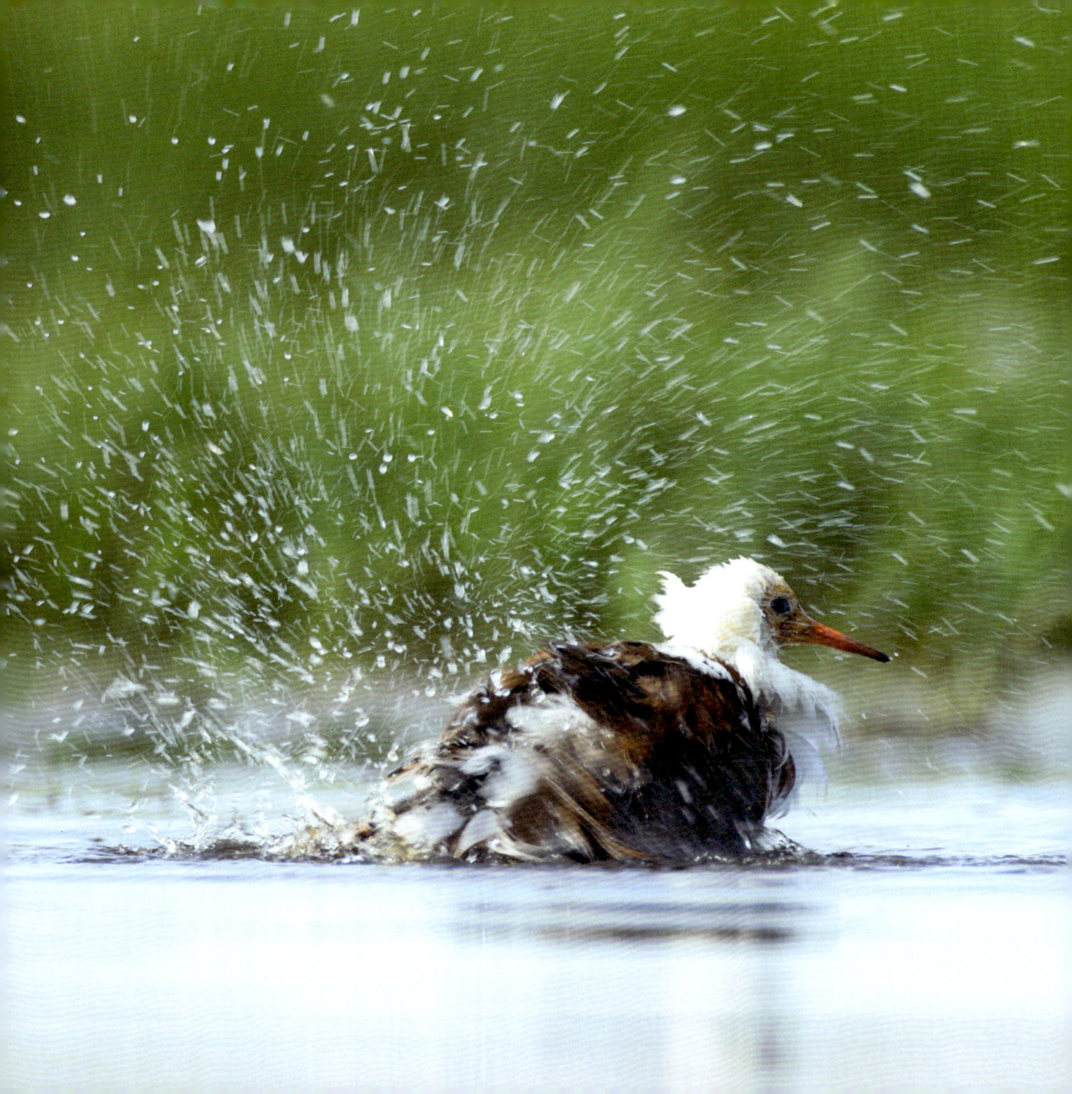

Auf der Lauer

Vorbereitung

Rotfüchse sind vielerorts in Deutschland recht zutraulich. Die letzten Jahre hatte ich das Privileg, sie sogar an mehreren Strandabschnitten an der Ostsee zu fotografieren. Hier suchten sie am Abend die Strandburgen nach fressbaren Hinterlassenschaften der Badegäste ab.

Möchtest du Polarfüchse fotografieren, musst du etwas weiter in den Norden reisen. Polarfüchse sind in Europa am besten in Norwegen zu fotografieren, etwa im Dovrefjell-Sunndalsfjella-Nationalpark. Dort befindet sich auch eine Aufzucht- und Auswilderungsstation für diese Tiere. Über die dort ansässigen Ranger erfährst du, wo die Füchse jährlich anzutreffen sind.

Umsetzung

Mein Ziel war es, Jungfüchse vor dem Bau zu fotografieren. Von einem Ranger erhielt ich den Hinweis auf einen Bau mit mehreren Jungtieren. Da ich die Füchse im Morgenlicht fotografieren wollte, nahm ich ein kleines Tarnzelt mit und verbrachte die Nächte auf dem Fjell. So war ich den ganzen Tag über am Bau und konnte das Familienleben der Füchse beobachten und fotografieren.

Am zweiten Tag benötigte ich das Tarnzelt gar nicht mehr, da die Füchse sich inzwischen an mich gewöhnt hatten. Ich platzierte mich so, dass ich beim Fotografieren seitliches Gegenlicht hatte, um das Fell der Tiere vom Licht durchleuchten zu lassen.

Der Fuchsbau befand sich auf einer kleinen Anhöhe, sodass ich mit Stativ fotografieren konnte, um die Tiere auf Augenhöhe abzulichten. Im ersten Licht der warmen Frühsommersonne kam ich zu meinen gewünschten Bildern.

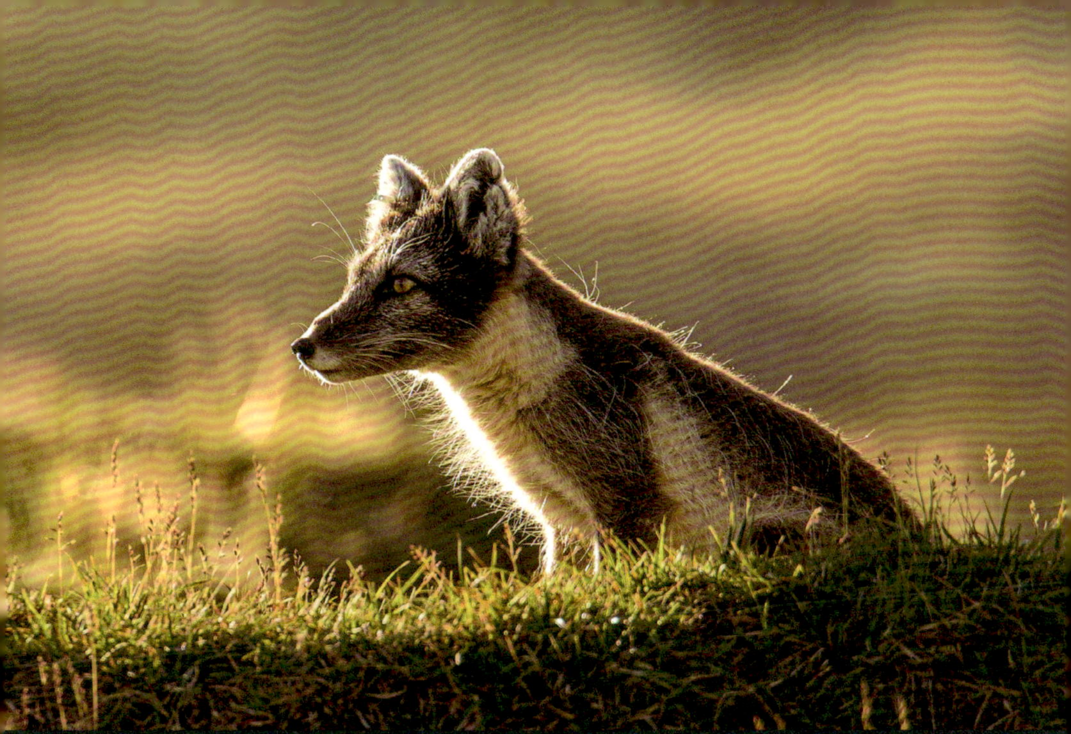

500 mm + 1,4x-Konverter | f/6,3 | 1/640 s | ISO 400

Morgendliche Jagd

Vorbereitung

Um solche Jagdszenen einzufangen, bedarf es einiger Tricks. Im Naturpark Feldberger Seenlandschaft ist Ranger Fred Bollmann mit dem Boot unterwegs und lockt die Adler mit ausgeworfenem Fisch dicht an sein Boot. Diese Touren bietet er für Fotografen und interessierte Touristen an. Dabei ergeben sich optimale Bedingungen, jagende Seeadler zu fotografieren. Derartige Jagsszenen ohne Anfütterung zu fotografieren ist sonst fast unmöglich. Die Touren starten früh, sodass uns Fotografen das weiche Morgenlicht zur Verfügung steht.

Umsetzung

Durch die am Morgen noch sehr tief stehende Sonne wird der Seeadler beim Anflug sehr schön ausgeleuchtet. Selbst die Unterseiten der Flügel werden angestrahlt, was bei höher stehender Sonne nicht möglich wäre. Das warme Licht gibt die perfekten Farben; Auge, Schnabel und das helle Kopfgefieder sind voll ausgeleuchtet.

Bei diesen Touren benutze ich stets das 4.0/100–400-mm-Telezoom. So kann ich beim Anflug den Bildausschnitt anpassen, da sich die Entfernung zum Adler stets verändert. Fotografieren muss ich aus der Hand, mit Stativ bin ich im Boot zu eingeschränkt und unbeweglich.

Die Jagd erfolgt blitzschnell, sodass du schnell reagieren musst. Du hast aber genügend Zeit vor dem Zugriff, die Kamera einzustellen. Versuche beim Bildausschnitt den Adler so zu platzieren, dass er „in das Bild hineinfliegt“.

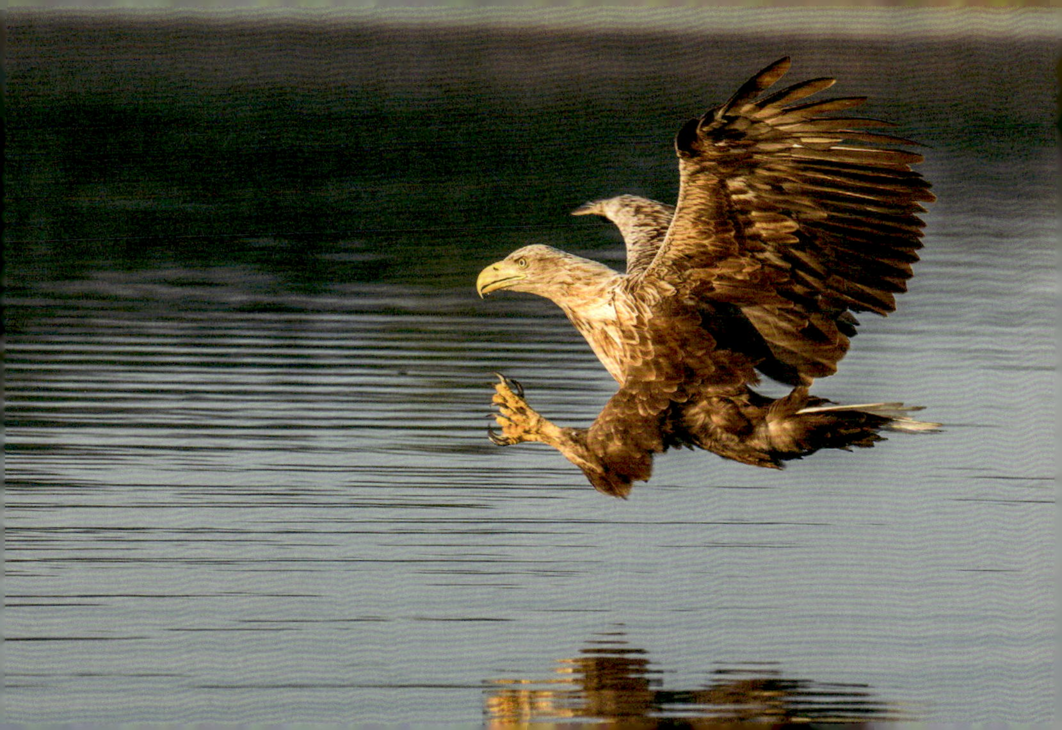

Morgentoilette

Vorbereitung

Blässhühner sind häufige Wasservögel und fast an allen Gewässern in Deutschland anzutreffen. Oftmals ist ihr kräftiger Ruf im Schilf zu hören. Sie bauen schwimmende Nester an den Uferzonen der Gewässer, meist im Schilf oder anderer Ufervegetation.

Die jungen Blässhühner besitzen eine kräftig rot-gelbe Kopfbefiederung. Obwohl die Altvögel einfarbig schwarz gefärbt sind, fotografiere ich auch sie gern und achte darauf, dass durch das Licht oder die umliegende Vegetation Farbe ins Bild kommt.

Umsetzung

Um auf Augenhöhe des Vogels zu kommen, nutzte ich hier wieder das Schwimmversteck. So war es mir möglich, nah genug an den Vogel heranzukommen.

Vor mir im Wasser befand sich knapp unter der Wasseroberfläche ein alter Baumstamm. Diesen nutzten die Blässhühner, um sich jeden Morgen ausgiebig das Gefieder zu putzen. Nach dem Putzvorgang schütteln sich die Vögel meist durch Flügelschlagen das Gefieder zurecht, wie man es auf dem Foto sieht.

Das weiche Licht am Morgen erzeugt die pastellenen Farben im Hintergrund und gibt dem Bild die entsprechende Farbigkeit. Der hellorangefarbene Streifen im Hintergrund ist der gegenüberliegende Schilfgürtel am Rande des Sees. Das Blässhuhn selbst steht noch in einem schattigen Bereich.

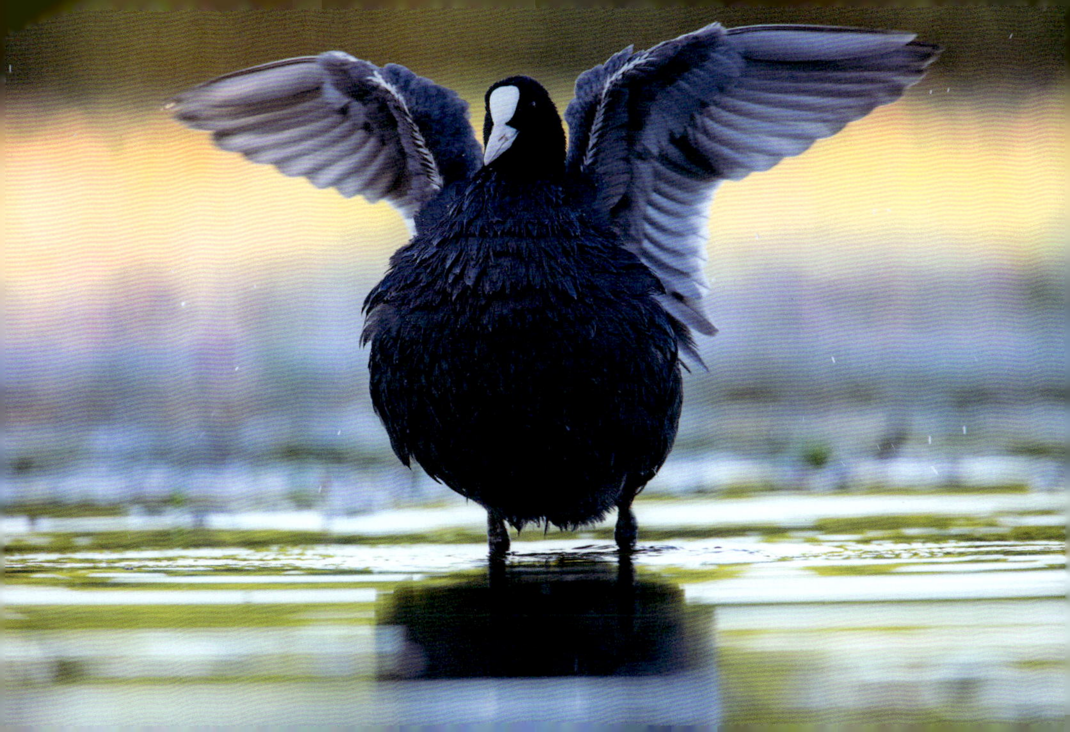

Unbequeme Wahrheit

Vorbereitung

Nicht immer finden wir in der Natur die „heile Welt“ vor. Oft sehen wir Tiere, die leiden, meist verursacht durch uns Menschen. Überlege, ob du auch diese Szenen mit der Kamera festhalten willst. Hier kannst du als Fotograf wichtige Aufklärungsarbeit zum Schutz von Lebensräumen und somit von Tierarten leisten. Wir können Missstände aufzeigen und dazu beitragen, den Tieren eine Stimme zu geben.

Hier siehst du drei Beispiele, wie Tiere unter menschlichem Einfluss leiden. Wir müssen dazu nicht in die Arktis oder auf andere Kontinente reisen, um diese Art von Bildern zu zeigen.

Umsetzung

Das erste Bild zeigt eine Kegelrobbe auf Helgoland. Um ihren Hals hat sich ein dickes Plastikband geschnürt, das ihr förmlich die Luft nimmt. Auf dem zweiten sind Basstölpel auf Helgoland abgebildet. Längst nutzen die Tölpel statt Tang die Reste von schwimmenden Fischernetzen als Nistmaterial. Viele Tölpel verfangen oder strangulieren sich darin. Zur Brutzeit ein schrecklicher Anblick, wenn mitten in touristischen Urlaubsgebieten Jungvögel qualvoll verenden.

Das dritte Bild zeigt einen jungen Seeadler bei der Beringung, die Fänge in Angelschnur verwickelt. Die gefährliche Schnur wurde höchstwahrscheinlich von den Altadlern mit der Beute zusammen in den Horst eingetragen. Zum Glück hatten wir den Jungadler auf dem Beringungsplan. Ohne uns wäre er qualvoll ums Leben gekommen.

Während meiner Vorträge versuche ich immer wieder, diese Art von Bildern mit einzubauen, um die Zuschauer zu sensibilisieren, dass auch bei uns Tierarten und ihre Lebensräume stark gefährdet sind. Wir sollten z. B. alles dafür tun, um Plastikmüll zu vermeiden.

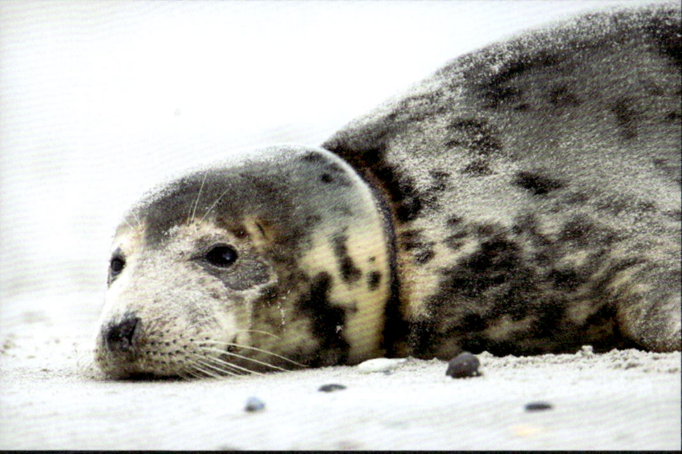

500 mm + 1,4x-Konverter | f/5.6 | 1/160 s | ISO 1600

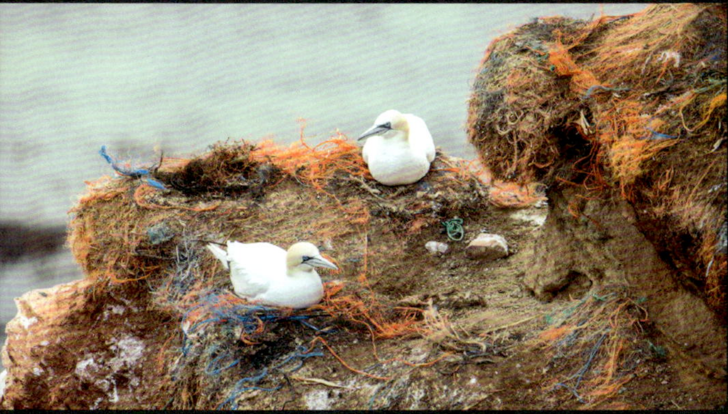

500 mm | f/6.3 | 1/160 s | ISO 1000

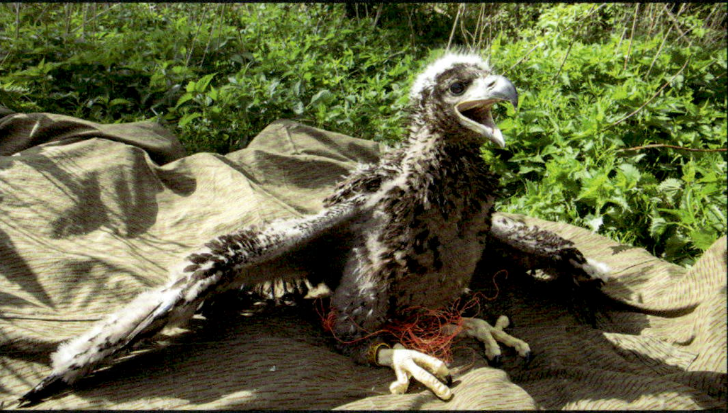

27 mm | f/16 | 1/100 s | ISO 640

DANKSAGUNG

Zuallererst möchte ich hier meiner Frau Silva danken! Danke, dass du so viel Verständnis aufbringst und mir die Freiheit gibst, die notwendig ist, um meinen Beruf ausüben zu können. Gleichzeitig bist du eine gute Kritikerin und Lektorin für meinc Texte und Veröffentlichungen. So auch für dieses Buch. Mit viel Liebe zum Detail hast du dich in meine Arbeit hineinversetzt und mir wertvolle Tipps zu den Texten gegeben. Besonders die gemeinsamen Fototouren möchte ich auch in Zukunft nicht missen.

Danken möchte ich an dieser Stelle auch Mark Wachsmann und Linda Strehl sowie allen weiteren am Projekt beteiligten Mitarbeiter des humboldt Verlags. Mit diesem Buch ging ein Wunsch von mir in Erfüllung. Die Arbeit hat mir wieder sehr viel Spaß gemacht. Es war mir eine Freude, mit euch zusammenzuarbeiten.

Danken möchte ich weiterhin den vielen Workshop-Teilnehmern, die mit mir unterwegs waren oder meine Fototarnhütten in Anspruch genommen haben. Ich bin froh, dass ich mein Wissen an euch weitergeben darf.

Viel Glück und immer gut Licht!

Mario Müller

ÜBER DEN AUTOR

Mario Müller hat sich in den vergangenen Jahren voll und ganz der Tier- und speziell der Vogelfotografie verschrieben. Seine fachliche Expertise in Kombination mit den großartigen Fotografien machen ihn auf diesem Gebiet zu einem der gefragtesten Dozenten und Workshopleiter.

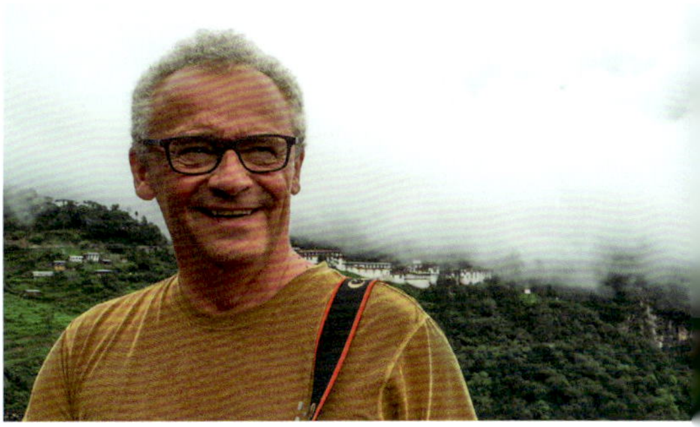

Es verbindet ihn eine ganz besondere Liebe zur artenreichen Tier- und insbesondere Vogelwelt des deutschen Nordostens. Seine modern gezeichneten Tierfotografien sind weit mehr als bloße Dokumentationen. Sie zeugen vom tiefen Verständnis für die Lebensweise und Charakteristika der jeweiligen Tiere und bieten dem Betrachter intime und gefühlvolle Einblicke in die Fauna unseres Landes.

Mario Müller, Mitglied in der GDT, Gesellschaft für Naturfotografie, vermietet Fotohütten, mobile Fotoverstecke und Ausrüstung direkt am Nationalpark Vorpommersche Boddenlandschaft. Unter optimalen Bedingungen hat man hier die Möglichkeit, die größten Greifvögel Deutschlands, die Seeadler, sowie Milane, Bussarde, Reiher, Kraniche und andere Wildtiere zu fotografieren. Außerdem bietet er in Zusammenarbeit mit der Fotoschule Zingst Workshops zur Tierfotografie und zum Kranichzug an. Mehr unter www.darssfotograf.de bzw. darssfotograf.mueller@web.de.

Bibliografische Information der Deutschen Nationalbibliothek
Die Deutsche Nationalbibliothek verzeichnet diese Publikation in der deutschen Nationalbibliografie; detaillierte bibliografische Daten sind im Internet über https://dnb.de abrufbar.

ISBN 978-3-8426-5537-9 (Print)
ISBN 978-3-8426-5538-6 (PDF)
ISBN 978-3-8426-5539-3 (EPUB)

Originalausgabe

Die Ratgebermarke der Schlüterschen Verlagsgesellschaft mbH & Co. KG
Hans-Böckler-Allee 7, 30173 Hannover
www.humboldt.de
www.schluetersche.de

Aus Gründen der besseren Lesbarkeit wurde in diesem Buch teilweise die männliche Form gewählt, nichtsdestoweniger beziehen sich Personenbezeichnungen gleichermaßen auf Angehörige des männlichen und weiblichen Geschlechts sowie auf Menschen, die sich keinem Geschlecht zugehörig fühlen.

Lektorat: Linda Strehl, wort & tat, München
Covergestaltung: ZERO, München
Coverfoto: Mario Müller, shutterstock/schankz
Satz: PER MEDIEN & MARKETING GmbH, Braunschweig
Druck und Bindung: gutenberg beuys feindruckerei GmbH, Langenhagen